4차 어린이집 표준보육과정 및 2019 개정 누리과정을 반영한

보육과정

CHILDCARE CURRICULUM

4차 어린이집 표준보육과정 및
2019 개정 누리과정을 반영한

보육과정

고연경·장석경 공저

동문사

머리말

2020년 전 세계는 COVID-19로 ‘멈춤’의 생활을 시작하게 되었고, 우리나라 보육 현장 역시 많은 변화로 어려운 시간들을 겪고 있다.

2020년 3월과 9월 어린이집에서는 개정된 국가수준의 보육과정 운영을 시작하게 되었다. 2019 개정 누리과정과 4차 어린이집 표준보육과정이 개정되어 시행된 것이다. 그동안 너무나도 당연하게 이루어졌던 보육과정 개정에 대한 현장 교사들 대상의 집합연수나 사례발표 등은 대부분 원격 강의로 바뀌었고, 졸업을 앞둔 예비교사들을 지도하는 대학에서조차 현장의 개정 보육과정 운영의 실제에 대해 보육기관이나 교사들과 함께 고민하고, 좀 더 나은 방향을 생각해 볼 수 있는 기회를 마련할 수 있다는 기대조차 하지 못하는 실정이 되어버렸다.

보육과정의 개정으로 예비교사를 지도하면서 고민이 안 될 수 없었다. 현장으로 가게 될 예비교사들에게 무엇을 가르칠 것인가? 어떻게 가르칠 것인가? 하는 고민은, 본 교재를 집필하겠다고 마음먹었던 그 순간부터 마무리가 되어 가는 지금까지도 계속되고 있다. 우리나라 어린이집 현장의 변화에만 따를 수도 없을 것이고, 그렇다고 이론만을 고집하는 것도 어렵다. 어린이집 운영을 하면서 ‘평가인증’의 지표들을 예비교사에게 더 열심히 가르쳐야 하나 하는 생각을 할 때가 있었다. 필자가 근무를 하던 그 시기에 많은 기관들이 평가인증에 참여하고 있었고, 교사들 역시 평가인증 지표를 공부하고 거기에 맞춰 평가를 준비하는 것이 중요했기 때문이다. 하지만 그런 고민을 하게 되고 난 후 또다시 생각하게 된 것은, 학교에서 교육을 받는 지금의 예비교사들에게는 현장 적응을 위한 실제적인 기술들을 배우는 것도 중요하지만, 기초부터 하나하나 이론적인 내용을 충분히 학습하게 하는 것 역시 무엇보다 중요하다는 것이었다. 그 균형점을 찾는 것은 무척이나 어렵지만, 예비교사가 현장에서 좋은 교사로 성장할 수 있도록 그 기본을 안내하여 마련해 주는 것은 그 길을 먼저 경험해 본 우리가 해야만 하는 일일 것이다. 본 교재는 이러한 마음으로 시작되어 만들어졌다. 특히 개정된 보육과정을 다루는 장에서는 개정이 되는 배경을 상세히 설명하여 시대적인 흐름을 이해하면서 그 안에서 보육과정 운영 방향에 대해 고찰할 수 있도록 하였다. 또한 0–2세와 3–5세의 보육과정 구성을 비교하여 표로 제시함으로써 예비교사들이 조금 더 쉽게 이해할 수 있도록 하였다.

본서는 4개 PART, 총 13장으로 구성되어 있다. PART Ⅰ은 보육과정의 이해로 보육과정이란 무엇인가에서 시작하여 보육과정에 대한 이론적 기초인 철학적, 발달심리학적, 사회적 기초를 다루었다. 특히 사회적 기초는 지금 이 시대의 다양한 변화와 보육과정이 어떻게 관련되는가를 설명함으로써 보육과정 구성 방향에 대해 이해할 수 있도록 하였다. 또한 보육과정의 구성요소인 목표, 내용, 교수·학습, 평가를 간략히 설명하고, 보육과정의 전체적인 구성을 이해할 수 있도록 하였다. PART Ⅱ는 국가수준의 보육과정의 이해로, 4차 어린이집 표준보육과정과 2019 개정 누리과정 그리고 평가제에 대해 해설서를 중심으로 자세히 알아보았다. 평가제의 경우 너무나도 급히 바뀌는 보육현장의 변화를 반영하고자 2021년 평가제 매뉴얼을 참고로 기술하였다. PART Ⅲ은 PART Ⅰ과 Ⅱ를 기초로 현장에서 어떻게 운영할 수 있는지에 대한 안내이다. 유아중심, 놀이중심의 주요 내용을 중심으로 보육과정을 운영하는 방법에 대해 영아와 유아로 나누어 실제 사례들을 중심으로 설명하였다. PART Ⅳ는 다양한 영유아 보육프로그램으로 어린이집 적응을 위한 배변훈련, 적응, 야간 프로그램부터 자연친화, 다문화, 몬테소리, 발도르프, 레지오, 프로젝트, 프뢰벨 프로그램까지 다양한 이론과 철학에 따른 보육과정 실제에 대해 이해할 수 있도록 하였다.

훌륭하신 많은 분들의 교재를 읽고, 참고하며 이 책을 준비했다.

그중에서 지금도 머릿속에서 맴도는 글귀는 “아, 오늘 참, 잘~ 놀았다” 하는 아이의 마음이 담긴 한 마디이다. 어린이집에서 아이들이 신나고, 행복할 수 있도록 그리고 몸과 마음이 건강하게 자랄 수 있도록 하는 것이 우리 모두가 열심히 공부하고, 현장을 지키는 이유가 아닐까 한다.

여전히 세상은 팬데믹으로 인해 힘들지만 우리 아이들이 그 시간을 지나면서도 행복하게 잘 지낼 수 있도록 계속해서 고민하고, 준비해 가는 것. 그러한 모습을 예비교사들이 마음에 품도록 길라잡이를 해 주는 일에 조금이라도 이 책이 도움이 되기를 바라는 마음이다. 막상 마지막 교정을 하면서 보니 부족한 부분이 너무나도 많이 보인다. 부족한 부분은 계속하여 수정, 보완해 나갈 것이다.

이 책이 나오기까지 도움을 주신 분들이 많다. 특히 서울 구립 서울숲디샵 어린이집, 성동구청 직장 무지개 어린이집, 구리시 제자 어린이집의 원장님과 선생님들의 도움에 깊은 감사를 드린다. 더불어 동문사 임직원 분들께도 진심으로 감사드린다.

2021년 8월

우리 모두 예전의 일상으로 돌아갈 날들을 손꼽아 기다리며

차례

PART I

보육과정의 이해

CHAPTER 01

보육과정의 이해

1 보육과정의 정의

보육과정을 정의하기에 앞서 교육과정의 어원부터 살펴보자면, 라틴어 '쿠레레(currere)'에서 유래된 것으로 코스, 트랙, 경마장의 '경주로를 달린다'라고 해석된다. 즉, 경주로의 출발부터 마지막 종착점까지 달려가야 하는 일정한 코스를 의미한다. 이는 교사와 학생 사이에 교육목표를 연결시켜 주는 '과정'의 뜻을 내포하고 있다.

교육과정은 일정한 교육기관에서 교육의 모든 과정을 마칠 때까지 요구되는 교육목표 · 교육내용 그리고 교육내용을 학습하는 데 필요한 연한과 연한 내에 있어서의 학습시간 할당을 포함한 교육의 전체 계획이다(교육학용어사전, 1995). 교육과정의 기초자원에 대해 타일러(Tyler, 1949), 태너(Tanner, 1980), 브래디(Brady, 1983)는 철학, 심리학, 사회학과 문화로 구분하여 설명하였다(신화식 외, 2015 재인용).

- 지식의 성질과 가치: 철학
- 학습자 및 학습 이론: 심리학
- 생활과정: 사회학 및 문화

따라서 교육과정은 그 사회의 문화와 철학적 기초를 바탕으로 사회적 상황에 적합한 사회적 기초, 학습자를 고려한 적절한 교육내용과 방법을 고안하여 체계적으로 계획되어야 한다.

교육과정의 정의에 비추어서 보육과정의 정의를 살펴보고자 한다. 우선 보육이라는 개념은 '어린 아이들을 돌보아 가르치고 기름'이다(국립국어원, 2019). '어린 아이'는 영유아를 뜻하고, '돌본다'는 보호(care)를 의미하며, '기르다'는 교육(education)을 의미한다. 최근에는 보호와 교육의 개념을 독립적으로 보기보다는 통합적으로 보아, 단순한 보호 및 보살핌의 차원을 넘어 영유아의 전인적 발달을 목적으로 교육을 실시하는 것을 뜻한다. 따라서 보육과정은 보육의 목적과 목표를 무엇으로 설정할지 그리고 그 목적과 목표를 달성하기 위한 보육내용은 무엇인지, 선정한 보육내용을 경험할 수 있도록 조직화하고, 마지막 최종적으로 보육의 목표달성도를 평가하는 과정이 포함되어야 한다. 브레드캠프와 로즈그란트(Bredekamp & Rosegrant, 1999)는 보육과정의 요소를 이론, 계획, 실행, 평가 측면에서 〈표 1-1〉과 같이 설명하고 있다(서영숙 외, 2018 재인용).

〈표 1-1〉 보육과정의 구성요소

구성	구성요소
이론 측면	발달수준, 보육이론, 보육과정의 내용
계획 측면	보육활동, 프로젝트, 일과, 환경
실행 측면	통합적 발달을 위한 실행전략, 놀이, 발달에 적합한 실제
평가 측면	수업기법에 대한 적절한 평가 및 도구, 발달수준 평가 등

출처: 서영숙 외(2018: 14). 보육과정. 경기: 공동체.

〈표 1-1〉에 제시된 바와 같이 보육과정의 구성요소들이 잘 연계될 때 보육기관에서 이루어지는 영유아의 모든 경험이 최적화되어 잠재성 발달을 이룬다고 보았다. 그러나 보육기관을 운영하는 운영자 및 교사의 철학과 사회문화적 요구 등이 반영되는 경우에는 각 어린이집마다 보육과정을 구성하는 내용은 달라질 수 있다. 예를 들어, 운영자가 구성주의 이론에 근거를 두고 최근 다문화, 창의 및 융합과 같은 사회적 요구를 반영하여 보육과정을 구성한다면, 보육의 내용에 다문화, 반편견 등의 내용과 창의적 사고를 발현할 수 있는 내용이 조직화될 수 있을 것이다. 하지만

각 어린이집 운영자의 철학이나 사회문화적 동향을 반영하여 보육과정을 계획한다할지라도 공통적으로 0~5세 영유아를 대상으로 전인적 성장과 발달에 목표를 두고 있는 것은 동일하다. 이에 근거하여 보육과정은 0~5세까지 모든 영유아의 성장과 발달을 촉진시키고 전인적 인간형성 및 기본생활 형성을 돕는 영유아교육기관에서 영유아가 경험한 모든 내용의 총체라고 할 수 있다(김명순 외, 2005). 하지만 보육과정을 단순히 개념화하기에 다소 한계가 있다. 그 이유는 학습의 대상이 영유아이기 때문에 체계적이고 조직적으로 계획하기에 앞서 영유아의 발달과 흥미를 고려해서 다양성이 반영되어야 하기 때문이다. 또 발달특성상 영유아 시기는 직접 경험의 중요성이 강조되기 때문에 학습해야 할 내용은 영유아 스스로 경험할 수 있는 교구 및 교재가 활동내용이 되어야 한다.

종합해 보자면, 영유아보육과정이란 영유아를 보호(care)하고 신체, 사회 및 정서, 언어, 인지발달이 적절히 이루어질 수 있게 교육(education)할 수 있도록 영유아의 발달과 흥미를 고려한 활동내용에 대한 선정과 조직 그리고 평가에 관한 설계도라고 할 수 있다.

2 보육과정의 특성 및 원리

1) 보육과정의 특성

보육과정은 영유아를 대상으로 학습하기 때문에 영유아의 발달과 흥미, 개인차를 고려하여 조직되어야 한다. 뿐만 아니라 전인발달을 도모하기 위해 각 영역발달에 대해 통합적인 교육이 이루어지도록 해야 하며,

직접적인 경험위주의 활동이 될 수 있도록 교재 및 교구를 효과적으로 배치해야 한다. 보육과정은 이러한 점을 충족시켜야 한다는 점에서 다른 교육과정과 차별화되며 다음과 같은 특성을 가지고 있다.

첫째, 어린이집과 유치원의 3~5세 대상 보육·교육과정이 누리과정으로 통합되었고, 이 외에도 0~2세 영아를 위한 보육과정이 같이 진행되기 때문에 0~5세까지 다양한 연령 범위가 고려된 영유아의 발달적·교육적 요구를 반영한다. 학습 대상의 범위가 광범위하기 때문에 보호와 동시에 교육적 경험이 발달 및 연령에 따른 연계성, 계열성 및 통합성이 유지되어야 한다.

둘째, 영유아의 전인발달을 위해 계획된 보육 및 교육활동 이외에도 영아는 일상생활에 필요한 수유와 배변 및 휴식에 대한 욕구를 충족시켜야 한다. 수유와 식사, 배변, 화장실 가기, 휴식하기, 낮잠 자기, 손 씻기에 대한 내용이 보육과정의 중요한 교육적 요소가 되므로 지속적으로 계획하여 지도해야 한다.

셋째, 보육과정은 보육 및 교육, 영양, 건강 및 안전, 부모에 대한 서비스, 지역사회와의 교류에 대한 내용이 포함되어야 하며, 영유아의 전인발달을 도모할 수 있는 경험을 제공한다. 영유아 시기는 기본생활습관 형성에 있어 최적의 시기이므로 영유아의 건강하고 안전한 생활을 위해 생활습관과 관련한 보육내용을 계획해야 한다. 또한 어린이집과 가정 연계를 위해 다양한 부모참여 및 교육을 제공하고, 지역사회의 인적·물적 자원을 충분히 활용할 수 있도록 보육과정을 구성해야 한다.

넷째, 어린이집의 유형, 대상 영유아의 연령, 보육 대상의 특수성, 보육시간, 수요자의 욕구 등에 따라 영유아 보육 유형이 다양하므로 이를 고려하여 영유아 교육현장에 적합한 보육과정을 개발하여 적용해야 한다(양승희 외, 2018). 영아전담 · 혼합연령 · 독립 연령 · 장애아 통합 · 방과후 · 종일제(기본보육과 연장보육) · 야간보육 등의 특성을 고려해야 한다.

2) 보육과정의 원리

보육과정의 다양한 특성에 따라 보육목적인 영유아의 전인발달을 도모하기 위한 원리에 대해 서영숙 등(2018)은 다음과 같이 설명하고 있다.

(1) 영유아를 능동적 존재로 인정하고 존중하는 보육과정

영유아는 환경과의 상호작용을 통해 자신의 경험을 스스로 구성하고 확장, 정교화할 수 있는 존재이므로 이를 반영한 보육과정을 구성하고 운영해야 한다.

(2) 전인적 · 통합적 발달에 초점을 둔 보육과정

보육과정은 영유아의 전인발달이 이루어지기 위해 발달수준에 적합한 보육내용, 충분한 물리적 환경, 교사의 일관성 있는 보육이 이루어지도록 보육과정을 구성하고 운영해야 한다.

(3) 발달수준에 적합하며 연계된 보육과정

발달수준에 적합한 보육과정 운영은 모든 영유아가 교육적으로 가장 좋은 출발을 할 수 있게 하며(박찬옥 외, 2020a), 잠재적 능력까지 도달할 수 있게 해준다. 또한 현재의 발달단계는 이전, 이후 발달과 연계되도록 해야 하며, 그 내용 또한 계속성과 계열성을 고려해야 한다.

(4) 개별발달이 반영된 보육과정

영유아가 갖고 있는 기질, 환경, 문화, 상황은 각각 다르기 때문에 이에 따라 발달영역마다 차이가 있을 수 있다. 따라서 영유아의 보편적 발달특성에 따라 보육과정을 계획하지만 실제 활동을 실시할 때는 개별 영유아의 특성과 개인차를 반영해야 한다.

(5) 부모와 지역사회를 반영하는 보육과정

부모의 요구는 개별 영유아마다 다르기 때문에 영유아의 건강한 발달을 위해 부모와 충분한 소통이 이루어져야 하며, 지역사회와 국가의 관심을 반영해야 한다.

3 보육과정의 변화

보육과정은 시대적 · 사회적 배경에 따라 달라져 왔다. 지식정보화 사회로의 변화, 다양한 가족유형 및 저출산, 고령화로 사회현상이 변화되고 있다. 이러한 사회변화는 창의 · 인성을 강조함으로써 창의성 교육, 인성교육에 지속 발전 가능한 사회를 위한 내용에 관심을 갖게 되었다. 여기에서는 표준보육과정 제정 시기를 기점으로 보육과정의 변화과정을 살펴보고자 한다.

1) 표준보육과정 제정 이전

보육사업은 빈민 유아를 구제하기 위해 1921년 태화기독교사회관에서 보육 프로그램이 처음 개설되었다. 이 시기는 '보육'이라는 의미보다는 '탁아'라는 용어가 사용되었으며, 빈민 유아를 구제하기 위한 성격이 강해 보육의 기능은 제대로 이루어지지 못했다. 이후 보육의 도약기로 1961년 「아동복리법」이 제정·공포되면서 빈민의 성격에서 벗어나 아동의 복리를 증진시키기 위한 사업으로 성격이 변화·발전되었다. 이 시기는 보육의 기능을 단순히 보호하는 것만이 아닌 교육의 기능도 포함시켰다는 데 의의가 있으나, 질적 수준은 여전히 미흡한 상태였다.

1980년대 「유아교육진흥법」이 제정·공포되면서 보육을 유아 '보호'와 '교육'을 통합하는 개념으로 확대하는 계기가 되어 새마을유아원의 시설 확충과 운영으로 보육기관이 발전되었다. 1990년대 탁아사업에서 보호와 교육을 통합한 보육이라는 진보된 개념으로 전환되어서 보육의 내용도 유아에 대한 교육·영양·건강·안전 등 보호와 교육뿐만 아니라 부모 및 지역사회와의 교류까지도 확대되었다.

그러나 보육의 변화는 보육정책과 법과 관련하여 변화되었으며 보육과정 자체에 대한 관심과 질적인 개선을 위한 노력은 부족하였다. 2000년대 이후에도 어린이집에서는 영유아를 대상으로 하는 보편적인 보육과정 없이 지역이나 시설에 따라 다양한 교육 자료와 프로그램을 통해 보육활동을 제공하고 보육계획안 작성 시 보육 관련 잡지나 보육연계기관 등의 프로그램을 참조하는 것으로 나타났다(한국여성개발원, 2005; 박찬옥 외, 2017 재인용). 보육목표와 내용에 대한 국가 수준 공통의 지침 없이 어린이집이 운영되었기 때문에 기관마다 목표와 그에 따른 내용이 다르게 운영되었으며 그 결과 어린이집의 질적 수준의 차이가 많이 나게 되었다. 이에 어린이집에 공통적으로 제공되어야 하는 국가 수준의 보육과정 지침이 필요하게 되어 2004년 1월 29일 「영유아보육법」의 전면 개정으로 인해 보육에 대한 공적 책임강화를 위해 표준보육과정을 개발 보급해야 할 필요성이 대두되었다.

2) 표준보육과정 제정 이후

2004년 「영유아보육법」의 전면 개정 이후에 영유아가 건강하고 안전하며 바르게 생활하는 데 필요한 내용과 전인적 발달을 위해서 영유아가 갖추어야 할 지식, 기술, 태도를 제시하여 표준보육과정을 완성하였다. 사회적 요구를 반영하여 0세에서 만 5세까지 연령층의 영유아를 위한 국가적 수준의 표준보육과정이 개발되었다. 2007년 1월 제1차 표준보육과정의 구체적인 보육내용 및 교사지침을 고시하였고, 2008년에는 표준보육과정에 기초한 0~5세 연령별 보육프로그램을 개발하여 보급하였다. 또한 2008년 3월 수요자 중심 보육정책으로 추진된 '아이사랑플랜'으로 보육료 전액 지원 확대, 양육수당의 제공 등이 시행되었다.

2011년에는 보건복지부와 교육과학기술부에서 어린이집과 유치원에 다니는 5세를 위한 공통과정으로 5세 누리과정을 제정하여 고시하였다. 표준보육과정은 0~4세를 포함하는 제2차 표준보육과정이 고시되었고, 다시 2012년에 3~4세 누리과정이 제정되고 5세 누리과정이 개정됨에 따라 2013년 0~1세 보육과정, 2세 보육과정, 3~5세 연령별 누리과정의 형태로 제3차 어린이집 표준보육과정을 개정하여 고시하였다. 2019년 4차 어린이집 표준보육과정 및 2019 개정 누리과정의 형태로 변화하였다.

2019년 7월 「2019 개정 누리과정」이 고시되었다. 이는 유치원과 어린이집에 다니는 3-5세 유아에게 공통으로 적용되는 교육과정으로, 이전의

'3-5세 연령별 누리과정'을 '3-5세 누리과정'으로 전면 개정하여 고시하였다.

2020년 4월 「2019 개정 누리과정」을 시작으로 0-5세 영유아의 연속적 경험과 연령간 발달적 연계를 위해 누리과정 개정 방향 및 내용을 고려한 4차 어린이집 표준보육과정이 고시되어 2020년 9월 시행되었다. 자세한 내용은 4장과 5장에서 살펴보도록 하자.

CHAPTER 02

보육과정의 이론적 기초

보육과정의 구성과 운영을 위해 이론적 토대가 되는 철학적·발달심리학적·사회적 기초에 대해 살펴보고자 한다. 이 장에서는 인간 자신의 존재와 본성, 능력에 대한 신념과 가치 형성에 도움이 되는 철학적 기초, 보육 대상인 영유아의 성장과 발달에 대한 이해를 도울 수 있는 발달심리학적 기초, 현대 사회 현상에 대한 이해와 미래 사회 준비를 위한 지원방안을 살펴볼 수 있는 사회적 기초를 통해 보육과정을 효율적으로 운영할 수 있을 방법에 대해 생각해 볼 수 있을 것이다.

1 철학적 기초

철학은 '가치'와 '신념'에 대한 표현이다.

보육에 있어 철학은 '보육을 왜 해야 하는가?', '무엇을 위해 보육하는가?', '어떻게 보육해야 하는가?' 등 보육 본질에 대한 탐구의 '눈'과 '체'의 역할을 해 준다(박찬옥 외, 2014/2015). 여기에서는 이상주의, 사실주의, 실용주의, 실존주의에 대해 고찰해 본다.

1) 이상주의(Idealism)

관념론 또는 유심론이라고 한다. 이상주의에서 실재는 인간의 마음속에 보이는 경험의 세계이고, 진리는 관념의 일치성 속에서 찾을 수 있다고 보았다. 이상주의자들은 가치 체계의 고정성을 주장하고 물질적 가치보다 정신적 가치를 최고의 진리라고 보았다. 이상주의에서는 인간성의 최종 가치관은 인간이 만드는 것이지만 그 가치의 성격은 초자연적이라고 생각했기 때문에 교육의 목적은 시대와 환경에 순응하는 것이지만 근본적인 것은 불변한다고 생각했다(박찬옥 외, 2014/2015: 32-33). 이상주의에서 교육의 목적은 자연인으로 하여금 이상인이 되도록 발달시키는 것이고 최선의 교육은 자아실현을 통해서 이루어질 수 있다고 보았다. 모든 학습은 학습자의 자발적인 노력에 의해 이루어지도록 해야 한다는 학습자의 의지를 강조한다. 이러한 철학은 플라톤(Platon), 프뢰벨(Fröbel), 헤겔(Hegel) 등에 의해 주장되었다.

2) 사실주의(Realism)

17세기 자연과학의 발달과 경험론이나 합리론에 영향을 받아서 형성된 실생활에 필요한 실용성 있는 지식과 구체적인 기술 교육을 강조한 사상이다. 사실주의에서의 세상은 있는 그대로의 모습이고, 선은 자연의 법칙이나 물리적 세계의 질서 속에서 발견되며, 진리는 관찰되는 것을 말한다. 사실주의는 실학주의라고도 하는데 실학주의는 관념보다는 사물을, 언어나 서적을 통한 교육보다는 실물자료를 활용한 교육을, 실생활에 필요한 교육과 공리주의의 원리에 따른 교육을 중요시하고 실천하는 교육을 강조한다. 실학주의 교육은 해석하고 실천하는 관점에 따라 인문적 실학주의, 사회적 실학주의, 감각적 실학주의로 살펴볼 수 있다. 대표적 학자로는 아리스토텔레스(Aristotle), 베이컨(Bacon), 로크(Locke), 코메니우스(Comenius) 등이 있다.

① 인문적 실학주의: 고전의 내용을 통해서 현실생활을 이해하는 것이 교육의 기본원리이다. 고전 문학에 내포된 과학적 · 역사적 · 사회적 지식을 이해하여 현실생활에 잘 적응할 수 있는 유능한 사람을 양성

하는 것이 목적이다.

② 사회적 실학주의: 고전학습을 통한 교육을 반대하고 사교생활의 경험(사교와 여행)을 교육내용으로 삼아야 함을 강조한다. 서적에 의한 교육보다는 사회생활을 통한 교육을 강조하여 현실사회와의 직접적 접촉을 중시했다. 흥미성의 원리와 호기심의 이용을 주장, 단순한 기억보다는 이해와 판단을 중시, 실물 직관주의와 여행을 통한 견문을 넓힐 수 있는 방법을 선호한다.

③ 감각적 실학주의: 감각적 직관을 중시한다. 직관교육, 시청각교육을 강조한다. '말보다 사물', '말에 앞서 사물을 보여주자', 자연과학적 지식을 존중하여 자연계의 현상을 인식하고 확립하여 자연력과 자연 법칙을 이용하여 현실생활을 향상시키고자 하였다.

3) 실용주의(Pragmatism)

실용주의는 실용성, 유용성, 실제성을 가장 중요시하는 철학적 입장이다(안영진 외, 2018). 실용주의는 다윈(Darwin)의 진화론에 영향을 받아 가치의 상대성과 인류와 사회의 발전, 또는 진보를 중요한 주제로 다루기 때문에 진보주의라고도 한다(박찬옥 외, 2020). 실용주의는 영원불변하는 실재는 없다고 보는데, 언제 어디서나 늘 진리인 것도 없고, 언제 어디서나 무엇에도 영향을 받지 않는 것도 없다(안영진 외, 2018). 경험과 변화만이 유일한 실제이고, 시간, 장소, 환경에 따라 상대적으로 변한다는 가치의 상대성을 말한다. 변화를 전제로 하는 실용주의 입장에서는 절대 불변하고 완전한 지식이란 있을 수 없다. 그렇기 때문에 교육은 지식을 습득하는 것이라기보다 습득한 지식을 적용하여 일상생활을 개선할 수 있도록 하는 것이어야 한다. 실용주의의 대표적 학자로는 퍼스(Peirce)와 듀이(Dewey) 등이 있다.

4) 실존주의(Existentialism)

실존주의는 인간 존재에 관한 철학으로 인간 본성의 재검토에서부터 시작되므로 본질보다도 인간 존재 그 자체를 존중한다.

실존주의는 19세기 합리주의적인 관념론과 실증주의를 비판하면서 시작된 것으로 20세기의 두 차례 세계대전과 경기침체 및 현대 산업사회의 과학 문명 발달 등으로 인간성 소외현상을 비판하면서 등장하게 되었다. 전쟁을 겪으면서 모든 질서와 권위 및 가치 등은 모두 의심스러워졌고, 이러한 상황은 사람들을 불안하게 만들었다. 사람들에게는 무언가 확고하게 믿을 만한 것이 필요하였다. 사람들은 오로지 자기 자신의 내면적인 곳으로 돌아감으로써 거기서 마지막 위안을 삼으려고 했으며, 이러한 인간의 가장 내면적인 핵심을 '실존(Existence)'이라는 개념으로 표현하였다. 실존주의 교육 이론은 1970년대 전성기인 인간 중심의 교육과정으로 교육의 목적은 인간의 참 존재인 실존 의미를 자각시키는 것이며, 자신의 주체적인 삶을 영위해 나가는 자아실현의 추구이다. 교육 방법은 학습자 스스로 선택과 결정을 존중하되, 선택에 대하여 책임을 지게 한다.

관념적인 지식 위주 교육을 비판하고 스스로 각성하여 자아를 발견할 수 있도록 도와야 하기 때문에 교사의 역할은 학습자와의 끊임없는 대화를 통해 학생 자신의 정체감을 확인시켜 주고, 자신의 성취 수준을 스스로 설정할 수 있도록 도와 주는 것이다. 실존은 그 사람만이 가지고 있는 고유한 것을 말한다. 실존주의는 진정한 나를 갈망하며 인간 자신의 내적 세계를 탐색하는 인간 실존의 철학이며, 자신의 주체적 자각·결단·실천을 강조하는 철학적 입장이다. 대표적 사상가는 20세기 후반기의 철학자

키에르케고르(Kierkegaard), 야스퍼스(Jaspers), 샤르트르(Chartres), 하이데거(Heidegger) 등이 있으며, 교육 철학자는 메를로 퐁티(Merleau Ponty), 부버(Buber), 볼노프(Bollnow) 등이 있다(박아청 외, 2020).

2 발달심리학적 기초

보육과정은 영유아가 학습할 내용(content), 목표를 성취해 나가는 과정(process), 영유아의 목표 성취를 돕기 위한 교사의 역할과 교수·학습이 발생하는 상황에 관해 조직된 틀(framework)이라고 할 수 있다(NAEYC & NAECS/SED, 1991; 이기숙 외, 2008). 이러한 보육과정을 계획하기 위해 보육과정의 대상이 되는 학습자, 즉 영유아에 대해 잘 아는 것이 무엇보다 중요하다고 할 수 있겠다. 이에 인간발달 과정에서 가장 현저하고 급격한 발달이 이루어지는 영유아에 대해 자세히 이해하고자 한다(이정아 외, 2016 재인용).

1) 성숙주의 이론

발달이론의 주요 쟁점은 발달이 선천적인 것인지, 환경에 의한 것인지에 대한 것이었다. 성숙주의 이론은 인간의 발달이 선천적으로 타고난 유전에 의해 이루어진다고 보는 입장이다. 인간의 행동을 의도와 계획을 가지고 바람직한 방향으로 변화시키는 것이 교육이라고 한다면, 성숙주의 입장에서 영유아는 인위적 자극없이 자연스러운 상황에서 타고난 대로 성숙한다는 것이다. 이 이론은 루소(Rousseau)의 자연주의 사상에서 비롯

되어 프뢰벨(Fröbel), 다윈(Darwin), 홀(Hall), 게젤(Gesell) 등의 학자로 발전되었다(이정아 외, 2016).

(1) 게젤(Arnold Lucius Gesell)

게젤은 홀(Hall)의 제자이다. 다윈(Darwin)의 진화론에 영향을 받은 스탠리 홀(Stanley Hall)은 인간은 예정된 발달단계에 따라 발생하는 행동 유형이 있다고 하였다. 홀은 아동발달을 과학적인 방법을 통해 연구하였고, 과학적으로 객관적인 자료에 의해 측정하기 시작하였다(이기숙, 2000; 이대균 외, 2007/2020). 게젤은 영유아 발달이 '성숙'이라는 기제에 의해 통제되고 조절되므로 발달의 원동력은 영유아의 유전적 요인이라고 보았다(Gesell, 1931). 즉, 영유아 발달은 유전적으로 정해진 대로 자동적으로 이루어지는 과정이라는 것이다(이대균 외, 2007/2020 재인용). 게젤은 그의 동료들과 수십 년간 실시한 관찰, 면담, 검사 등을 통해 연령단계에 따른 '표준행동목록(normative data)'을 만들어 영유아의 성장과 발달은 내적인 생물학적 시간표의 결과로서 일어난다고 보았다.

❶ 표준행동목록

영유아들을 오랜 기간 동안 관찰하고 부모 면담을 통하여 인간의 발달과정은 누구나 똑같은 방식으로 성장하는 보편성과 규칙성이 있다는 것을 목록화한 것이다. 즉, 영유아들의 신체적 · 인지적 · 사회적 · 정서적 행동에 대해 각 연령별로 관찰하여 각 연령에 보편적으로 나타나는 행동특성을 전형적인 발달을 나타내기 위해 규준화하였다. 표준행동목록은 과학적인 자료수집 방법에 의해 도출된 결과라는 점에서 큰 의미가 있으며, 영유아의 발달순서와 행동특성을 예측하고 발달 정도를 측정하는 기준으로써 유용하게 활용되었다(이대균 외, 2007/2020).

성숙주의 입장에서 교사는 영유아의 모든 반응에 대하여 수용적인 자세로 받아들이고 성숙된 기술을 갖출 수 있도록 다양한 경험을 계획하고, 발달에 적합한 학습 환경을 제공하는 역할을 한다(김진선 외, 2009). 성숙주의 입장에서는 경험을 제공하기에 가장 적절한 시기를 결정하는 것은 영유아의 성숙 수준이 그 능력을 학습하기 위한 준비(readiness)에 이르렀을 때라고 본다(이정아 외, 2013/2016).

❷ 학습 준비도

영유아에게 무엇을 가르치기 위해서는 신체적 발달과 신경학적 발달이 이루어질 때까지 기다려야 한다는 것이며, 발달이 이루어졌을 때가 바로 최적의 학습 시기라고 보는 것이다. 따라서 학습 준비도가 되어 있다면 가르치지만 그렇지 못하면 준비가 될 때까지 기다려야 한다는 것이다(정옥분, 2003). 게젤은 영유아가 배울 준비가 되기 전에 무엇을 가르치는 것은 아무런 의미가 없으며, 가르치는 사람과 영유아 간에 긴장만 초래할 뿐이라고 하였다(Gesell & Ilg, 1946; 이대균 외, 2007/2020).

성숙주의 이론으로 인하여 영유아의 성장이 정상적으로 진행되고 있는지를 비교할 수 있게 되었고, 영유아 스스로 성장할 수 있는 시간을 가지고 기다려 줄 필요가 있음을 알게 되는 데 큰 공헌을 했다고 할 수 있겠다(이정아 외, 2013/2016). 하지만, 영유아들의 모든 행동을 표준행동목록의

틀에 맞추어 판단하고, 영아와 유아의 개인차를 고려하지 않는 고정된 발달로만 보는 관점을 갖지 않도록 해야 한다. 교사는 보육과정 구성 시 영유아의 자발적인 활동을 장려할 수 있도록 편안하고 허용적인 분위기의 교실환경 조성에 힘쓰며 아동의 흥미와 욕구에 맞는 영역별 활동 구성과 아동에게 적절히 반응해 줄 수 있는 역할이 요구된다(유구종 외, 2012).

2) 프로이트(Sigmund Freud)의 심리성적 발달

정신분석적 접근은 아동의 정서생활을 강조하였다. 프로이트(1856-1939)는 초기 5-6세 아동의 경험이 어른의 인성을 결정하는 데 결정적인 역할을 한다고 보았다. 즉, 어린 시절의 경험, 심리적 충격, 실현되지 못한 개인의 욕망이 무의식의 세계에 잠재되어 개인의 현재 행동을 유발하거나 통제한다고 하였다(백혜리 외, 2006). 이 이론은 부모가 초기 몇 년 동안 자신의 자녀의 성적, 공격적인 성향을 어떻게 다루는가가 건강한 성격 발달에 결정적이라고 강조한다(Laura E. Berk, 이종숙 외, 2015).

프로이트는 인간의 정신세계를 빙산에 비유하여, [그림 2-1]과 같이 물속에 잠겨 있는 부분을 무의식, 물 표면에서 물속으로 들어왔다 나갔다 하는 것을 전의식, 수면 위를 의식으로 표현하였다. 이 중 무의식을 강조하여 무의식을 인간의 본능, 충동, 원시적 감정 등의 영역으로 보았다. 전의식은 의식의 영역으로 쉽게 바뀔 수 있지만, 무의식은 의식 영역으로 쉽게 바뀌지 않는다.

(1) 의식 수준: 의식, 전의식, 무의식

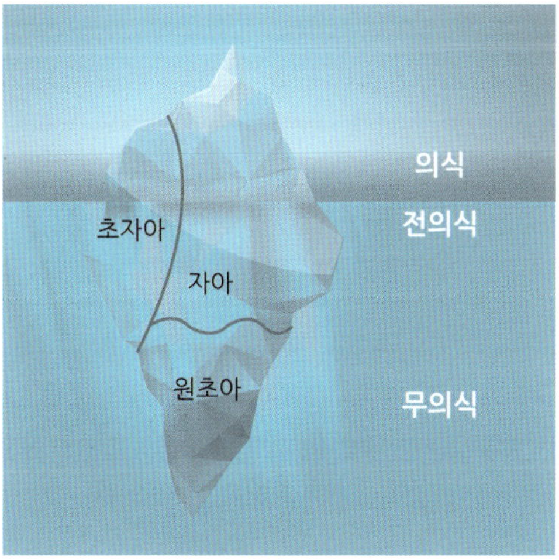

[그림 2-1] 지형학적으로 살펴본 의식수준

① 의식: 인간이 자신에게 주의를 기울이는 바로 그 순간에 알아차릴 수 있는 경험과 감각들이다. 보고, 듣고, 만지고, 냄새 맡고, 맛보는 것과 같은 여러 가지 감각을 인식하고 슬픔과 고통 같은 것을 그 순간 쉽게 알아차릴 수 있는 정신생활의 영역으로 '깨어있을 때 작용하는 영역'이다.

② 전의식: 의식과 무의식의 중간 지점에 있는 것으로 현재는 의식하지 못하지만 조금만 노력하여 회상하려고 마음을 집중하면 전의식에 저장된 기억이나 지각, 생각 등을 의식으로 가져올 수 있다.

③ 무의식: 정신의 가장 깊은 곳에 위치해 있다. 인간이 자각하지 못하는 경험과 기억으로 구성된다. 무의식은 인간 행동을 결정하는 주된 원인이지만, 인식하거나 직접 확인할 수는 없다. 의식보다 무의식이 상대적으로 큰 비중을 차지하며, 무의식은 인간행동의 동기가 된다. 주로 원초아(id)와 초자아(superego)로 구성되어 있으며, 방어기제도 무의식의 일부분으로 나타난다.

(2) 성격의 구조: 원초아(id), 자아(ego), 초자아(superego)

인간의 성격은 모두 세 구조로 이루어지는데, 그것은 원초아, 자아, 초자아이다. 이것은 서로 관련되어 상호 영향을 미친다(이정아 외, 2013/2016; 사회복지연구센터, 2015).

❶ 원초아(id)

출생시부터 먹고, 자고, 배설하는 등의 본능적인 욕구를 주관하며 쾌락의 원리에 따른다. 즉, 고통을 피하고 본래의 욕구를 충족하고자 동기화하는 것이다. 배가 고프면 먹을 것이 연상된다거나 생리적 욕구의 해소를 갈망하는 것 또는 배고프거나 기저귀가 젖었을 때, 그들의 요구가 충족될 때까지 소리 내어 우는 등이 원초아의 작동 예라 할 수 있다. 즉, 본능적 충동의 만족에 필요한 대상의 표상을 만들어 내는 것으로 어떤 것이 현실인지 아닌지를 구별하지 못하는 1차 과정사고를 한다.

❷ 자아(ego)

2~4세경에 발달하며 부모와 주변 환경을 고려하여 자신의 욕구 충족을 미루고 기다릴 줄 알게 된다. '목이 마를 때'-'물'이라는 심상을 떠올리는 것이 아니라 기다리면 물을 가져다 주리라는 것을 기대하는 것 또는 음식을 어떻게 얻었는지를 기억하고 있는 걸음마기 아기가 배고플 때 엄마를 찾으며 "맘마"라고 말하는 것이다. 자아는 원초아의 충동적 욕구를 외부세계의 제약을 고려하면서 현실적으로 표현하고 충족시키려고 노력하는 조직적, 합리적, 현실지향적 성격구조이다. 자아는 원초아와 초자아 사이에서 현실적이고 이성적인 균형을 유지하려는 역할을 하고, 초자아와 원초아 사이의 갈등을 조정한다. 자아는 만족을 추구할 수 있는 방법을 발견할 때까지 만족을 연기하는 현실원리에 의해 작동되며, 이성적인 차원에서 행동의 결과를 평가하고 자신의 행동과정을 결정한다.

❸ 초자아(superego)

- 4~5세경인 유아기 후반에 발달하기 시작하는 도덕성을 저장하는 곳으로, 원초아의 분방한 쾌락 추구에 반대하는 힘으로 작용하는 정신 에너지이다. 초자아는 옳고 그름을 판단하고 결정하여 사회가 인정하는 도덕적 기준에 따라서 행동하도록 유도하는 기능을 한다.
- 초자아는 현실적인 것보다는 이상적인 것을 추구하고 쾌락보다는 완전함을 추구하며, 자아와 함께 행동을 통제하는 기능을 한다. 하지만, 자아와는 달리 현실적인 것보다는 이상적인 것을 추구하고 쾌락보다는 완전함을 추구한다.
- 남근기에 발달하는 초자아는 부모가 아이에게 전달하는 사회의 가치와 관습을 말한다. 초자아의 발달에는 양육자의 양육태도와 같은 사회화 과정이 중요한 역할을 한다.
- 초자아는 성격의 도덕적인 부분이며, 심판자로서 자아와 함께 작용하여 개인이 스스로 자신의 행동을 조절할 수 있게 해 준다.
- 정신구조의 최고단계로서 '양심'이라고 한다.

프로이트는 인간의 성격이 성적인 욕구와 관련하여 발달한다고 믿기 때문에 '심리성적 발달'이라고 한다. 인간은 리비도(libido), 즉 성적 에너지에 따라 행동하는데, 리비도가 집중적으로 모이는 부위를 성감대라고 하고, 리비도의 이동에 따라 발달단계를 나타냈다(김정원 외, 2013; 이윤경 외, 2013). 리비도는 인간행동과 성격을 규정하는 에너지의 원천이 되는데, 인간발달단계에 대응한 성감대(입, 항문, 성기 등)와 충족의 목표 및 대상에 대해 충족을 얻지 못할 경우 불안을 낳게 된다. 모든 사람이 모든 발달단계에서 성공을 거두는 것은 아니다. 지나치게 만족하기도 하고 좌절하기도 하는데 다음 단계로 진행하지 못하고 특정 단계에 머무르는 것을 '고착(fixation)'이라고 한다. 고착이 일어날 경우, 적절한 방어기제를 사용해야 한다.

〈표 2-1〉 프로이트의 심리성적 발달단계

발달단계	특성
구강기 (0~18개월)	• 리비도가 입에 머묾 • 입, 입술, 혀 같은 기관에 활동이 집중해 있으므로 이 시기를 구강기라 함 • 빠는 쾌감에서 깨무는 쾌감으로 이동 **〈고착시〉** ① 구강수동적 성격: 수동적, 미성숙, 과도한 의존, 잘 속는 경향 ② 구강공격적 성격: 논쟁적, 비판적, 비꼬기를 잘함. 타인을 이용하거나 지배하려 함
항문기 (18~3세)	• 리비도가 항문에 집중 • 배변으로 생기는 항문자극에 의해 쾌감을 얻으려 하는 시기 • 변을 참거나 내보내는 배설과 관계된 활동들이 즐거움을 주는 동시에 공격의 무기가 됨 • 항문기 경험으로 아동은 구강기의 전적인 의존에서 벗어나 자기조절, 자립, 자존 등을 경험하고 배우게 됨. 또한 적절한 배변 훈련은 창조성과 생산성의 기초가 됨 **〈고착시〉** ① 항문공격적 성격: 무질서, 어지르기, 낭비, 사치, 무절제, 반항적, 공격적 ② 항문보유적 성격: 깔끔, 질서정연, 절약, 조직화, 인색, 쌓아두기
남근기 (3~6세)	• 리비도는 성기에 집중 • 아동의 주요 활동은 성기를 자극하고, 자신의 몸을 보여주거나 혹은 다른 사람의 몸을 보면서 쾌감을 얻음 • 남아는 오이디푸스콤플렉스, 여아는 엘렉트라콤플렉스를 경험함 • 남아는 거세불안. 자신을 아버지와 동일시하여 아버지의 태도, 가치, 행동패턴을 닮으려고 노력함 **〈고착시〉** 대부분 경솔, 과장되고 야심적, 강한 자부심, 난잡한 성행위, 자기 증오 등의 성격유형
잠복기 (6세~ 사춘기)	• 성적 충동을 억압, 성적 본능과 관련이 없는 사회적 기술을 습득하는 시기 • 리비도가 특정 부위에 집중되지 않고 잠재되어 있는 시기 • 이 시기의 리비도는 승화되어 지적 관심, 운동, 동성 간의 우정, 공부 등으로 표출됨 • 리비도는 친구에게로, 특히 동성친구에게로 향하며 동일시 대상도 친구가 됨
생식기 (사춘기~ 성인기 이전)	• 성적 관심과 충동이 다시 증가하는 시기 • 충분히 사랑과 일을 할 수 있는 시기 • 남녀 모두 2차 성징이 나타나며 이전 시기에 확립했던 성적 주체성에 의해 성인으로 성장함 • 생식기의 성격발달을 통해 근면을 배워야 하고, 즉각적인 만족을 지연시켜야 하며, 책임감을 길러야 함 • 이 시기의 순조로운 발달을 보이면 이타적이고 성숙한 생식기적 성격을 보이게 되고, 그렇지 않으면 권위에 반항하고 비행 행동으로 보이거나 이성에 대한 적응 곤란 등을 보임

출처: 사회복지연구센터(2015). pp.50-52. 내용을 표로 간략화함

3) 에릭슨(Erik Homburger Erikson)의 심리사회적 발달

에릭슨(Erikson, 1902-1994)은 프로이트(Freud)의 정신분석 이론에 바탕을 두면서 인간의 성격 발달을 사회와의 관계 속에서 전생애로 확장시켜 이론을 정립하였다. 에릭슨은 인간의 인성 발달은 각 개인이 접하고 있는 사회적 환경인 사회, 역사, 문화 등과의 상호작용을 통해 인성의 기초를 형성해 간다고 보았으며, 특히 자아의 발달에 강조를 둔다(유구종 외, 2012). 프로이트가 성격 발달에 있어 성적 에너지를 강조하였다면, 에릭슨은 사회적 에너지를 강조하였다고 볼 수 있다(이정아 외, 2013/2016 재인용). 에릭슨은 개인은 각 단계마다 발달위기(developmental crisis)를 경험하는데, 이때 개인은 긍정적 대안과 잠재적으로 건강하지 않은 대안 사이에서 갈등한다고 하였다(Anita Woolfork 지음, 김아영 외 역, 2013/2015). 만일 주어진 환경에서 개인의 욕구가 충족되는 경험을 많이 하면 긍정적인 방향으로 성격발달이 이루어지지만, 욕구가 좌절되는 경험을 많이 하면 부정적인 방향으로 성격발달이 이루어진다는 것이다(신종호 외, 2015/2017). 개인이 각각의 발달위기를 해결하는 방식은 미래의 위기상황에서의 해결방식에 영향을 주게 되며, 나아가 개인의 자기상(self-image)과 사회를 바라보는 관점에 지속적인 영향을 미치게 된다(Anita Woolfork 지음, 김아영 외, 2013/2015).

〈표 2-2〉 에릭슨의 심리사회발달단계

단계		Freud관련 발달단계	연령	주요 사건	긍정적 자아특질	부정적 자아특질	발달내용
1	기본적 신뢰감 vs. 불신감	구강기	0-1세	섭식 스스로 먹기	희망 (가장 최초의 덕 德)	위축	• 영아는 자신의 기본적 요구를 들어주는 타인을 신뢰하는 법을 배워야 한다. 만약 양육자가 영아의 욕구를 들어주는 것을 거부하거나 일관성이 없게 대한다면, 영아는 자신이 살고 있는 이 세상이 신뢰롭지 못하고 믿을 만하지 않은 사람들로 가득찬 위험한 곳이라고 생각할 것이다. 이 시기에는 엄마 또는 기본 양육자가 중요한 사회적 대리인이 된다. • 건전한 성격발달은 신뢰와 불신의 적절한 균형으로부터 온다.
2	자율성 vs. 수치심 및 회의감	항문기	1-3세	대소변 훈련	의지력	강박증	• 아동은 스스로 음식을 먹고 옷을 입고 배변 훈련의 성공 등 '자율적'이 되는 법을 배워야 한다. 이러한 독립성을 획득하지 못하면 아동은 자신의 능력에 대해 의심하게 되고, 수치심을 느낀다. 이 시기에는 부모가 중요한 사회적 대리인이다. • 자기조절과 자기신뢰의 시작을 의미한다. 이 시기의 부모는 보호와 과잉보호 사이에서 분명한 선을 그어야 한다.
3	주도성 vs. 죄책감 (죄의식)	남근기	3-6세	독립심	목적 의식	의지와 용기의 부족, 금기의 감정, 억제	• 아동은 다 큰 아이처럼 행동하려고 하고, 자신의 역량을 넘어서는 책임감을 수용하려고 노력한다. 아동의 목표나 활동들은 때때로 부모와 다른 가족들의 목표 및 활동과 갈등을 일으킨다. 이러한 갈등을 겪을 때 아동은 스스로 죄의식을 느끼게 된다. 주도성은 '자율성에 능동성과 진행성을 장려하는 질적인 측면인 과제 채택, 계획, 실행 등의 요소를 첨가한 것이다. 아이들에게 스스로 선택할 수 있는 기회를 주지 않거나 무시하는 태도를 보이면 죄책감 혹은 자책감을 갖게 된다. 이 위기를 성공적으로 해결하기 위해서는 조화가 필요하다. 즉, 아동은 자기 주도성을 계속 가지고 있어야 하는 동시에 다른 사람들의 권위, 특혜, 목표를 침해하지 않는 방법을 배워야만 한다. 이 시기에는 가족이 중요한 사회적 대리인이다. • 주도성 대 죄의식의 단계를 성공적으로 극복한 결과는 목적 획득이다. 아동은 존경하는 성격과 직업을 가진 사람과 동일시하며, 그러한 사람이 되기를 꿈꾸는 이른바 목적을 갖게 된다.
4	근면성 vs. 열등감	잠복기	6-12세	취학	유능성, 능력 (학습과 행동 강화)	무력감	• 아동은 중요한 사회적, 학문적 기술을 숙달시켜야 한다. 이 시기에 아동은 자신을 또래와 비교하게 된다. 만약 아동이 충분히 근면하다면, 아동은 자신감을 느끼게 하는 사회적, 학문적 기술을 획득할 것이다. 반면 이러한 중요한 특성을 습득하지 못하면 열등감을 느끼게 될 것이다. 이 시기에는 교사와 또래가 중요한 사회적 대리인이다. • 자아성장의 결정적 시기, 인지 및 사회적 기술을 습득하는 과정에서 학습과 적응이 순조롭게 이루어지면 근면성이 발달, 반대로 실수나 실패를 자주 하게 되면 열등감 형성이 된다.

단계		Freud관련 발달단계	연령	주요 사건	긍정적 자아특질	부정적 자아특질	발달내용
5	자아정체감 vs. 역할혼미	생식기	12–20세	또래 관계	성실성	불확실성	• 이 시기는 아동기와 성인기 사이에 있는 교차로이다. 청소년들은 "나는 누구인가?"라는 질문에 사로잡힌다. 청소년들은 기본적인 사회적, 직업적 정체감을 확립해야 한다. 만일 그렇지 못하면 자신이 성인으로서 해야 할 역할에 대해 혼돈스러운 상태에 남아 있게 된다. 이 시기에는 또래집단이 중요한 사회적 대리인이다. • 정체감 혼란은 다양한 방식으로 표현될 수 있다. 책임 있는 성인처럼 행동하기를 미루거나, 어설프게 계획한 행동에 자신을 몰입하거나, 성인기의 책임을 회피하려고 어린아이의 유치함으로 퇴행하는 것이다.
6	친밀감 vs. 고립감		성인초기 (20–40세)	애정 관계	사랑	배척	• 이 단계의 주요 과업은 강력한 우정을 형성하고, 다른 사람과 사랑과 동료애를 획득하는 것이다. 우정이나 친밀한 관계를 형성하지 못하면 외로움이나 소외감을 느끼게 된다. 이 시기에는 애인, 배우자, 친한 친구(이성, 동성 모두 포함)가 중요한 사회적 대리인이다. • 친밀감이란 자기 자신의 정체성을 잃지 않으면서 다른 사람과 주고 받고 나누는 능력을 말한다.
7	생산성 vs. 침체감		성인중기 (40–65세)	양육 부모 역할 강조	배려 (타인을 돌보는 능력)	거부, 권위주의	• 이 단계에서 성인은 자신의 직장에서 점차 생산적인 과업을 맡게 되고, 가족 부양이나 젊은 사람들의 욕구를 보살펴주는 과업에 직면하게 된다. 이때 '생산성'의 기준은 자신의 문화에 의해 규정된다. 이러한 책임감을 감당하기 힘들거나, 기꺼이 책임지고 싶어 하지 않는 사람들은 침체되거나 자기중심적인 사람으로 남을 것이다. 이 시기에는 배우자, 자녀, 문화적 규범이 중요한 사회적 대리인이다. • 자녀를 출산하여 양육하거나 후진 양성, 보다 나은 세상을 만들기 위한 성취를 위해 노력, 다음 세대에 기여할 만한 방법 모색에 실패할 경우 침체를 경험한다.
8	자아통합 vs. 절망감		성인후기 (노년기)	자신의 인생에 대한 회고와 수용	지혜	경멸	• 보다 나이든 성인들은 삶을 되돌아볼 것이다. 즉, 자신의 삶이 의미 있고, 생산적이며 행복한 경험이었는지 아니면 충족되지 않는 약속들과 실현되지 않은 목표들로 점철된 절망스러운 삶이었는지를 돌아보게 된다. 한 사람의 삶의 경험, 특히 사회적 경험이 이러한 삶의 마지막 위기의 결과를 결정할 것이다. • 자아통합이란 자신의 인생을 수용하고 갈등, 실패, 실망 등을 성공, 기쁨, 보람 등과 함께 전체 삶 속에 포함시키는 것을 의미하며 이의 성취는 두려움 없는 죽음을 보장해 준다. • 이 단계의 갈등을 성공적으로 극복하면 지혜 자기 수용, 지나온 생이 옳고 적합했다는 느낌, 죽음을 위엄과 용기로 직면할 수 있는 능력이 생긴다.

출처: Anita Woolfork 지음. 김아영 · 안도희 · 양명희 · 이미순 · 임성택 · 장형심 역(2013/2015). p. 95, 사회복지연구센터(2015). p.66, 신종호 · 김민성 · 최지영 · 허유성 · 이지은(2015/2017). pp. 111-112를 표로 나타냄
Lefton, Lester A. (1994), Psychology, 5th Edition, Pearson Education, Inc(Upper Saddle River.NJ)
Shaffer (2000). p.42

4) 행동주의 이론

발달에 대한 쟁점을 살펴보면, 유전이냐 환경이냐 양극단의 입장을 취하거나 유전과 환경의 상호작용에 의해 이루어진다고 본다. 행동주의에서는 인간의 발달은 외부환경에 의해 이루어진다고 보는 입장이다. 행동주의자들은 외적으로 관찰 가능한 인간의 행동만이 가치가 있다고 생각하며, 아동의 행동, 외재적 동기, 예측 가능성 등을 강조한다. 행동주의이론은 인간의 행동이 학습되거나 학습에 의해 수정될 수 있다고 보기 때문에 학습이론이라고도 한다. 즉, 행동주의에서 학습이란 자극-반응 결합이나 강화 경험을 통한 행동의 변화 과정을 의미하며, 학습의 결과는 관찰 가능한 비교적 지속적(영속적)인 행동이어야 한다. 행동주의자들은 아동의 발달에 대한 외적 요인의 중요성을 강조하고, 외적 경험을 적절하고 단계적으로 배열함으로써 아동의 발달을 바람직한 방향으로 변화시킬 수 있다고 보았다. 그렇기 때문에 행동주의의 목적은 외적 환경을 적절히 조직하고 변화시켜 영유아의 바람직한 행동을 촉진하고, 바람직하지 않은 행동을 감소 혹은 소거시키는 것이다. 대표적 학자로는 고전적 조건화이론을 전개한 파블로브(Pavlov)를 시작으로 왓슨(Watson), 스키너(Skinner), 반두라(Bandura) 등이 있다.

▣ 행동주의이론에서의 주요 용어

① 자극(stimulus): 행동을 활성화시키는 사건
② 반응(response): 자극에 대한 관찰 가능한 반응
③ 고전적 조건화: 새로운 자극과 자동적 반응의 연합
④ 무조건 자극과 무조건 반응: '자동적으로 정서적이거나 생리적 반응을 만들어 내는 자극'과 '자연적으로 발생하는 정서적 또는 생리적 반응'

⑤ 조건 자극과 조건 반응: '조건형성 후, 정서적이거나 생리적 반응을 일으키는 자극'과 '이전의 중립자극에 대한 학습된 반응'
⑥ 중립자극: 반응과 연결되지 않는 자극
⑦ 조작적 조건화: 자발적인 행동이 결과나 선행자(행위에 앞서는 사건)에 의해 강화되거나 약화된 학습
⑧ 강화: 행동을 강하게(자주) 만드는 결과의 사용
⑨ 정적강화와 부적강화: '행동 후에 바람직한 자극을 제시함으로써 행동을 강하게 하는 것', '행동이 일어날 때 혐오스런 자극을 제거함으로써 행동을 강하게 하는 것'
⑩ 강화물: 한 행동 이후에 그 행동이 다시 발생하게 될 기회를 증가시키는 어떤 사건
⑪ 처벌: 행동을 약하게 하거나 억제하는 과정
⑫ 수여성 벌과 박탈성 벌: '행동 뒤에 혐오스러운 자극의 제시가 그 행동을 다시 생길 기회를 감소시키는 것'과 '행동 뒤에 유쾌한 자극을 제거함으로써 그 행동이 다시 생길 기회를 감소시키는 것'

출처: Anita Woolfork. 김아영 외 역(2013/2015). pp. 244-249.

5) 인지이론

인지이론은 영유아가 어떻게 사고하는가와 시간이 지남에 따라 사고가 어떻게 변화하는가에 초점을 둔다(Robert V. Kail, 권민균 · 김정민 · 최형성, 2009). 인지이론가들은 인간을 유기체로 보고, 자율적인 사고 능력을 발달의 결정적인 요인이라고 하였다(김정원 외, 2010). 특히 인지적 구성과정에 초점을 두는 피아제(Piaget)의 이론과 사회문화적 영향력을 중요시하는 비고츠키(Vygotsky)가 대표적이다.

(1) 피아제(Jean Piaget) 인지적 상호작용이론

피아제(Piaget)는 영유아가 마치 과학자처럼 물리적 · 사회적 세계에 대한 이론을 만들어 외부 세계를 이해하려 한다고 주장한다.

피아제는 인간의 인지발달을 유기체와 환경 간의 끊임없는 상호작용을 통한 적응과정으로 보았고, 영유아도 매우 적극적이고 능동적으로 동화와 조절의 과정을 거쳐 인지발달을 이루어간다고 하였다. 인간은 새로운 경험을 하게 되면 자신이 이미 가지고 있는 기존 도식을 활용하여 새로운 것(경험)을 이해하려고 한다. 이때, 기존 도식으로 새로운 경험이 이해되지 않을 때, 즉 새로운 정보가 기존의 도식에 맞지 않을 때 불평형상태가 된다. 불평형상태에서 자신의 기존 도식을 새로운 경험을 이해하는 데 적합한 방식으로 수정하여 새로운 지식을 이해할 수 있는 평형화 상태를 만든다. 평형화된 지식은 기존에 가지고 있는 지식을 보다 정교하게 발달시킨 것이 된다. 영유아는 동화와 조절의 과정을 거쳐 특정 개념을 좀 더 잘 이해하게 되는 것이다(신종호 외, 2015/2017).

피아제는 서로 다른 연령대에 있는 아이들은 질적으로 다른 방식으로 사고한다고 보고, 감각운동기, 전조작기, 구체적 조작기, 형식적 조작기인 4단계를 순서대로 거친다고 하였다.

〈표 2-3〉 **피아제의 인지발달단계**

인지발달단계	연령	특징	Freud	Erikson
감각운동기 sensorimotor period	0-2세	• 반사반응(자극에 대한 반응), 직접적인 신체감각과 경험을 통한 환경의 이해, 대상영속성 발달, 지연모방, 목적 지향적 행동	구강기 항문기	신뢰감 대 불신감
전조작기 pre-operational period	2-7세	• 자기중심성, 직관적 사고, 물활론, 상징적 기능, 타율적 도덕성, 중심화(집중성), 비가역적 사고	항문기 남근기	자율성 대 수치심 주도성 대 죄의식

인지발달단계	연령	특징	Freud	Erikson
구체적 조작기 concrete operational period	7-11/12세	• 논리적 사고의 발달, 보전개념 확립, 분류화, 서열화, 탈중심화, 가역적 사고, 자율적 도덕성, 조합기술	잠복기	근면성 대 열등감
형식적 조작기 formal operational period	12세 이후	• 추상적 사고가 가능, 가설-연역적 추론, 조합적 사고	생식기	자아 정체감 대 역할혼미

출처: 사회복지연구센터 (2015).

▣ 피아제 이론에서의 주요 용어 이해하기

① 도식(schema): 사고의 기본단위, 조직화된 행동 및 사고 형태

② 조직화(organization): 자신의 경험이나 지식을 체계화시키려는 선천적인 경향성

③ 동화(assimilation): 자신의 기존 도식에 맞추어 새로운 지식이나 정보를 수용하는 것

④ 조절(accommodation): 자신의 기존 도식을 새로운 지식이나 정보에 부합되도록 변화시키는 것

⑤ 적응(adaptation): 동화와 조절의 과정을 거쳐 환경의 요구에 맞는 도식을 형성하는 과정

⑥ 평형화(equilibrium): 동화와 조절의 과정을 거쳐서 불평형한 상태를 벗어나 인지적 균형상태를 이루는 것

⑦ 대상영속성(object permanence): 어떤 대상이 시야에서 사라지거나 들리지 않아도 계속 존재한다고 믿음. 유아는 대상을 더 이상 지각할 수 없다고 느끼는 순간부터 그 대상을 잊어버렸으나, 대개 2세가 되면 대상영속성 발달로 볼 수 없고 들을 수 없는 어떤 대상의 이미지를 생각(대상을 기억에 표상하기)할 수 있으며, 그것을 활용하여 간단한 문제를 해결할 수 있음. 사물이 자기 자신과 분리되어 존재함을 이해하는 것

⑧ 상징적 사고(symbolic thought): 대상과 경험을 표상하는 데 상징(심상과 단어)을 사용하는 능력

⑨ 자기중심성(egocentrism): 다른 사람의 관점을 고려하지 못하고 자신의 관점으로만 세상을 이해하는 경향성, 자기 중심적 세상을 자기 자신의 시각에서부터 바라보기 때문에 타인의 시각을 인식하는 데 어려움을 겪는 경향

⑩ 가역성(reversibility): 어떤 문제에서 일련의 단계를 고려할 수 있고 머리 속으로 그 단계들을 거꾸로 생각해서 출발점으로 되돌아갈 수 있는 능력
⑪ 탈중심화(decentration): 어떤 상황에서 두드러진 한 가지 측면에만 초점을 맞추는 것이 아니라 두 개 이상의 측면을 동시에 고려할 수 있는 것
⑫ 물활론(animism): 무생물에 대해 생명 및 생명체적인 특징을 부여하는 것
⑬ 보존(conservation): 물체의 특정 속성이 물체의 외관과 표면상 조금 달라진다고 해도 변함이 없다는 것을 인식

(2) 비고츠키(Lev S. Vygotsky)의 사회적 상호작용이론

인간발달에 있어 비고츠키(Vygotsky)는 성인들이 영유아에게 문화의 신념, 관습, 그리고 기술을 전달하는 방식에 초점을 맞추어 인지발달을 설명한다.

비고츠키는 모든 사회의 기본 목적이 영유아로 하여금 핵심적인 가치와 기술을 획득하도록 하는 것이기 때문에 발달의 모든 측면은 반드시 이러한 배경을 고려해야 한다고 보았다. 그는 발달이란 '도제(apprenticeship)'와 같다고 보았는데, 영유아는 교사, 부모를 포함하여 숙련된 기술을 가진 성인들과 함께 일할 때 발달할 수 있다는 것이다(Robert V. Kail, 권민균 외, 2009). 즉, 좀 더 지식이 있는 사회구성원과의 협력적인 대화는 영유아가 공동체의 문화를 구성하고 있는 사고방식과 행동을 배우는 데 필수적이라고 보았다(Laura E. Berk, 이종숙 외, 2015). 비고츠키는 세상의 모든 아이들이 같은 유형의 지능을 발달시키는 것이 아니라 문화적 특성과 요구에 맞는 환경을 이해하고 이와 관련된 문제를 해결하기 위하여 자신의 지적 능력을 이용하는 방법을 배운다. 비고츠키에게 있어서 인간의 사고는 기본적으로 사회 문화적이며, 지적 적응을 위하여 개인들에게 전수된 믿음과 가치, 그리고 지적 도구의 영향을 받는 것이다(David R. Shaffer & Katherine Kipp, 송길연 외, 2014). 비고츠키는 영유아의 지적 발달의 근원은 사회문화적

관점에서 성인과의 상호작용을 강조하는데, '근접발달영역(Zone of Proximal Development, ZPD)'과 적절히 도움을 주는 능숙한 성인의 개입인 '비계설정(scaffolding)'의 두 개념은 영유아발달과 교사역할의 실제에 큰 전환점을 제공한다(이정아 외, 2013/2016).

- 근접발달영역(ZPD): 아동이 스스로의 힘으로 문제를 해결할 수 있는 수준인 '실제적 발달수준(actual development)'과 성인이나 보다 유능한 또래로부터 도움을 받아 문제를 해결할 수 있는 수준인 '잠재적 발달수준(potential development)' 간의 간격을 말한다. 최대한으로 도움을 받아 수행하는 수준인 잠재적 발달수준과 독립적으로 수행하는 수준 사이에는 부분적으로 도움을 받아 수행할 수 있는 수준이 있다. 근접발달 영역도 고정된 것이 아니라 유아가 좀 더 높은 수준의 사고와 지식을 달성함에 따라 계속 변한다(김억환 외, 1998). 비고츠키에 의하면 근접발달영역이라고 일컫는 영역에서 인지발달이 일어난다. 이 영역에서 섬세한 가르침이 이루어져야 하고 새로운 인지 성장이 발생하는 것으로 기대된다(신종호 외, 2015/2017).

정신의 도구
출처: 엘레나 보드로바, 데보라 J. 리옹 저, 김억환, 박은혜 역(1998). p. 75.

- 비계설정(scaffolding): 비계설정은 근접발달영역에서 영유아가 스스로 문제를 해결하는 수준에 도달하도록 제공되는 더 뛰어난 친구나 성인의 도움을 뜻한다. 비계는 건물을 지을 때 높은 곳에서 공사를 할 수 있도록 임시로 설치하는 안전 가설물을 칭하는데, 학습에서도 잠재적 발달수준에 도달할 수 있도록 돕는 것을 의미한다. 학습에서의 비계설정은 초기 단계에서는 많은 도움을 제공하다가 점점 지원을 줄여서 스스로 할 수 있는 단계까지 이끌어 가야 한다. 아이가 혼자서 과제를

해결하지 못할 때 성인은 도움을 주어야 하고, 아이가 문제를 잘 해결해 나간다면 성인의 도움은 줄이는 것이다. 그 과제를 혼자서 독립적으로 수행할 때는 더 이상 비계설정이 필요없게 되고, 학습이전 잠재적 발달수준이 조금 더 향상된 실제적 발달수준이 되는 것이다. 비계설정의 방법으로는 단서제공하기, 질문의 내용을 다시 설명해 주기, 유아에게 교사가 설명한 내용을 다시 말하도록 하기, 유아에게 교사가 설명한 내용을 다시 말하도록 하기, 유아가 이해한 것 묻기, 과제설명하기 등이 있다(엘레나보드로바 외 저, 김억환 외 역, 1998, p.74).

6) 브론펜브레너(Urie Bronfenbrenner)의 생태체계이론

생태체계이론(ecological systems theory)은 영유아가 주변 환경으로부터 다양한 수준에서 영향을 받는 복잡한 체계의 관계들 내에서 발달한다고 본다. 브론펜브레너(Bronfenbrenner)는 자연스러운 환경들이 발달 중인 사람에게 영향을 주는 중요한 원천이라는 가정에서 출발한다. 브론펜브레너는 환경을 러시아 인형세트처럼 하나가 다른 하나의 안에 들어 있는 겹으로 포개진 구조 세트로 설명하면서, 인간발달에 영향을 미치는 환경체계를 미시체계, 중간체계, 외체계, 거시체계 및 시간체계로 제시하였다.

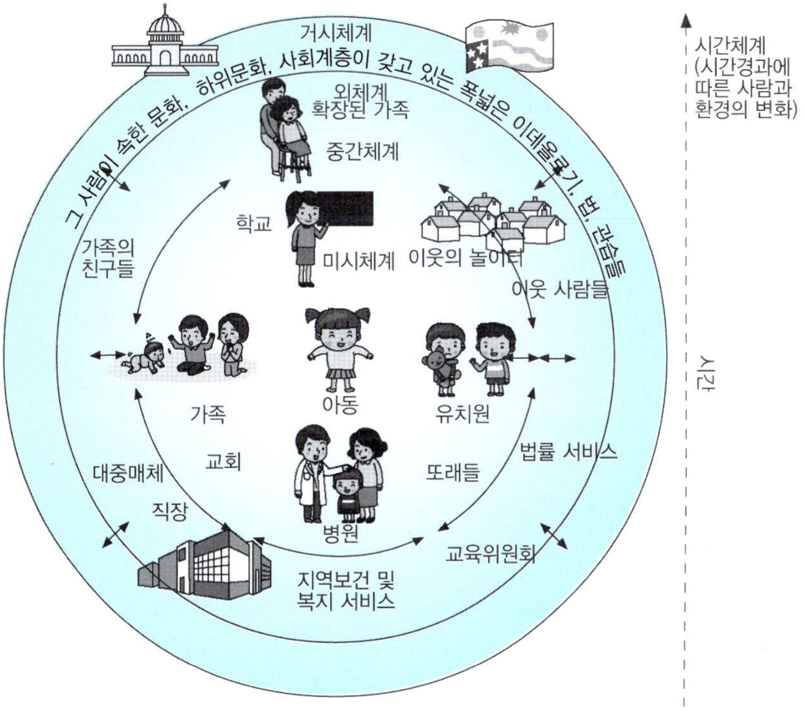

(1) 미시체계(Microsystem)

브론펜브레너의 맥락에서 가장 안쪽의 환경층으로 개인과 아주 가까운 주변에서 일어나는 활동과 상호작용을 나타낸다. 영유아는 미시체계로부터 직접적인 영향을 받기도 하고, 생물학적·사회적으로 영향받는 아이들의 특성인 습관, 기질, 신체적 특성, 능력을 통해 미시체계 안에 있는 모든 환경에 영향을 주기도 한다.

(2) 중간체계(Mesosystem)

브론펜브레너의 맥락에서 두 번째 환경층으로 가정, 교육기관, 또래집단 같은 미시체계들 간의 연결이나 상호관계를 나타낸다. 브론펜브레너는 발달이 미시체계 간의 강한 지지적 연결에 의해 최적화될 가능성이 높다고 하였다. 반대로 미시체계들 간의 비지지적인 연결은 문제를 초래할 수 있다.

(3) 외체계(Exosystem)

브론펜브레너의 맥락에서 세 번째 환경층이다. 영유아가 그 맥락의 부분을 이루고 있지는 않지만, 그들의 발달에 영향을 주는 맥락들로 구성된다. 외체계를 살펴보면, 아동이 직접적으로 개입하지 않는 장면(예: 부모의 직장)과 아동의 접촉이 제한된 영역(예: 부모의 친구, 친척 등)에 의해서도 영향을 받는다는 것이다.

(4) 거시체계(Macrosystem)

브론펜브레너의 맥락에서 네 번째 환경층이다. 아동이 살고 있는 사회의 문화, 이념, 가치관, 법률, 제도, 관습 등을 일컫는다. 거시체계의 내용들은 인간의 행동이나 판단에 큰 영향력을 행사한다. 거시체계는 다른 체계들에 비해 아동을 어떻게 다루어야 하는지, 아동에게 무엇을 가르쳐야 하는지, 아동이 추구해야 하는 목표가 무엇인지를 규정하는 전체를 둘러싸고 있는 광범위한 이데올로기이다(David R. Shaffer & Katherine Kipp, 송길연 외, 2014).

(5) 시간체계(Chronosystem)

시간이 지남에 따라 생기는 개인이나 환경의 변화를 말하며 발달이 일어나는 방향에 영향을 주는 체계이다. 이 체계는 시간의 흐름에 따른 사람과 환경의 변화를 말하는 것으로 일생 동안 일어나는 변화와 사회 역사적 환경의 변화를 포함한다. 가정의 구조, 직업, 주거지의 변화와 전쟁, 경제순환 같은 더 큰 문화적 변화가 포함된다(신명희 외, 2018).

3 사회적 기초

1) 저출산과 사회변화

우리나라는 이미 저출산 시대로 접어들었고, 2020년 사망자가 출생아보다 많아 인구가 자연감소하는 현상인 데드크로스(dead cross)가 나타났다. 국가통계포털[1](KOSIS)에 따르면, 2020년 우리나라 합계출산율(여성 1명이 평생 낳을 것으로 예상되는 평균 출생아 수)은 0.84명으로 이 수치는 여성이 평생 아이를 한 명도 안 낳는 나라가 되었다는 것을 말해준다. 2021년 세계인구 현황 보고서에 따르면 한국의 합계출산율은 전 세계에서 2년 연속 꼴찌이다. 14세 이하 인구 비율도 한국은 12.3%를 기록하며 일본과 함께 공동 최하위였다. 우리나라는 저출산 문제를 해결하고자 저출산고령사회위원회에서는 '새로마지 플랜 2010'을 발표하였다. 새로마지 플랜은 저출산을 극복하기 위한 문제가 무엇인지 파악하고 양육을 하는 데 어려운

1) 국가통계포털 https://kosis.kr/index/index.do

요소를 해결하여 2020년에는 나아진 출산율을 보이고자 했던 노력이다. 이를 위해 경제지원을 통한 구체적인 방안으로 영유아기 자녀양육을 지원하기 위한 자원투자(국 · 공립 어린이집 시설을 30% 확충, 영아기본보조금 도입, 차등 보육료 확대, 만 5세 무상보육 확대, 아동수당 도입 검토 등의 명시), 방과후 학교의 확대, 일 · 가정양립을 위한 인프라 확충, 입양제도 개선 등이 있었다. 이러한 노력에도 불구하고 2020년 전 세계를 공포로 몰아넣은 COVID-19 여파로 출산율 · 혼인율 저하와 초혼연령 상승 등(초혼연령의 상승은 처음 출산을 경험하는 여성의 나이가 상승하는 것을 의미하며 이는 다자녀의 비율이 점차 감소할 수 있다는 것을 예측할 수 있게 한다). 인구절벽 쇼크가 본격화될 것을 전망하게 되었다.

1960년대 이후 빠르게 감소한 출산율과는 반대로 경제 성장에 따른 생활수준의 향상, 의학의 발달 등으로 평균수명이 증가하면서 우리나라는 2000년 고령화사회로 진입하였다. 2000년 고령화사회(고령인구 비중 7% 이상)로 진입한 후 18년 만인 2018년은 고령인구 비중이 14% 이상을 기록하는 등 한국의 고령화 속도는 OECD 회원국 중 가장 빠른 것으로 드러났다. 이런 추세라면 2026년에는 초고령사회(고령인구 비중 20% 이상) 진입이 유력하다는 것이 OECD의 예상이다(업다운뉴스, 강성도기자. 20201.03.03일 자). 저출산 고령화 현상은 사회의 생산성을 떨어트리고 소비 시장을 축소시킬 뿐 아니라 사회의 활력을 낮추고 건강한 사회의 유지를 어렵게 하는 요인이 될 수 있다(박찬옥 외, 2021a). 건강한 사회의 유지 및 국가 경쟁력을 강화하기 위해 우리나라는 물론, 전 세계는 다양한 정책을 통해 저출산을 극복하기 위해 다각적으로 노력해야 할 것이다.

출생자 매년 3만명씩 급감… 현실로 다가온 '인구 절벽'

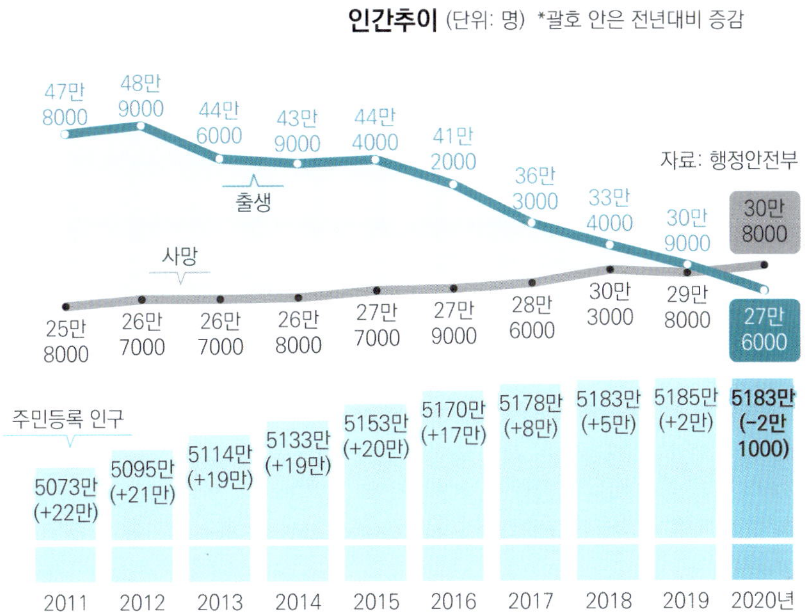

저출산 고령화, 인구절벽의 위기가 통계 수치로 처음 현실화됐다. 지난해 우리나라 주민등록 인구가 전년보다 2만여명 줄어들어 사상 첫 감소를 경험하면서다. 역대 최저치로 뚝 떨어진 출생자 수와 고령 인구 비중의 증가, 40%에 육박하는 1인 가구의 급증 등은 앞으로 더욱 가속화될 인구 감소 흐름을 예상케 한다.

고령화는 갈수록 심화하고 있다. 행안부는 "3040 세대와 10대 이하 인구가 급격히 감소한 데 비해 60대 이상은 전체 인구의 4분의 1로 증가했다"며 "향후 경제 · 고용정책의 시급한 변화, 노인 대상 복지 · 일자리에 대한 고민이 본격적으로 요구된다"고 분석했다.

서승우 행안부 지방행정정책관은 "인구 감소의 시작, 1 · 2인 세대의 폭발적 증가, 역대 최저 출생자 수 등을 기록한 2020년 인구통계는 사회 경제 전반에 걸친 변화를 촉구하고 있다"며 "정부는 지난해를 기점으로 각 분야 정책방향을 새롭게 설정할 필요가 있다"고 밝혔다.

출처: 세계일보, 정지혜 기자 wisdom@segye.com 2021-01-04

2) 영유아 권리 존중

'사랑의 매' 안 됩니다... 사라진 '자녀 징계권'

이제 부모는 '사랑의 매'라는 이유로 자녀를 체벌할 수 없다.

민법 915조에는 친권자가 양육자를 보호 · 교양을 위해 필요한 징계를 할 수 있도록 돼 있다. 이 조항은 1958년 민법이 제정된 후 60년이 넘도록 유지됐다. 민법상 징계권은 자녀를 보호 · 교양하기 위해 사회통념상 허용될 수 있는 방법과 정도로 해석된다. 특히 훈육 목적에 기인한 체벌이 아동학대로 인정받지 못하고, 가해자가 학대행위에 대한 법적 방어수단으로 사용하는 상황까지 발생했다. (중략) 개정안을 보면 우선 제915조 징계권 조항을 삭제했다. 자녀에 대한 '필요한 징계' 부분을 삭제함으로써 자녀에 대한 체벌이 금지된다는 점을 명확히 했다. 법무부는 "부모의 자녀에 대한 체벌 금지는 아동 학대 방지를 위한 가장 근본적인 규범"이라며 "이번 개정법안 통과는 자녀에 대한 체벌과 아동 학대에 대한 인식을 근본적으로 개선하는 계기가 될 것"이라고 기대했다.

출처: 아시아 경제 배경환 기자 2021.01.09.

최근 영유아 인권에 대한 사회적 관심이 높아지면서 영유아 인권의 중요성에 대한 인식도 점차 증대되고 있다. 보육교사는 물론, 부모 역시 인권에 대한 이해와 감수성을 증진시켜 영유아를 하나의 인격체로 존중할 수 있어야 한다. 이러한 존중에는 영유아의 관심, 요구, 흥미, 의도, 행동 등에 귀 기울이고 지지해 줌으로써 영유아가 어린이집에 있는 동안 편안하고 안정적으로 생활하는 것을 포함한다. 영유아가 어린이집에서 재미있게 놀이하고, 맛있고 영양가 있는 음식을 먹고, 깨끗한 환경에서 생활하는 것도 중요하지만, 교사의 보호와 존중을 통해 자신에 대한 긍정적인 개념을 갖고 타고난 잠재력을 발휘하며 건강하고 성장하는 것은 그 어떤 일보다 중요하다고 할 수 있다(보건복지부 · 한국보육진흥원, 2019: 73).

과거, 그리고 얼마전까지만 하더라도 영유아는 어리고 경험과 생각이 부족하여 영유아와 관련된 모든 의사결정은 성인이 해야만 한다고 여겨졌으며, 영유아를 양육하는 수고를 성인이 도맡아 하고 있는 상황에서 부모나 영유아를 양육하는 사람인 성인은 영유아를 마음대로 해도 되는 존재라고 생각하기도 하였다.

1989년 11월 20일 유엔(UN)총회에서 국제적 인권조약으로 아동인권과 관련된 권리를 규정하였다. 유엔아동권리협약(Convention on the Rights of the Child, CRC)은 유엔이 채택한 어린이 권리조약으로 우리나라를 포함한 전 세계 192개국이 이 협약을 지킬 것을 약속했다. 유엔아동권리협약은 인권을 지키고자 하는 권리를 지닌 주체이자, 존엄을 가진 독립된 인격체로 어린이를 보고 4가지의 기본권을 명시하고 있다(조형숙 외, 2020). 최근에는 보호대상으로의 영유아에 대해 생존권과 보호권을 넘어서 권리의 주체로서 아동의 발달권과 참여권에 대해 확장되어 논의되고 있다. 2019 개정 누리과정 역시 유아의 발달권뿐만이 아닌 참여권 존중에 대한 인식이 반영되었다고 할 수 있다.

3) 4차 산업혁명

'4차 산업혁명'이라는 용어는 2016년 세계경제포럼(World Economic Forum, WEF)에서 처음 언급되었으며, 3차 산업혁명이었던 컴퓨터, 인터넷에서 한 단계 더 나아간 혁명으로 표현된다. 클라우스 슈바프(Klaus Schwab, 세계경제 포럼의 창립자이자 회장)에 의하면, 1차 산업혁명은 기계화, 2차 산업혁명은 전기화, 3차 산업혁명은 정보화, 4차 산업혁명은 인공지능화, 디지털과 물리세계와의 결합, 바이오 분야의 혁신 등이 주요 특징이다(Klaus Schwab, 2016). 4차 산업혁명사회는 인공지능, 로봇공학, 사물 인터넷, 자율주행자동차, 3D 프린팅, 나노기술, 생명공학, 재료공학, 에너지 저장기술, 퀀텀 컴퓨팅의 발달 등 광범위한 분야에서 과학 기술의 혁명적인 변화가 이루어지는 시대를 일컫는다(임종헌 외, 2017). 4차 산업혁명은 세상의 모든 것이 인터넷으로 연결되고, 인간과 사물의 모든 데이터가 축적 활용되는 만물초지능 통신혁명이라는 특성을 갖는다. 인공지능인 AI, 사물 인터넷(IoT), 클라우드 컴퓨팅, 빅데이터, 모바일 등 지능정보기술이 기존 산업과 서비스에 융합되거나 3D 프린팅, 로봇공학, 생명공학, 나노기술 등 여러 분야의 신기술과 결합되어 실세계 모든 것이 네트워크로 연결하고 사물을 지능화할 수 있다(김한욱, 2017).

세계경제포럼에서는 '교육을 위한 새로운 비전(New Vision for Education)이라는 주제로 2015년 '새로운 교육의 비전: 기술의 잠재력 발현(New Vision for Education: Unlocking the Potential of Technology)'과 2016년 '새로운 교육의 비전: 기술을 통한 사회정서학습기술의 촉진(New vision for Education: Fostering Social and Emotional Learning through Technology)'이라는 보고서를 통해 인재 양성의 중요성을 강조하고, 21세기 혁신, 경쟁력, 성장을 이끄는 핵심요소로 교육을 지속적으로 관리해야 한다고 하였다(World Economic Forum, 2015b; World Economic Forum, 2016). 2015년 세계경제포럼에서는, 특히 현재 7세 이하의 유아가 성인이 되어 사회에서 직업을 선택할 때가 되면 전체의 약 65% 이상은 지금 존재하지 않는 직업을 갖게 될 것이라고 예측하며, 이에 따른 인공지능을 지닌 로봇의 등장을 예상하였다(World Economic Forum, 2015a; World Economic Forum, 2015c). 4차 산업혁명사회로의 변화 속에서 우리는 지금까지 획일화된 직업을 위한 길 안내식의 교육방향을 수정할 필요가 있고, 혁신적으로 변화할 수 있도록 해야 한다(안영진 외, 2018).

4차 산업혁명의 시대를 살아가는 우리 아이들은 개인의 역량에만 의존해서 살아가기보다 인적네트워크를 통한 협업의 과정을 활용할 수 있는 지혜가 필요하다(주석진 외, 2018).

〈표 2-4〉 **2015년 세계경제포럼에서 제시한 핵심기술**

21세기 핵심기술		
기초문해 (foundational literacy)	역량 (competencies)	인성자질 (character qualities)
일상생활에서 핵심기술 적용하기	복잡한 도전적 문제에 대해 대처하기	변화하는 환경에 융통성 있게 대처하기
문해 수학문해 과학문해 ICT 문해 경제문해 문화 및 시민문해	비판적 사고의 문제해결 창의성 의사소통 협력	창의성 주도성 일관성/도전정신 적응력 리더십 과학 및 문화

출처: World Economic Forum(2015b). *New vision for education: Unlocking the potential of technology*. Colony/Geneva: World Economic Forum. p. 3; 지성애 외, 2018. p.36 재인용

이와 같이 4차 산업혁명은 인류가 경험해 보지 못한 것, 지금의 기술과 지식으로 설명이 불가능한 변화이다. 그렇기 때문에 앞으로 다가올 미래의 변화에 유연하게 대응할 수 있는 인재를 양성하기 위한 영유아보육의 방향에 대해 깊이 있는 고찰과 방안에 대해 논의가 필요할 것이다(지성애 외, 2018).

〈표 2–5〉 4차 산업혁명사회에서 교육의 변화 방향과 보육과정에 대한 시사점

<table>
<tr><th>구분</th><th>내용</th><th>보육과정에 대한 시사점</th></tr>
<tr><td>교육철학 및 목표</td><td>• '평생학습자' 육성, 개인 개성의 발견과 발전, 협력과 소통, 인간 존중
• 평생교육체제 안에서 총체적 재구성</td><td rowspan="5">• 지식 중심 교육에서 벗어나 지식을 연계한 창의적 사고의 요구
• 4차 표준보육과정 및 2019 개정 누리과정을 통해 제시하고 있는 미래인재 역량을 갖춘 인간상 추구
• 아동중심, 놀이중심의 통합적 교수법을 바탕으로 한 융합적 사고와 영유아 시기에 적합한 놀이를 통한 문제해결력, 자율성, 주도성, 협업, 공동체 인식의 강화</td></tr>
<tr><td>교육과정</td><td>• 국가 교육과정의 유연화, 교육과정 경로 다양화, 삶 중심 교육과정 재구성</td></tr>
<tr><td>교육내용</td><td>• 역량 중심 교육, 인성 · 시민성 · 협업 능력 강조</td></tr>
<tr><td>교육방법</td><td>• 다양한 교육방법 활용, 학습자주도, 테크놀로지 기반 교육, 온라인 기반, 네트워크 기반</td></tr>
<tr><td>교육복지</td><td>• 교육의 공공성 강화, 소수자와 소외자를 위한 교육복지 강화</td></tr>
</table>

출처: 계보경 외(2011), 김경애 외(2015), 이혜영 외(2008), 최상덕 외(2014) 등의 내용을 종합한 임종헌 외(2017). p.16과 시옥진 외(2020). p.72의 내용을 포함하여 표로 작성함

4) 다문화 사회

다문화란 인종, 민족, 종교, 성별, 사회 · 경제적 수준, 연령, 능력, 신체적 조건 등의 개인과 여러 집단 간의 다양성까지 포함하는 보다 넓은 개념이다(Baker, 1994). 최근 다양한 사회 · 문화적 환경이 변화하면서 우리나라도 국제결혼과 유학, 외국인 근로자 가정 등 외국인들의 수가 증가하면서 다문화 사회로 급변하고 있는 실정이다.

'한국'이라는 사회는 오랜 시간 동안 '단일민족'이라는 민족의식이 강하게 남아 이어져 온 사회였기 때문에, 한국인들이 다른 나라와 문화에 대해 갖는 차별적인 시선을 변화시키고, 다양성을 받아들이는 데는 어려움이 많았다. 다문화 가정의 취학 전 자녀 비중이 높아짐에도 불구하고 이들의 영유아기 보육 및 교육기관에서의 적응이나 발달, 학습을 위한 교육적 지원은 최근에 와서야 관심을 갖게 되는 등 여전히 지원과 교육과정에 대한 인식은 미흡한 실정이다. 오랜 시간 동안 제한된 의사소통, 생

활문화의 차이, 구별되는 외모 등으로 다문화 가정과 자녀들은 차별적인 생활을 감당해야 했고, 기초학습능력의 부진, 정체성 혼란, 대인관계 문제와 같은 어려움을 겪게 되었다(양승희 외, 2012).

세계화의 시대, 정보화의 시대로 일컫는 현대 사회의 변화에 맞춰 나와 다른 문화와 사람에 대해 깊이 이해할 수 있는 태도와 가치를 함양할 수 있는 것이 앞으로 다문화 교육의 핵심과제라 할 수 있다. 지금까지 다문화 교육이라고 한다면, 어린이집에서 단편적으로 어느 나라의 문화나 음식, 전통 복장, 인사말 등에만 국한하여 지도하는 경우가 대부분인데, 범위를 확대하고 내용을 통합하여 실제 주제를 중심으로 한 통합교육 안에서 오랜 시간에 걸쳐 접근할 수 있도록 해야 한다(안영진 외, 2020). 다문화 교육은 단기간에 이루어지는 것이 아니라 지속적이고 꾸준한 노력을 통해 지식을 습득하고, 기술 및 태도를 함양해야 한다.

다문화 교육의 대상은 우리나라에서 살고 있는 국민 모두를 대상으로 실시하는 다문화 교육과 다문화 가정의 부모와 그들의 자녀를 대상으로 하는 교육으로 이루어져야 한다(이정아 외, 2013/2016). 또한 다양한 문화의 차이를 이해하고 존중하여 모든 사람들이 더불어 살아가야 함을 알고 실천하도록 하는 것, 불평등한 것들에 대한 비판적 사고를 길러 자신이 속한 사회를 들여다 볼 수 있는 능력을 기르는 것을 목표로 해야 한다(김선애, 2017). 그리하여 영유아 자신과 집단의 정체감을 형성하고, 자신의 문화는 물론 다양한 문화를 존중하며, 편견을 가지지 않고, 평등이라는 신념 아래 다양한 사람들과의 협력을 통해 조화롭게 지낼 수 있는 평화와 조화로움이 공존하는 사회로 만들어 갈 수 있도록 해야 한다(김정원 외, 2010).

5) 지속가능발전교육(ESD: Education for Sustainable Development)

2020년 미국은 새로운 대통령을 맞이하였다. 47대 미국의 조 바이든 대통령이 선거기간 동안 내걸은 공약 중 하나는 '파리기후협약' 복귀였다. '파리기후협약'은 2021년 1월부터 적용되는 신 기후체제로, 전 세계 194개 당사국(미국 탈퇴 전 195개국)이 각국 내 조치를 취해 지구 평균 기온을 최대 섭씨 2도 상승까지 제한하기로 합의한 국제 협정이다. 미국 역시 협약에 합의한 협정국 중 하나였으나, 트럼프 대통령이 2017년 6월 협약 탈퇴를 선언하고, 이후 3년 5개월 만인 지난 4일 탈퇴 절차가 끝났었다(2020.11.11. 뉴스펭귄 기사 중).

1987년 유엔의 환경과 개발에 관한 세계환경개발위원회가 제출한 부룬트란트 보고서의 「우리 공동의 미래(Our Common Future)」에서는 '미래세대의 필요를 충족시키는 발전'을 '지속가능발전'으로 정의하고, 성장 위주의 경제정책들이 자원고갈, 환경오염, 사회적 불평등의 문제를 동반하게 되며, 환경에 대한 무차별적인 인간중심주의적 태도는 인류에 큰 재앙이 될 것이라고 경고하였다. 미래지향적인 능력이라고도 불리는 지속가능한 역량은 현존하는 문제에 단순히 반응만 할 것이 아니라 환경, 사회, 경제와 관련된 습관을 변화시키는 지식, 기술, 능력의 습득을 함께 해야 한다는 것을 의미한다(de Hann, 2010). 지속가능발전교육의 핵심가치는 인권존중, 미래세대 존중, 생태계 존중, 문화 다양성 존중을 위한 역량을 갖추는 것이다. 이러한 역량은 이미 생활방식이 고착되고, 습관화된 다음에는 변화하기가 더욱 어려워지기 때문에 영유아기부터 기본적인 생활습관과 태도를 형성할 수 있도록 시작해야 한다. 영유아기에 형성된 가치, 태도, 기술, 습관 등은 평생 지속될 수 있는 영향력을 갖게 되기 때문에 영유아기부터 지속가능발전을 위한 지식과 태도, 습관을 형성하고 행동으로 실천할 수 있도록 교사는 영유아의 발달을 고려한 실생활과 관련된 문제에 대해 생각할 수 있는 기회를 제공하기, 문제해결을 위한 과정에 교사와 영유아가 함께 참여하기, 행동으로 실천하기를 보육과정에 반영할 수 있어야 한다.

지속가능발전교육은 생태계의 지속가능성을 위해 학습자로 하여금 친환경적인 태도를 기르도록 교육하는 데 초점을 두는 환경중심 교육이며, 사회, 경제의 조화로운 발전을 위한 가치와 태도 변화를 이끌어 내고, 행동의 변화로 이어지도록 하는 교육이어야 한다. 지식 습득만이 아닌 실제 삶과 관련된 문제를 인식하고 해결하는 과정을 통해 지속가능한 역량을 기르는 것을 목적으로 영유아 보육현장에서의 교수원리(Engdahl & Rabusicova, 2011) 및 교수-학습전략(UNESCO, 2012)을 살펴보면 〈표 2-6〉과 같다(권미량 외, 2015).

〈표 2-6〉 지속가능발전교육의 교수원리 및 교수-학습전략

교수원리	교수-학습전략
① 재사용 Reuse. 오래된 물건이라도 다른 방식으로 활용하는 환경의 '재사용' ② 절감 Reduce. 낭비를 줄이는 '절감' ③ 존중 Respect. 다양한 사회문화의 '존중' ④ 반성 Reflect. 미래세대를 위한 현세대의 사회문화에 대한 '반성' ⑤ 재고 Rethink. ⑥ 재활용 Recycle. 사회문화의 가치에 대해 다시 생각하는 '재고', '재활용' ⑦ 재확산 Redistribute. 자원을 지속가능한 체제로 만드는 '재확산'	① 지식을 얻기 위한 학습(learning to know) ② 실천하기 위한 학습(learning to do) ③ 더불어 살아가기 위한 학습(learning to live together) ④ 어떠한 존재가 되어가기 위한 학습(learning to be) ⑤ 개인과 사회를 변화시키기 위한 학습(learning to transform oneself and society)

출처: 권미량 외(2015). pp.337-339. 내용을 표로 간략화함

유네스코학교네트워크
UNESCO Associated Schools Network

홈 로그인 Q&A

유네스코학교네트워크 유네스코학교 현황 유네스코학교 활동 유네스코학교 소식 자료실 자주하는질문

| 지속가능발전교육

지속가능발전교육(Education for Sustainable Development, ESD)은 지속가능발전의 개념과 내용, 절차 등에 대한 학습 과정인 동시에 지속가능발전을 달성하는 데 필요한 능력과 의지를 길러주는 과정으로서의 교육을 의미합니다. 다시 말해 개인에서부터 가정, 학교, 지역사회, 국가, 국제사회에 이르기까지 지속가능성과 관련된 쟁점을 이해하고 진단하며 해소하기 위한 교육을 말하는 것입니다.

교육은 지속가능한 발전을 위한 핵심 실천전략의 하나입니다. 지속가능발전을 실현하기 위해서는 개개인이 지속가능한 미래를 위한 가치관과 역량, 비전을 갖고, 일상에서 이를 실천해 나가는 것이 꼭 필요하기 때문입니다.

국제사회는 2002년 유엔총회에서 2005년부터 2014년까지의 10년을 '유엔지속가능발전교육 10년(UN Decade of Education for Sustainable Development, 2005-2014: DESD)'으로 지정하였고, 유네스코를 그 선도기관으로 지정하였습니다. 또한 DESD가 종료되는 2014년, 유네스코는 더욱 실천적인 국제사회의 노력을 촉구하는 차원에서 ESD를 위한 국제실천프로그램(Global Action Programme: GAP)을 제시하였습니다. 이어 2019년 11월 열린 제40차 유네스코 총회에서는 GAP의 종료 시점에 즈음해 2019년 이후의 지속가능발전교육의 이행 체계로 "2030을 위한 지속가능발전교육"(ESD for 2030)을 채택하였습니다.

이에 유네스코한국위원회는 유네스코학교네트워크를 중심으로 학교 교육과 ESD의 연계를 위해 다양한 프로그램을 개발하고 협력하기 위해 노력하고 있습니다.

출처: 지속가능발전교육 - 유네스코학교 네트워크(unesco.or.kr)

유네스코 지속가능발전교육(ESD)

CHAPTER 03

보육과정의 구성

일반적으로 보육과정은 보육목표, 보육내용, 교수·학습 방법, 평가로 구성된다. 이는 타일러(Tyler)의 교육과정 개발모형의 구성 요소에 근거를 두는데, 보육목표가 설정되고 나면 목표달성을 위한 보육내용의 선정과 조직을 하고, 효과적으로 보육내용을 전달할 수 있는 교수 방법을 선택하여 실행하며, 이는 평가로 연결된다. 교사는 평가내용을 고려하여 다음의 보육목표를 설정하게 되는 것과 같이 보육과정 구성요소는 서로 유기적이고, 순환적으로 연결될 수 있도록 구성해야 한다(조형숙 외, 2020b).

타일러의 교육과정 개발모형에서의 구성 요소는 목표를 중심으로 내용과 조직, 수업, 평가가 결정되기 때문에 '목표 중심의 교육과정 구성체계'라고 한다.

4차 어린이집 표준보육과정 및 2019 개정 누리과정의 운영에 있어 타일러의 목표 중심 보육과정 구성체계를 바탕으로 하지만, '놀이를 통한 배움'을 강조하는 '놀이 중심, 영유아 중심'의 보육과정 운영을 위해서는 '계획에 따라 실행하는 보육과정' 운영보다 영유아의 놀이와 흥미, 관심에 따라 '만들어 가는 보육과정'의 실행을 강조한다. 영유아의 놀이상황에 대해 교사는 관찰 및 기록하고, 평가하여 이를 반영한 보육의 목표와 내용은 새롭게 만들어질 수 있다. 그렇기 때문에 개정된 보육과정의 운영은 목표 중심의 보육과정이라기보다 과정 중심의 보육과정으로 이해하는 것이 바람직하겠다.

보육목표의 설정	• '아이가 어떤 변화를 갖기를 원하는가? 어떤 아이가 되기를 원하는가?' • 기관 및 교사의 보육철학, 영유아(학습자)에 대한 관점, 사회·문화적 관점 등이 고려되어야 함
보육내용의 선정	• 보육목표를 달성하기 위해 '무엇을' 가르칠 것인가? 어떤 경험을 하게 할 것인가? • 목표 달성을 고려한 내용으로 선정되어야 함. 내용선정 시 학습자의 특성, 문화적 맥락, 지식차원을 고려하여 선정하도록 함
보육내용의 조직	• '어떤 순서로 가르칠 것인가?' • 영유아(학습자)에게 의미있는 보육활동 계획, 학습 경험의 효과적 조직을 고려하도록 함
교수학습 방법	• '보육목표를 달성하기 위한 효과적인 방법 그리고, 선정된 보육내용을 가장 잘 전달할 수 있는 방법은 무엇인가?' • 교사의 교수행동과 영유아(학습자)의 학습 행동에 대한 이해를 기초로 다양한 교수·학습 방법을 적용하도록 함
보육 평가	• '보육목표 달성도를 어떻게 평가할 것인가?' • 목표 달성 정도에 대한 평가와 다양한 평가 방법의 이해, 보육과정에 대한 평가, 영유아(학습자)의 변화 정도 평가를 포함함 • 평가의 내용은 이후 보육목표 설정 및 보육과정 계획에 반영함

[그림 3-1] 타일러의 교육과정 개발모형에 따른 보육과정 구성요소의 이해

1 보육목표의 설정

보육과정의 목표는 보육과정 또는 프로그램의 구체적인 방향을 결정하는 길잡이 역할을 하는 것으로, 보육과정의 구성요소 중 가장 핵심적인 요소라 할 수 있다. 보육과정에서 목적 또는 목표는 보육과정 구성 시 가장 먼저 실시하는 첫 단계이지만 그 내용은 계획된 과정을 모두 마친 후, 영유아가 획득하게 되는 핵심적인 결과를 말한다(정옥분 외, 2020). 일반적으로 보육목표는 장기보육목표와 단기보육목표로 구분하는데, 장기보육목표는 보육시설에서 장기적으로 추구하는 보육의 결과를 말하고 보육목

적이라는 용어로 사용하기도 한다. 가치 추구에 대한 내용의 장기목표는 적용범위가 넓고, 오랜 시간이 지난 뒤 비로소 결과를 알 수 있게 되는 추상적 진술로 이루어진다(문성숙, 2017/2018). 단기보육목표는 장기보육목표인 보육목적에 비해 구체적이며 실제적인 경향이 있고 구체적인 행동지침을 제시한다(조형숙 외, 2020).

〈표 3-1〉 **4차 어린이집 표준보육과정에서의 보육목적과 보육목표**

추구하는 인간상	건강한 사람, 자주적인 사람, 창의적인 사람, 감성이 풍부한 사람, 더불어 사는 사람	
목적	영유아가 놀이를 통해 심신의 건강과 조화로운 발달을 이루고 바른 인성과 민주 시민의 기초를 형성하는 데 있다.	
	⬇	
목표	0~2세 보육목표	1) 자신의 소중함을 알고, 건강하고 안전한 환경에서 즐겁게 생활한다. 2) 자신의 일을 스스로 하고자 한다. 3) 호기심을 가지고 탐색하며 상상력을 기른다. 4) 일상에서 아름다움에 관심을 가지고 감성을 기른다. 5) 사람과 자연을 존중하고 소통하는 데 관심을 가진다.
	3~5세 보육목표	1) 자신의 소중함을 알고, 건강하고 안전한 생활 습관을 기른다. 2) 자신의 일을 스스로 해결하는 기초능력을 기른다. 3) 호기심과 탐구심을 가지고 상상력과 창의력을 기른다. 4) 일상에서 아름다움을 느끼고 문화적 감수성을 기른다. 5) 사람과 자연을 존중하고 배려하며 소통하는 태도를 기른다.

영유아보육기관에서는 기관 및 교사의 보육철학, 영유아의 발달과 학습에 관한 이론, 사회와 문화의 요구, 영유아교육 전문가의 견해 등을 고려하여 보육목표를 설정하여야 한다(이기숙 외, 2008).

보육목표는 국가 이념인 민주주의 철학과 「영유아보육법」에 제시되어 있는 보육 이념과 보육철학을 고려하여 설정하는 데 보육철학(콜버그와 메이어의 분류로 낭만주의, 문화전달주의, 진보주의를 고려하여 생각해 볼 수 있음)에 따라

〈표 3-2〉 Kohlberg & Mayer(1972)의 철학적 관점에 따른 보육과정 구성 비교

철학적 관점/발달 관점	대표학자	중요성	보육목표	보육내용	교수방법	평가	교사역할
낭만주의/성숙주의	루소, 프뢰벨, 프로이트, 게젤 등	• 영유아의 선천적이고 내부적인 힘 중요시 • 개인의 자유	• 영유아의 행복과 건전하고 바람직한 인격 형성 • 장기적인 목표, 통합적 목표	• 영유아 주변의 모든 인적·물적 환경과 영유아 생활경험	• 자연스러운 학습을 격려, 영유아의 흥미에 따른 활동 선택 존중하기 • 자유롭고 허용적인 환경 • 세심한 관찰을 통해 요구 파악, 필요 충족해 주기	• 학습자의 흥미, 요구가 충분히 충족되었는가에 대한 평가	학습자의 자기 개발을 돕는 촉진자, 관찰자, 보호자, 지지자
문화전달주의/행동주의	로크, 손다이크, 스키너 등	• 외부적 요인의 중요시 • 인지, 윤리 및 문화적 지식	• 학교에서의 성공이나 사회의 적응에 필요한 기술과 태도 형성 • 단기적인 목표, 개별적 및 결과 중심의 목표	• 읽기, 쓰기, 셈하기의 3R's	• 강화와 벌 원리 적용 • 교육내용의 세부적 단계화 • 모델링을 통한 교육	• 관찰 가능한 행동 변화 • 결과 중심 평가	지식전달자, 학습지시자, 강화자, 모델 제공자
진보주의/구성주의	듀이, 피아제, 비고츠키 등	• 영유아의 주변 환경과의 지속적인 상호작용을 통한 발달 중요시	• 주변 환경과의 상호작용을 통한 사고 발달 • 전인발달 • 장기적인 목표, 활동 상황에 따른 역동적인 수정 가능	• 영유아가 상호작용하는 주변의 인적·물적 환경	• 영유아 요구, 흥미, 관심, 삶의 맥락을 중심으로 교육 • 학습자는 자발적이고 능동적 참여 • 사회적 상호작용을 통한 학습 • 협동학습 격려	• 정의적, 행동적 변화 모두 포함 • 통합적 문제해결 능력 수준에 대한 평가	풍부한 학습 환경의 조성자, 안내자, 촉진자, 학습동반자

출처: 박찬옥 외(2020a). pp.94-96, 박찬옥 외(2020b). pp.69-78, 김덕순(2019). pp.10-11, 서동미 외(2019/2020). pp.33-34의 내용을 재정리함

설정된 목표는 이후, 내용선정, 교수·학습 방법을 선택하는 데 영향을 미칠 수 있다. 〈표 3-2〉는 철학적 관점에 따른 발달 관점, 보육목표, 보육내용, 교수 방법, 교사의 역할을 비교한 것이다.

보육목표 설정에 있어 보육 이념과 보육 철학의 영향 이외 다른 고려사항을 살펴보면, 〈표 3-3〉과 같다.

〈표 3-3〉 **보육목표 설정을 위한 고려사항**

구분	내용
영유아의 발달적 특성	• 연령적 적합성: 영유아의 보편적인 연령의 발달에 적합한 것인가 • 개인적 적합성: 영유아 개인의 특성에 적합한 것인가, 영유아의 사전경험과 흥미, 요구에 따라 경험의 범위와 수준을 다르게 선정 • 사회·문화적 적합성: 영유아가 살고 있는 사회·문화적 환경에서 가치 있게 여기는 보육내용을 선정
국가 및 사회적 요구	• 모든 보육영역에서 합의되고, 추구하고 있는 인간상 반영 • 부모의 다양한 요구를 교육적으로 해석하여 수용 • 지역사회의 다양한 문화적 자원을 보육과정으로 연계 • 미래 사회에 요구되는 다문화 반편견적 요소 및 미래 인재상에 적합한 역량 반영
학문적 관점 (전문적 지식)	• 보육목표가 학습자에게 의미 있는가? • 보육목표는 사회적으로 가치 있는가? • 보육목표는 영유아들이 성취할 수 있는 수준인가? • 교과영역의 전문가들이 제안하고 있는 발달 단계에 따라 보육목표가 제시되었는가?

출처: 박찬옥 외(2020b). pp.110; 시옥진 외(2020). p.94 재인용.

2 보육내용의 선정

보육목적과 목표가 설정되면 그 목적과 목표를 달성할 수 있는 보육내용과 학습경험을 선정하여야 한다. 보육내용과 학습경험은 영유아에게 무엇을 가르칠 것인가와 관련된 것이다. 보육내용은 지식, 기술, 가치와 태도 등이 포함되어야 하며, 영유아 발달 특성과 수준, 유아의 흥미와 요구에 대해 고려하고, 영유아의 가정환경 및 지역사회 환경, 사회적 상황, 문화적 전통과 관습 등의 사회 문화적 맥락과 물리적 지식, 논리·수학적 지식, 사회적 지식에 대한 지식 차원 등을 고려하여 선정하여야 한다(방인옥 외, 2012). 또한 보육내용은 영유아들이 직접 경험해 볼 수 있는 실생활과 밀접하게 관련된 내용을 중심으로 선정하고, 영유아들의 전인적인 발달을 도모할 수 있도록 모든 발달 영역을 통합할 수 있는 내용으로 한다. 보육내용 및 활동선정 기준에 대해 임재택(1995)은 다음의 고려사항을 제시한다.

- 설정된 보육목표와 관련성이 있어야 한다.
- 영유아에게 필요하거나 경험할 만한 가치가 있어야 한다.
- 영유아가 흥미를 느낄 수 있으며 친숙한 것이어야 한다.
- 영유아의 능력과 발달 수준에 적합해야 한다.
- 계절, 기후, 행사, 지역 실정 등과의 관련성이 있어야 한다.
- 가능한 한 여러 가지 목표와 관련된 일일수록 좋다.
- 보육시설에서 실행 가능한 것이어야 한다.

3 보육내용의 조직

보육내용을 조직한다는 것은 앞 단계에서 정한 보육의 내용을 효과적으로 배치하는 것이다. 보육내용의 조직은 교수의 효율성을 좌우하고, 목표의 달성 여부에 영향을 미친다. 타일러(Tyler, 1949)는 보육내용 조직의 원리를 계속성, 계열성, 통합성으로 설명한다(문성숙, 2017/2018; 양승희 외, 2012; 박찬옥 외, 2020b; 시옥진 외, 2020).

- 계속성의 원리(continuity): 중요한 보육과정 요소가 시간계열에 따라 반복적으로 계속될 수 있도록 조직하는 것이다. 이 원리는 새롭게 익혀야 하는 지식이나 기술에 익숙하도록 하는 것이 목적이다. 계속성은 세 가지 수준에서 고려된다. 첫째, 교과내용 또는 주제별 내용 간에 논리적 연속성이 보장되고 있는가이다. 둘째, 연령별 수준 간 학습 경험에 얼마나 연속성이 보장되는가이다. 셋째, 개별 학습자의 경험 속에서 학습자의 개념 발달, 정보 처리 발달, 대인관계의 학습 등 관련 경험이 연속되는가이다.
- 계열성의 원리(sequence): 보육내용이 제시되는 시간적 순서를 의미하며 수직적 조직 개념이라는 점에서 계속성과 의미가 상통된다. 계속성이 단순히 같은 것을 계속 반복해서 제시하는 것에 비해 계열성의 원리는 보육내용이 단계적으로 깊어지고 넓어져서 보다 더 폭넓게 제공한다. 계열의 기본적인 줄기는 유지하면서 더 넓고 깊은 학습이 심화되고 확대되어 가도록 하는 개념이다. 보육 실제에서의 계열적 조직 원리로는 단순한 내용에서 복잡한 내용으로, 아는 것에서 알아야 할 내용으로, 부분에서 전체적인 내용으로, 구체적인 개념에서 추상적인 개념으로, 사건이 발생한 순서대로, 현재 이 시점에서 과거와 미래로, 친숙한 내용에서 친숙하지 않은 내용으로 조직할 수 있다.

보육내용의 조직은 수직적 조직과 수평적 조직으로도 살펴볼 수 있는데, 계속성의 원리와 계열성의 원리는 수직적 조직방법으로 교육내용을 종적으로 배열·조직하는 것이고, 통합성의 원리는 수평적 조직방법으로 교육과정의 횡적 배열 및 조직과 관련된다.

- 통합성의 원리(integration): 이 원리는 학습자에게 통합된 경험을 어떻게 하면 제공할 수 있도록 보육과정을 조직하느냐 하는 것이다. 영유아기는 발달적 특성상 분리된 경험보다는 체계적인 경험을 좀 더 의미 있게 받아들이기 때문에 영유아 보육과정에서 통합성은 일과 속에서 경험과 경험 간의 연계성, 흥미 영역(놀이 영역) 간의 활동과 활동 간의 연계성과 관련되며, 보육현장에서 주제를 중심으로 활동을 전개해 나가는 것으로 통합성의 원리 맥락을 이해할 수 있다. 통합성의 원리에 의한 조직방법은 영유아에게 의미있는 학습 경험을 제공함으로써 흥미와 참여를 높이고, 지식, 기술, 성향과 태도를 개발하는 데 효과적이다.

계속성의 원리, 계열성의 원리, 통합성의 원리는 보육현장에서 동심원적 조직, 나선형적 조직, 통합적 조직으로 구체화될 수 있다.

- 동심원적 조직: 영유아에게 가장 직접적이고, 구체적이며, 친숙하고 직접적인 내용으로부터 시작하여 점차 간접적이고 추상적이며 멀리 떨어져 있는 내용으로 확장시켜 조직하는 방법이다. 예를 들면, 연간 주제에서 '나 – 가족 – 우리동네 – 우리나라 – 세계 여러 나라'로 내용을 확장시키는 것이다.
- 나선형적 조직: 이 조직방법은 보육내용을 계열화시켜 쉬운 내용에서 차츰 어려운 내용으로 반복적으로 확장하여 제시하는 것이다. 즉, 동일한 내용을 반복적으로 제시하며, 어릴수록 직접적이고 구체적인 활동으로 제시하고 점차 상징적이고 추상적인 활동으로 수준을 위계화시켜 제시한다. 예를 들어, '1세 주변 동물의 움직임을 지각하기 → 2세 주변 동물의 움직임에 관심 가지고 반응하기 → 3세 친숙한 동물의

기본특성 구별하기 → 4세 관심 있는 동물의 특성 알아보기 → 5세 관심 있는 동물의 특성과 성장과정 알아보기'로 경험을 확장한다.

- 통합적 조직: 여러 가지 다양한 내용들을 통합적인 전체 경험으로 조직하여 제공하는 유형이다. 영유아가 흥미를 보이는 학습내용을 주제 또는 단원, 프로젝트를 중심으로 통합적으로 조직할 수 있다(Brown, 1991). 즉, 유아의 관심과 경험, 사고의 전개 과정에 따라 계절적 특성, 유아의 경험, 교육내용들이 상호 연계성을 갖고 통합되도록 한다.

4 교수 · 학습 방법

교수 · 학습 방법은 보육과정을 현장에서 적용하고 실행하는 구체적인 방법이다. 교수는 가르치는 활동과정이고, 학습은 배우는 과정에 관한 활동으로 서로 상호작용적 성격을 갖는다. 영유아를 위한 교수학습은 영유아의 발달과 학습의 기본 원리를 전제로 이루어질 때 효과적일 것이다. 보육과정 운영에 있어 영유아를 위한 교수학습의 기본 전제는 다음과 같다(문성숙, 2017/2018).

1) 교수 · 학습의 기본 전제

- 영유아는 신체적 욕구가 충족되고 심리적으로 안전하다고 느낄 때 가장 잘 학습한다.
- 영유아는 능동적인 학습자이다.
- 영유아는 성인과 다른 영유아와의 사회적 상호작용을 통해 학습한다.

- 영유아의 학습과정은 '인식 – 탐색 – 탐구 – 활용'의 순환적 주기를 따른다.
- 영유아는 놀이를 통해 학습한다.
- 영유아의 흥미와 알고자 하는 욕구는 학습을 자극한다.
- 영유아의 발달과 학습은 개개인에 따라 다양하다.

2) 교수학습의 원리

교수학습의 원리는 놀이중심의 원리, 개별화의 원리, 탐구학습의 원리, 생활중심의 원리, 통합의 원리로 설명할 수 있다(이정아 외, 2013/2016; 장현주 외, 2012/2020).

(1) 놀이중심의 원리

영유아에게 놀이는 생활 자체이며, 그 생활 속에서 아이들은 놀면서 배운다. 영유아는 놀이를 하는 동안 주변 사물을 탐색하고, 관찰하며 상황을 이해하고 문제를 해결해 나가며 지식, 기술, 태도 등을 발달시킬 수 있다. 영유아는 놀이를 통해 자발적으로 탐색하고 경험하며 주변의 인적·물적 환경과 다양한 상호작용을 맺게 되므로 폭넓은 학습 기회를 갖게 된다. 또한 놀이의 자유로운 분위기는 유아에게 융통성 있게 활동할 수 있게 하고, 창의력을 촉진시킬 뿐 아니라 반복적 놀이 활동을 통해 경험이 심화되고 확대되어 학습 효과를 높일 수 있다. 유아 스스로 놀이를 선택하고, 계획하며, 참여할 수 있도록 교사는 환경을 준비하고 격려와 안내자의 역할을 할 수 있어야 한다.

(2) 개별화의 원리

같은 연령일지라도 영유아들은 각기 발달수준이나 흥미, 요구 등이 각기 다르다. 이는 학습의 속도나 자발성과 자연스럽게 연결되기 때문에, 교실에서 활동하는 영유아들의 개별성을 인정하여 교사는 영유아의 학습 속도에 맞는 놀이와 활동을 지원하고, 수준에 따라 교수·학습 방법을 다르게 제공할 수 있어야 한다. 개별화의 원리에 대한 대상은 일반 영유아뿐만 아니라 장애 영유아에게도 해당되며, 장애 영유아도 참여할 수 있도록 놀이 수준 또는 자료의 활용과 방법을 조정할 수 있어야 한다.

(3) 탐구학습의 원리

탐구학습은 영유아가 주변 환경의 사물이나 대상과 직접 상호작용하여 그 특성이나 성질을 파악해 가는 교수학습 방법을 의미한다. 피아제(Piaget)는 영유아가 스스로 능동적으로 탐색하고 관찰 및 탐구하는 과정을 통해 학습이 이루어진다고 하였다. 탐구적인 영유아는 성인의 도움 없이도 주변 환경을 스스로 탐색해 나가 효과적인 학습을 하기도 하는데(위영희 외, 2012/2017), 교사는 유아 스스로 탐색하고 자신의 감각을 통해 사물의 현상을 직접 경험함으로써 주변 세상에 대한 지식을 습득할 수 있도록 다양한 경험의 기회를 제공하고, 관찰과 실험의 활동을 시도하며, 창의적 문제해결과정 등을 격려하도록 한다(박찬옥 외, 2020a; 장현주 외, 2012/2020).

(4) 생활중심의 원리

생활중심의 원리란 실제 생활환경 및 일상생활 경험을 통하여 사물이나 상황에 대한 지식과 태도, 기술을 학습하도록 하는 것이다(박찬옥 외,

2020a). 일상생활과 관련된 경험, 체험, 계절의 변화 등과 같은 내용이 보육활동으로 전개된다면 활동에 더욱 즐겁게 참여하고 몰입하게 되며 더욱 소중한 경험이 될 수 있을 것이다(영유아들의 실제 생활 속에서 일어나는 흥미와 호기심, 관심, 요구, 질문, 갈등 상황 등은 영유아에게 가장 직접적이고 구체적인 학습의 동기가 될 수 있기 때문에.) 영유아의 주변에서 일어나는 사건, 매일의 생활과 연결된 체험 등을 보육 활동으로 전개할 때, 영유아는 나와 관련되는 활동에 친근감을 느끼게 되고 보다 적극적으로 참여하게 되며 실제적이고 구체적인 경험을 할 수 있게 된다(위영희 외, 2012/2017). 이를 위해 교사는 영유아의 경험에 관심을 갖고 민감하게 관찰하여 학습상황으로 연결시키도록 한다.

(5) 통합의 원리

통합의 원리는 유아와 유아, 유아와 교사, 유아의 가정과 교육기관의 생활, 발달의 전영역, 영역별 교육내용이 서로 분리되지 않고 연결되는 것이다. 통합의 원리는 영유아의 전인적 발달을 목적으로 한다. 그렇기 때문에 보육기관에서 운영되는 활동은 영유아들의 신체적·사회적·정서적·인지적·언어적 발달이 조화를 이루면서 통합하여 성장할 수 있도록 해야 한다.

5 평가

보육평가란 실행된 보육과정의 목표달성 여부와 영유아의 긍정적인 발달 결과에 대해 가치를 판단하는 과정이다. 보육평가는 보육과정 운영 결과를 확인해 보는 것으로 목표를 성취하기 위한 활동을 선정하고 목표달성을 위한 가장 적합한 방법으로 조직하며, 조직된 활동경험을 가장 효과적으로 전달하는 모든 과정이 계획하고 의도한 목표에 실제로 얼만큼 도달했는가에 대해 조사하는 과정이다(황혜경 외, 2014/2016).

평가의 의의를 살펴보면 다음과 같다(양승희 외, 2012).

첫째, 평가는 보육과정 운영 이후 가장 마지막에 이루어지는 과정이나, 평가의 내용은 다음의 보육계획을 위한 참고자료가 된다. 그렇기 때문에 평가는 보육을 위한 계획을 세우고 학습을 진행시키는 교사에게 보육을 위한 기초자료를 제공한다.

둘째, 영유아의 발달을 평가하고, 평가 결과에 따라 영유아의 발달수준에 맞는 학습속도, 준비 정도, 수준에 맞는 개별학습을 계획하고, 실행할 수 있다.

셋째, 평가를 통해 영유아보육기관의 환경구성과 영유아 활동에 참고할 수 있는 자료를 계획할 수 있다.

넷째, 평가결과는 가족과 영유아보육기관과의 연계성이 이루어지도록 부모에게 참고자료로 제공될 수 있다.

영유아보육기관의 보육과정평가는 그 대상에 따라 보육과정에 대한 평가와 영유아에 대한 평가로 나누어 살펴볼 수 있다. 보육과정에 대한 평가는 보육과정 구성과 수행에 관한 내용을 중심으로 평가하는 것이고, 영유아평가는 영유아의 전반적 발달 특성과 발달 정도에 대해 평가하는 것이다(<표 3-4> 참조). 무엇보다 중요한 것은 모든 과정과 절차에서 평가를 하는 궁극적인 목적이 유아의 전인발달을 지원하기 위한 보육의 질을 향상시키는 것이라는 점이다.

〈표 3-4〉 **보육과정에 대한 평가와 영유아에 대한 평가**

보육과정에 대한 평가	영유아에 대한 평가
• 보육과정의 적절성과 타당성에 중점 • 보육과정 개선에 중요한 역할 • 문서화된 보육내용 및 실행과 성과에 대한 모든 영역을 종합적으로 평가 • 보육과정의 질을 관리하기 위해 국가 수준에서 주기적으로 점검과 감독을 통해 실시 가능	• 보육과정의 실효성에 중점 • 영유아에 대한 이해와 영유아 지원을 위한 의사결정 과정에 중요한 영향 • 단위 영유아보육기관에서 각 유아의 잠재력을 효율적으로 발현시키기 위해 필요한 지원의 정도, 지원의 순간을 파악하기 위해 다양한 방법으로 이루어짐

출처: 양승희 외(2012). pp.181-182 내용을 표로 재정리함

1) 보육과정에 대한 평가

보육과정에 대한 평가는 보육과정의 구성요소별 운영 이후, 그 결과를 확인해 보는 과정을 말한다. 보육과정의 구성요소인 목표설정, 내용선정, 내용조직, 교수 방법, 평가의 모든 과정에 대한 평가로 이러한 평가과정은 보육평가의 한 영역으로 그리고 보육과정 운영에 대한 보육 프로그램의 적절성 및 교수학습에 대한 개선과 관련을 갖기 때문에 중요하다.

보육과정평가의 목적은 평가를 통해 계획되었던 목표, 내용, 교수 방법 등 실행과정에서의 적절성을 확인하여 이후 보육과정에 적용하는 것, 그리하여 궁극적으로는 영유아에게 보다 나은 질 높은 보육을 제공하는 것

이다. 보육과정 각 구성요소별 평가내용을 살펴보면, 아래의 〈표 3-5〉와 같다.

〈표 3-5〉 보육과정 구성요소별 운영평가내용

보육과정 구성요소	운영평가내용
보육목표	• 보육목적 실현에 대한 구체적인 보육목표인가 • 영유아의 전인 발달을 위한 적합한 보육목표가 설정되었는가 • 철학적, 사회문화적, 심리적(발달심리학적) 관점을 고려하여 설정되었는가 • 영유아 발달 및 요구 사항을 고려하여 구성되었는가 • 보육목표는 실현할 수 있도록 구체적으로 세분화되었는가(장기적 목표, 단기적 목표 등의 세분화)
보육내용	• 보육목표와 내용은 일관성을 유지하는가 • 보육목표를 달성하기 위한 보육내용을 선정하였는가 • 보육내용의 선정과 조직은 영유아 발달 수준, 흥미를 고려하였는가 • 보육과정 내용범위 및 경험의 계열성을 고려하여 조직되었는가 • 보육내용은 통합성과 연속성 있게 조직되었는가
교수 · 학습 방법	• 영유아의 발달과 학습의 기본 원리를 고려하여 보육활동을 운영하였는가 • 보육활동은 동적 활동과 정적 활동, 실내 활동과 실외 활동, 개별활동과 대 · 소집단 활동의 균형을 고려하여 운영되었는가 • 보육활동의 상호작용 유형이 영유아와 영유아, 영유아와 교사, 영유아와 환경과의 상호작용으로 다양하게 이루어졌는가 • 보육활동은 영유아의 자율성과 주도성을 고려한 다양한 방법으로 이루어졌는가 • 보육환경 및 자료 등은 활동주제, 놀이주제, 발달의 적합성 및 개인차, 공간구성의 적절성 등을 고려하여 구성되었는가
보육평가	• 보육목표의 달성도를 점검하기 위해 다양한 평가 자료를 수집하여 평가하였는가 • 목적 및 목표, 내용, 교수 방법의 타당성에 대해 평가하였는가 • 목표에는 포함되지 않았지만 영유아를 중요하게 변화시킨 요인이 있다면 보육과정 운영에서 어떠한 것이 있는가 • 평가과정 및 결과는 타당성과 객관성 있게 구성되고 운영되었는가 • 평가과정에 영유아, 교사, 부모 등 다양한 관점을 포함하여 평가하였는가 • 평가결과는 이후, 보육과정 운영 수립에 반영되는가

※〈표 3-5〉를 [그림 3-1]의 내용과 비교하여 살펴보도록 하자.

2) 영유아에 대한 평가

영유아에 대한 평가는 현재의 영유아 발달 상태와 흥미를 파악하기 위해, 보육과정 운영에서 영유아 발달에 대한 지원을 위해, 보육과정을 경험한 영유아의 발달에 대한 변화 정도를 이해하기 위해 이루어진다. 그렇기 때문에 보육과정과 보육프로그램의 계획·실행의 모든 과정에서 이루어질 수 있다. 영유아에 대한 평가는 영유아에 대한 관찰과 여러 가지 검사, 부모로부터의 정보, 활동 수행 중의 행동과 활동 결과물의 질정도, 영유아 놀이상황에 대한 기록과 해석 등에 대한 분석을 통해 이루어진다.

① 보육과정에서 영유아에 대한 평가는 보육과정의 목표와 내용을 근거로 영유아의 특성과 변화 정도를 평가한다. 그렇기 때문에 영유아의 활동에 대한 성취 중심의 결과 평가보다는 변화 과정에 대한 평가를 하도록 한다.

② 영유아가 보육기관에 등원하여 하원할 때까지의 모든 활동(일상생활, 놀이, 활동 등)에 대하여 전반적으로 평가한다.

③ 다양한 방법과 자료를 사용하여 종합적으로 평가한다. 종합적인 평가를 위해 자료수집과 분석 및 기록의 절차가 필요하다. 여러 발달영역에 걸쳐 다양한 장면의 자료를 형식적 평가방법(표준화 검사와 각종 검사도구)과 비형식적 평가방법(관찰, 면접, 포트폴리오 수집 등)에 근거하여 수집하고, 수집된 자료를 분석하고, 해석, 기록한다. 아무리 많은 자료를 수집하였다 하더라도 분석, 해석, 기록이 없다면 평가로서의 의미를 갖지 못할 것이다. 그렇기 때문에 다양한 방법을 통하여 자료를 수집하고, 수집된 자료를 분석하는 과정을 거쳐 영유아의 발달특성과 능력, 변화 정도를 평가하도록 한다. 이러한 평가내용은 이후 교사 지원으로 연계될 수 있어야 한다. 4차 어린이집 표준보육과정에서는 교사가 영유아의 놀이 관찰 기록, 영유아평가와 보육과정 평가 등 평가자료를 만들고 수집하는 데 과도한 노력을 기울이기보

다는 영유아의 놀이에 좀 더 집중하고 지원하는 것을 강조한다. 영유아들이 일상에서 놀이하며 배우는 자연스러운 상황에서 영유아의 특성과 변화를 이해할 수 있는 평가를 하도록 한다(교육부 · 보건복지부, 2019).

영유아에 대한 평가는 보육 및 교육 개선을 위한 근거로, 그리고 부모와의 면담자료로 활용될 수 있다. 구체적으로 살펴보면 다음과 같다(이정아 외, 2016).

① 영유아에 대한 평가결과는 보육과정을 재편성하여 운영하고 교수방법을 개선하는 데 활용된다. 영유아에 대한 평가 결과는 개별 영유아의 발달 패턴과 강점을 발견하여 영유아를 이해하는 데 좋은 자료가 되는데, 교사는 영유아가 어떤 능력을 지니고 있는지, 어느 정도 발달의 변화가 있는지, 어느 정도 발달 가능성이 있는지 등을 파악함으로써 영유아에 대한 이해를 높일 수 있다. 이러한 결과를 바탕으로 교사는 영유아의 발달수준 · 학습능력 · 잠재력 등을 고려한 보육과정을 계획하고 운영할 수 있다. 또한 평가결과는 영재아 · 장애아 · 다문화 가정아 등 특별한 도움이 필요하거나 문제가 있는 영유아를 조기에 발견하여 전문가에게 의뢰하거나 조치를 취할 때에도 기초자료로 활용할 수 있다.

② 영유아에 대한 평가결과는 교사가 평가자료를 통해 부모와의 면담을 효율적으로 이루어지도록 하는 정보임과 동시에 부모에게는 자녀에 대한 이해력을 높이고 자녀의 수준과 특성에 맞는 교육을 실시할 수 있는 기회를 제공하여 가정과 보육기관 간의 연계교육이 이루어지도록 하는 데 활용될 수 있다.

보육과정 구성요소 중 ‘교수학습과 평가’에 대해서는 본 교재의 11장과 12장에서 자세히 다루기로 한다.

PART II

국가 수준의 보육과정의 이해

CHAPTER 04

4차 어린이집 표준보육과정

1 4차 어린이집 표준보육과정까지의 개정과정[2)]

어린이집에서 운영하는 보육과정은 국가 수준의 보육목표와 영유아의 발달과 개인차를 고려하여 이들이 경험하게 될 보편적인 보육내용을 제시한다. 보육과정의 목적은 영유아의 전인적인 성장과 발달을 돕고 민주 시민으로서의 자질을 길러 영유아가 심신이 건강하고 조화로운 사회 구성원으로 자랄 수 있도록 하는 데 있다.

우리나라는 1991년 「영유아보육법」이 제정되어 보육의 법적 토대를 구축하였고, 2004년 개정된 「영유아보육법」 제29조에 의거하여 표준보육과정 개발 및 보급을 위한 근거를 마련하였다. 그 이후 2005년 여성가족부가 「표준보육과정」을 연구, 개발하고 2006년 11월 10일에 「영유아보육법 시행규칙」 제30조 관련 표준보육과정령을 개정하였다. 이에 2007년 1월 3일 최초의 「표준보육과정의 구체적 보육내용」을 고시하기에 이르렀다.[3)]

「표준보육과정」이 고시됨에 따라 2007년부터 2세 미만 보육과정, 2세 보육과정, 3~5세 보육과정이 보육현장에 적용되어 왔다. 2011년 5월 2일 정부는 어린이집과 유치원에서 이원화로 운영되던 「표준보육과정」과 「유치원 교육과정」을 통합한 공통과정을 제정하겠다고 발표하였고, 최초의 어린이집, 유치원 공통과정인 「5세 누리과정」을 제정하여 2011년 9월에 고시하였다. 이후 「2차 표준보육과정」, 「3-4세 연령별 누리과정」, 「3차 어린이집 표준보육과정」 고시까지의 변화과정에 대해서는 〈표 4-1〉을 통해 살펴볼 수 있다.

보건복지부는 2017년 12월, 제3차 중장기보육 기본계획(2018-2022)에서

2) 출처: 보건복지부(2020). 보건복지부 고시 제2020-75호에 따른 4차 어린이집 표준보육과정 해설서임.

3) 여성가족부 고시 제2007-1호

'영유아의 행복한 성장을 위해 함께 하는 사회'라는 비전을 설정하였으며, 국정과제인 '보육 · 양육에 대한 사회적 책임 강화'를 실현하기 위한 4개 분야, 즉 보육의 공공성, 보육체계 개편, 보육서비스의 품질 향상, 부모 양육지원 확대를 제시하였다. 영유아의 교육수요 변화 등을 고려하여 누리과정의 개편이 진행될 계획('18년 ~ 교육부 · 보건복지부)으로 0~2세 표준보육과정도 영아의 놀권리 및 균형적 발달을 고려하여 개정을 추진한다고 발표하였다.

교육부는 2017년 12월 7일 「유아교육 혁신 방안」을 문재인 정부의 「국정운영 5개년 계획」에 근거하여 발표하였다. 누리과정의 개정 근거가 된 내용은 '교실혁명을 통한 유아 중심의 교육문화 조성' 과제 중 '유아가 중심이 되는 교육 패러다임 전환'이다. 여기에 '유아가 중심이 되는 교육과정을 만들겠다'는 내용이 제시되며, 놀이중심, 유아중심의 누리과정 혁신 방향으로 개별 유아의 다양한 특성을 고려한 내용 구성, 유아의 자유놀이 권장 및 관찰과 기록 등 유아와의 상호작용 강조, 현장 자율성 존중을 위해 표준보육과정(누리과정) 포함의 구성체계에서 세부내용(수준별, 연령별)을 내용과 통합하여 축소하였다.

〈표 4-1〉 표준보육과정의 개정과정

표준보육과정의 개정과정	내용
영유아보육법 전문 개정 (2004.1.)	표준보육과정 개발의 근거 마련(영유아보육법 제29조 제2항, 제4항, 시행규칙 제30조)
표준보육과정 고시 (2007.1.)	• 2006.11.10. 영유아보육법 시행규칙 제30조 관련 표준보육과정령 개정 • 2007.01.03. 최초로 표준보육과정의 구체적 보육내용 및 교사지침 고시함(여성가족부 고시 제2007-1호) 2세 미만, 2세, 3~5세 보육과정. 2007년 시행
표준보육과정 보육프로그램 (2008.7.)	표준보육과정 보육프로그램 총론(1권), 0~5세용 어린이집 프로그램(총 6권), 장애아용 프로그램(1권) 개발 및 보급
표준보육과정 재고시 (2010.9.)	여성가족부의 보육업무가 보건복지부로 이전되면서 2007.1의 표준보육과정 고시를 보건복지부 고시 제 2010-71호로 재고시함
5세 누리과정 제정, 고시 (2011.9.)	• 2011.05. 유아교육 · 보육에 대한 국가의 책임을 강화하기 위해 5세의 유아교육과 보육내용을 통합하여 일원화한 공통과정이 고시. 이후 유치원과 어린이집에 다니는 5세 유아의 학비 · 보육료 지원을 전 계층으로 확대하고, 지원 단가를 연차적으로 현실화하기 위한 정책 마련함 • 보건복지부, 교육과학기술부에서 어린이집과 유치원 5세를 위한 공통과정으로서 5세 누리과정을 제정 고시함, 2012년 3월부터 유치원과 어린이집에 다니는 5세 모든 유아에게 공통으로 시행함
5세 누리과정에 기초한 어린이집 프로그램 (2012.2.)	• 5세 누리과정에 기초하여 5세 어린이집 프로그램(4권)과 DVD(4개), 연령연계 프로그램(1권)을 개발하여 보급(2012.03. 시행)
제2차 표준보육과정 고시 (2012.2.)	• 5세 누리과정 제정과 더불어 0~4세를 포함하여 제2차 표준보육과정을 고시함(보건복지부 고시제 2012-28호)
3~4세 누리과정 고시 및 5세 누리과정 개정 고시 (2012.7.)	• 보건복지부와 교육과학기술부가 함께 5세 누리과정 개정과 더불어 3~4세 누리과정을 고시함 • 2012.07. 유치원과 어린이집에 다니는 3~5세 유아를 위한 교육 · 보육을 통합한 '공통과정'인 〈3~5세 연령별 누리과정〉 고시, 2013. 03부터 시행
제3차 어린이집 표준보육과정 고시 (2013.1.)	• 0~1세 보육과정, 2세 보육과정, 3~5세 보육과정(누리과정)을 포함하여 전체적으로 고시함(보건복지부 고시 제2013-8호)(2013.1 고시, 2013.3 시행)
3~4세 누리과정에 기초한 어린이집 프로그램 (2013.2.)	• 3세 누리과정에 기초한 어린이집 프로그램(7권)과 DVD(6개), 4세 누리과정에 기초한 어린이집 프로그램(8권)과 DVD(7개) 개발하여 보급
어린이집 표준보육과정에 기초한 영아보육프로그램 (2013.3.)	• 제3차 어린이집 표준보육과정에 기초하여 총론(1권), 0~2세용 영아보육프로그램(총7권)과 DVD(1개) 개발
• 2015.03 〈3~5세 연령별 누리과정〉은 누리과정 운영 시간을 3~5시간에서 4~5시간으로 조정하여 개정, 고시	

- 2017.12 교육부는 국정과제 구현과 출발선 평등 실현을 위해 '유아교육 혁신방안'을 문재인 정부의 〈국정운영 5개년 계획〉에 근거하여 발표함

① 누리과정의 개정 근거가 된 내용은 '교실혁명을 통한 유아중심의 교육문화 조성' 과제 중 '유아가 중심이 되는 교육패러다임 전환'임
② 여기에 '유아가 중심이 되는 교육과정을 만들겠다'는 내용이 제시되며, 놀이중심, 유아중심의 누리과정 혁신 방향으로 개별 유아의 다양한 특성을 고려한 내용 구성, 유아의 자유 놀이 권장 및 관찰과 기록 등 유아와의 상호작용 강조, 현장 자율성 존중을 위해 세부내용을 내용과 통합하여 축소함
③ 미래사회 핵심역량을 반영한 인간상과 목표를 밝혀 교육과정으로서 구성체계 확립

- 2019.07 〈2019 개정 누리과정〉 고시, 유치원과 어린이집에 다니는 3~5세 유아에게 공통으로 적용되는 교육과정으로 '3~5세 연령별 누리과정 고시'를 '3~5세 누리과정 고시'로 전면 개정함
- 2020. 3. 시행

- 2019년말, 어린이집에 다니는 0~5세 대상 보육과정 중 3~5세를 위한 보육과정(누리과정)은 이미 개정되었고, 0~2세는 어린이집에만 해당되므로 보건복지부 주관으로 0~5세 영유아의 연속적 경험과 연령간 발달적 연계를 위하여 누리과정 개정 방향 및 내용을 고려하여 4차 표준보육과정 고시
- 2020.04 영유아보육법 제29조 제2항, 같은법 시행규칙 제30조 및 별표 8의 4에 따라 3차 어린이집 표준보육과정 일부 개정, 4차 어린이집 표준보육과정 고시
- 4차 표준보육과정은 2019년 개정 누리과정을 시작으로, 3~5세 보육과정(누리과정)의 총론과 각론 개정이 우선적으로 이루어졌고, 이어서 〈3차 표준보육과정〉을 개정하여 0~1세와 2세 보육과정 개정 및 0~5세 총론의 일부 용어(영유아, 표준보육과정 등)를 수정하고 영아 관련 내용을 부분 보완함
- 2020. 9. 시행

출처: 보건복지부(2013). 어린이집 표준보육과정 및 0~2세 영아보육프로그램의 이해, 교육부 · 보건복지부(2020). 2019 개정 누리과정 해설서, (사)한국보육교사교육연합회(2016/2020) 원장 사전직무교육, 경기: 양성원

4차 어린이집 표준보육과정은 2019 개정 누리과정을 시작으로, 「4차 어린이집 표준보육과정」을 고시, 2020년 9월부터 시행되었다. 「4차 어린이집 표준보육과정」의 고시 특성은 다음과 같다.

① 총론은 3~5세 보육과정(누리과정) 개정 방향과 취지를 수용하되 보육의 정체성 유지, 영아보육의 특성을 반영하였다.
② 0-2세 영역별 내용은 제3차 어린이집 표준보육과정을 토대로 영아보육의 특성을 반영하였다.

③ 기존의 연령 체계를 유지하여 0~1세 보육과정, 2세 보육과정, 3~5세 보육과정(누리과정)으로 제시하였다.
④ 구성체계를 조정하여 영역, 내용범주, 내용 체계를 유지하고, 0~1세의 4수준, 2세의 2수준으로 구성하였던 세부내용을 내용과 통합하였다.
⑤ 0-2세 보육과정은 기존의 6개 영역을 유지하고 내용을 간략화하였다.
⑥ 전체적으로 영유아 중심, 놀이 중심으로 추구하였다.
⑦ 영유아 기본 권리의 개별 보장을 중시하여 영유아는 개별적인 특성을 지닌 고유한 존재로 존중받아야 함을 강조하였다.

2 4차 어린이집 표준보육과정(0~1세, 2세 중심으로)의 구성

「4차 어린이집 표준보육과정」의 고시문의 내용은 '표준보육과정의 성격'을 시작으로 '총론', '0~1세 영역별 목표 및 내용', '2세 영역별 목표 및 내용', '3~5세 영역별 목표 및 내용'으로 구성되었는데, 이 장에서는 0~2세까지의 영역별 목표 및 내용을 살펴보고, 다음 장에서 2019 개정 누리과정을 통해 3~5세 영역별 목표 및 내용에 대해 자세히 살펴보고자 한다.

> ※ 내용은 표준보육과정 고시문을 정리한 내용으로 고시문의 순서 그대로 작성한다.

표준보육과정의 성격

어린이집 표준보육과정(이하, '표준보육과정'이라 함)은 0~5세 영유아를 위한 국가 수준의 보육과정이며 0~1세 보육과정, 2세 보육과정, 3~5세 보육과정(누리과정)으로 구성한다.

가. 국가 수준의 공통성과 지역, 기관 및 개인 수준의 다양성을 동시에 추구한다.
나. 영유아의 전인적 발달과 행복을 추구한다.
다. 영유아 중심과 놀이 중심을 추구한다.
라. 영유아의 자율성과 창의성 신장을 추구한다.
마. 영유아, 교사, 원장, 부모 및 지역사회가 함께 실현해 가는 것을 추구한다.

총론

01 표준보육과정의 구성방향

1. 추구하는 인간상

표준보육과정이 추구하는 인간상은 다음과 같다.

가. 건강한 사람
나. 자주적인 사람
다. 창의적인 사람
라. 감성이 풍부한 사람
마. 더불어 사는 사람

2. 목적과 목표

표준보육과정의 목적은 영유아가 놀이를 통해 심신의 건강과 조화로운 발달을 이루고, 바른 인성과 민주 시민의 기초를 형성하는 데 있다. 이를 실현하기 위한 목표는 다음과 같다.

1) 자신의 소중함을 알고, 건강하고 안전한 환경에서 즐겁게 생활한다.
2) 자신의 일을 스스로 하고자 한다.
3) 호기심을 가지고 탐색하며 상상력을 기른다.
4) 일상에서 아름다움에 관심을 가지고 감성을 기른다.
5) 사람과 자연을 존중하고 소통하는 데 관심을 가진다.

3. 구성의 중점

표준보육과정 구성의 중점은 다음과 같다.

가. 영유아는 개별적인 특성을 지닌 고유한 존재임을 전제로 구성한다.
나. 0~5세 모든 영유아에게 적용할 수 있도록 구성한다.
다. 추구하는 인간상 구현을 위한 지식, 기능, 태도 및 가치를 반영하여 구성한다.
라. 표준보육과정은 다음의 영역을 중심으로 구성한다.
  1) 0~1세 보육과정과 2세 보육과정은 기본생활, 신체운동, 의사소통, 사회관계, 예술경험, 자연탐구의 6개 영역을 중심으로 구성한다.
  2) 3~5세 누리과정은 신체운동·건강, 의사소통, 사회관계, 예술경험, 자연탐구의 5개 영역을 중심으로 구성한다.
마. 0~5세 영유아가 경험해야 할 내용으로 구성한다.
바. 초등학교 교육과정과의 연계성을 고려하여 구성한다.

02 표준보육과정의 운영

1. 편성 · 운영

다음의 사항에 따라 표준보육과정을 편성 · 운영한다.

가. 어린이집의 운영시간에 맞추어 편성한다.
나. 표준보육과정을 바탕으로 각 기관의 실정에 적합한 계획을 수립하여 운영한다.
다. 하루 일과에서 바깥 놀이를 포함하여 영유아의 놀이가 충분히 이루어지도록 편성하여 운영한다.
라. 성, 신체적 특성, 장애, 종교, 가족 및 문화적 배경 등에 따른 차별이 없도록 편성하여 운영한다.
마. 영유아의 발달과 장애 정도에 따라 조정하여 운영한다.
바. 가정과 지역사회와의 협력과 참여에 기반하여 운영한다.
사. 교사 연수를 통해 표준보육과정의 운영을 개선할 수 있도록 한다.

2. 교수 · 학습

교사는 다음 사항에 따라 영유아를 지원한다.

가. 영유아의 의사표현을 존중하고 민감하게 반응한다.
나. 영유아가 흥미와 관심에 따라 놀이에 자유롭게 참여하고 즐기도록 한다.
다. 영유아가 놀이를 통해 배우도록 한다.
라. 영유아가 다양한 놀이와 활동을 경험할 수 있도록 실내외 환경을 구성한다.

마. 영유아와 영유아, 영유아와 교사, 영유아와 환경 사이에 능동적인 상호작용이 이루어지도록 한다.

바. 각 영역의 내용이 통합적으로 영유아의 경험과 연계되도록 한다.

사. 개별 영유아의 요구에 따라, 휴식과 일상생활이 원활히 이루어지도록 한다.

아. 영유아의 연령, 발달, 장애, 배경 등을 고려하여 개별 특성을 적합한 방식으로 배우도록 한다.

3. 평가

평가는 다음 사항에 중점을 두고 실시한다.

가. 표준보육과정 운영의 질을 진단하고 개선하기 위해 평가를 계획하고 실시한다.

나. 영유아의 특성 및 변화 정도와 표준보육과정의 운영을 평가한다.

다. 평가의 목적에 따라 적합한 방법을 사용하여 평가한다.

라. 평가의 결과는 영유아에 대한 이해와 표준보육과정 운영 개선을 위한 자료로 활용할 수 있다.

■ 0~1세, 2세 영역별 목표 및 내용

※ 표준보육과정 고시문에는 0~1세, 2세 연령체계에 대한 각각의 보육과정 영역 목표와 내용이 기술되어 있으나, 본 교재에서는 연령체계, 영역별 목표와 내용을 비교해 볼 수 있도록 표로 제시함.

01 기본생활

1. 목표

0~1세	2세
건강하고 안전한 일상생활을 경험한다.	건강하고 안전한 생활습관의 기초를 형성한다.
1) 건강한 일상생활을 경험한다. 2) 안전한 일상생활을 경험한다.	1) 건강한 생활습관의 기초를 형성한다. 2) 안전한 생활습관의 기초를 형성한다.

2. 내용

내용범주	내용	
	0~1세	2세
건강하게 생활하기	• 도움을 받아 몸을 깨끗이 한다. • 음식을 즐겁게 먹는다. • 하루 일과를 편안하게 경험한다. • 배변 의사를 표현한다.	• 자신의 몸을 깨끗이 해 본다. • 음식에 관심을 가지고 즐겁게 먹는다. • 하루 일과를 즐겁게 경험한다. • 건강한 배변 습관을 갖는다.
안전하게 생활하기	• 안전한 상황에서 놀이하고 생활한다. • 안전한 상황에서 교통수단을 이용해 본다. • 위험하다는 말에 주의한다.	• 일상에서 안전하게 놀이하고 생활한다. • 교통수단을 안전하게 이용해 본다. • 위험한 상황에 대처하는 방법을 경험한다.

02 신체운동

1. 목표

0~1세	2세
감각으로 탐색하고 신체활동을 즐긴다.	감각을 활용하고, 신체활동을 즐긴다.
1) 감각 탐색을 즐긴다. 2) 신체활동을 즐겁게 경험한다.	1) 감각을 활용하고, 신체를 인식한다. 2) 신체활동을 즐긴다.

2. 내용

내용범주	내용	
	0~1세	2세
감각과 신체 인식하기	• 감각적 자극에 반응한다. • 감각으로 주변을 탐색한다. • 신체를 탐색한다.	• 감각 능력을 활용한다. • 신체를 인식하고 움직인다.
신체활동 즐기기	• 대 · 소근육을 조절한다. • 기본운동을 시도한다. • 실내외 신체활동을 즐긴다.	• 대소근육을 조절한다. • 기본 운동을 즐긴다. • 실내외 신체활동을 즐긴다.

03 의사소통

1. 목표

0~1세	2세
의사소통 능력의 기초를 형성한다.	의사소통 능력과 상상력의 기초를 형성한다.
1) 일상생활에서 듣고 말하기를 즐긴다. 2) 읽기와 쓰기에 관련된 관심을 가진다. 3) 책과 이야기에 관심을 가진다.	1) 일상생활에서 듣기와 말하기를 즐긴다. 2) 읽기와 쓰기에 관심을 가진다. 3) 책과 이야기에 재미를 느낀다.

2. 내용

내용범주	내용	
	0~1세	2세
듣기와 말하기	• 표정, 몸짓, 말과 주변의 소리에 관심을 갖고 듣는다. • 상대방의 이야기를 들으면서 말소리를 낸다. • 표정, 몸짓, 말소리로 의사를 표현한다.	• 표정, 몸짓, 말에 관심을 갖고 듣는다. • 상대방의 이야기를 듣고 말한다. • 표정, 몸짓, 단어로 의사를 표현한다. • 자신의 요구와 느낌을 말한다.
읽기와 쓰기에 관심가지기	• 주변의 그림과 상징에 관심을 가진다. • 끼적이기에 관심을 가진다.	• 주변의 그림과 상징, 글자에 관심을 가진다. • 끼적이며 표현하기를 즐긴다.
책과 이야기 즐기기	• 책에 관심을 가진다. • 이야기에 관심을 가진다.	• 책에 관심을 가지고 상상한다. • 말놀이와 이야기에 재미를 느낀다.

04 사회관계

1. 목표

0~1세	2세
나를 인식하고, 친숙한 사람과 관계를 맺는다.	나를 알고, 다른 사람과 더불어 생활하는 경험을 한다.
1) 나를 고유한 존재로 안다. 2) 안정적인 애착을 형성하고, 또래, 교사와 함께 지낸다.	1) 나를 알고 긍정적으로 여긴다. 2) 다른 사람과 즐겁게 지내기 위한 태도를 기른다.

2. 내용

내용범주	내용	
	0~1세	2세
나를 알고 존중하기	• 나를 인식한다. • 나의 욕구와 감정을 나타낸다. • 나와 친숙한 것을 안다.	• 나와 다른 사람을 구별한다. • 나의 감정을 표현한다. • 내가 좋아하는 것을 한다.
더불어 생활하기	• 안정적인 애착을 형성한다. • 또래에게 관심을 가진다. • 다른 사람의 감정과 행동에 관심을 가진다. • 반에서 편안하게 지낸다.	• 가족에게 관심을 가진다. • 또래와 함께 놀이한다. • 다른 사람의 감정과 행동에 반응한다. • 반에서의 규칙과 약속을 알고 지킨다.

05 예술경험

1. 목표

0~1세	2세
아름다움을 느끼고 경험한다.	아름다움을 느끼고 즐긴다.
1) 자연과 생활에서 아름다움에 관심을 가진다. 2) 예술적 경험을 표현한다.	1) 자연과 생활에서 아름다움을 느끼고 관심을 가진다. 2) 예술을 통해 자유롭게 표현한다.

2. 내용

내용범주	내 용	
	0~1세	2세
아름다움 찾아보기	• 자연과 생활에서 아름다움을 느낀다. • 아름다움에 관심을 가진다.	• 자연과 생활에서 아름다움을 느끼고 즐긴다. • 아름다움에 관심을 갖고 찾아본다.
창의적으로 표현하기	• 소리와 리듬, 노래로 표현한다. • 감각을 통해 미술을 경험한다. • 모방 행동을 즐긴다.	• 익숙한 노래와 리듬을 표현한다. • 움직임과 춤으로 자유롭게 표현한다. • 미술 재료와 도구로 표현해 본다. • 일상생활 경험을 상상놀이로 표현한다.

06 자연탐구

1. 목표

0~1세	2세
주변 환경과 자연에 관심을 가진다.	주변 환경과 자연을 탐색하는 과정을 즐긴다.
1) 일상에서 탐색을 즐긴다. 2) 주변 환경을 탐색한다. 3) 생명과 자연에 관심을 가진다.	1) 일상에서 탐색하는 과정을 즐긴다. 2) 주변 환경에 관심을 가지고 탐색한다. 3) 생명과 자연에 관심을 가진다.

2. 내용

내용범주	내용	
	0~1세	2세
탐구과정 즐기기	• 주변 세계와 자연에 대해 호기심을 가진다. • 사물과 자연 탐색하기를 즐긴다.	• 주변 세계와 자연에 대해 호기심을 가진다. • 사물과 자연을 반복하여 탐색하기를 즐긴다.
생활 속에서 탐구하기	• 친숙한 물체를 감각으로 탐색한다. • 물체의 수량에 관심을 가진다. • 주변 공간과 모양을 탐색한다. • 규칙성을 경험한다.	• 친숙한 물체의 특성과 변화를 감각으로 탐색한다. • 물체의 수량에 관심을 가진다. • 주변 공간과 모양을 탐색한다. • 규칙성에 관심을 가진다. • 주변 사물을 같고 다름에 따라 구분한다. • 생활 도구에 관심을 가진다.
자연과 더불어 살기	• 주변의 동식물에 관심을 가진다. • 날씨의 변화를 감각으로 느낀다.	• 주변의 동식물에 관심을 가진다. • 날씨와 계절의 변화를 감각으로 느낀다.

CHAPTER

05

2019 개정 누리과정

1 누리과정의 제정과 개정에 대한 이해

유치원 교육과정은 1969년 최초로 국가 수준 교육과정으로 제정, 공포된 이후 여러 차례의 개정을 거쳐 「2007 개정 유치원 교육과정」으로 이어졌다. 어린이집에서의 표준보육과정은 2007년 최초로 고시, 시행되어 이후 유치원에서는 유치원 교육과정을, 어린이집에서는 표준보육과정을 운영하였으나, 이원화된 운영체제 정비의 필요성이 제기되면서 2011년 공통과정으로서 「5세 누리과정」 제정되어 2012년 3월부터 현장에서 시행되었다. 2012년 7월, 대상연령의 확대로 「3~5세 연령별 누리과정」이 고시, 2013년 3월에는 3~5세 누리과정이 시행되었다. 이후 2015년 3월, 「3~5세 연령별 누리과정」은 누리과정 운영 시간을 3~5시간에서 4~5시간으로 조정하여 개정 · 고시되었다.

교육부는 국정과제 구현과 출발선 평등 실현을 위해 '유아교육 혁신방안'을 발표하였고, 주요 내용으로 '유아가 중심이 되는 놀이 위주의 교육과정 개편'이 명시되었다. 이에 놀이중심 교육과정 개편 방향을 반영하여 2019년 7월, 「2019 개정 누리과정」[1])이 고시되었다. 「2019 개정 누리과정」은 유치원과 어린이집에 다니는 3~5세 유아에게 공통적으로 적용되는 교육과정으로 2020년 3월부터 현장에서 시행되고 있다(표준보육과정의 개정과 함께 누리과정의 제정과 개정의 내용을 연계해서 살펴보고자 한다면, 제4장의 <표 4-1>을 참고하길 바란다).

1) 출처: 교육부 · 보건복지부(2020). 2019 개정 누리과정 해설서.

1) 누리과정 개정 취지

■ 미래 사회에 부응하는 새로운 교육과정

최근 국내외 교육과정은 역량을 중심으로 미래 사회에 부응하는 방향으로 나가고 있다. 미래 사회는 지식이 많은 사람보다 지식을 잘 활용할 수 있는 사람을 필요로 한다. 「2019 개정 누리과정」은 새로운 시대의 요구에 따라 교육내용을 간략화하고, 유아가 주도하는 놀이를 통해 배움이 구현될 수 있도록 유아·놀이 중심 교육과정을 방향으로 한다. 개정전 「3~5세 연령별 누리과정」은 연령별 교육내용이 과다하다는 문제가 있었고, 이에 「2019 개정 누리과정」에서는 새로운 시대의 요구에 따라, 교육내용을 간략화하고 유아가 주도하는 놀이를 통해 배움이 구현될 수 있도록 유아·놀이 중심 교육과정으로 나아가고자 하였다.

■ 유아의 놀이가 중심이 되는 교육과정

유아가 놀이하며 보여 주는 독특한 움직임, 표정, 재미있는 말과 이야기, 그림이나 노래 등은 모두 놀이의 과정이자 배움의 결과물이다. 유아는 놀이하며 다른 사람과 관계를 맺고 세상의 중요한 구성원으로 성장해 간다. 개정 전까지 일부 현장에서는 교사용 지도서에 의존하여 누리과정을 획일적으로 운영하거나 교사가 계획한 자유선택활동을 중심으로 놀이를 운영하여 유아가 자유롭게 주도하는 놀이 중심의 교육과정을 실천하는 데 한계가 있었다. 개정 누리과정에서는 유아가 각자 자신에게 가장 적합한 방식으로 스스로 놀이하며 배운다는 점에 주목하여 유아가 주도하는 놀이를 강조한다.

■ 유아의 놀이를 지원하기 위한 교사의 자율성

교사는 활동을 계획하고 준비하는 데 많은 시간을 보내기보다는 유아의 놀이를 이해하고 지원하는 데 더 많은 시간을 보낼 필요가 있다. 유아의 놀이는 예측하여 계획하기 어렵기 때문에 교사는 유아의 놀이 흐름에 따라 가장 적합한 교육적 지원이 무엇인지를 상황에 따라 판단하고 실천해야 한다. 개정 누리과정에서는 국가 수준의 공통 기준을 최소화하여 교사의 자율성을 기반으로 유아가 놀이하며 배운다는 가치를 믿고 유아가 중심이 되고 놀이가 살아나는 교육과정을 유아와 함께 실천해 갈 수 있도록 하였다.

2) 누리과정의 주요 개정 내용

■ 국가 수준의 교육과정으로서 구성체계 확립

• 국가 수준의 공통 교육과정으로 성격 명시

국가 수준의 공통 교육과정이 갖는 의미를 유아, 교사와 기관·국가 차원에서 살펴보자.

① 유아 차원: 유치원과 어린이집에 다니는 3~5세 모든 유아가 편견이나 차별 없이 양질의 교육적 경험을 할 수 있다.
② 교사와 기관 차원: 누리과정 운영의 자율성을 가지면서도 국가 수준의 교육과정을 우선적으로 존중하여 운영해야 하는 책임감이 강화된다.
③ 국가 차원: 누리과정이 현장에서 지속적으로 운영될 수 있도록 행정적·재정적 지원을 해야 하는 의무가 있다는 것을 말해준다.

• 추구하는 인간상 제시

개정 누리과정은 '추구하는 인간상'을 제시하여 교육과정으로서 구성 체계를 확립하였다. 개정 누리과정이 제시한 인간상은 건강한 사람, 자주적인 사람, 창의적인 사람, 감성이 풍부한 사람, 더불어 사는 사람이다. 추구하는 인간상의 제시는 유아가 누리과정 5개 영역의 내용을 경험하면서 어떠한 모습으로 성장해 가는지에 대한 보육의 비전을 명료하게 제시하였다는 점에 의의를 둔다.

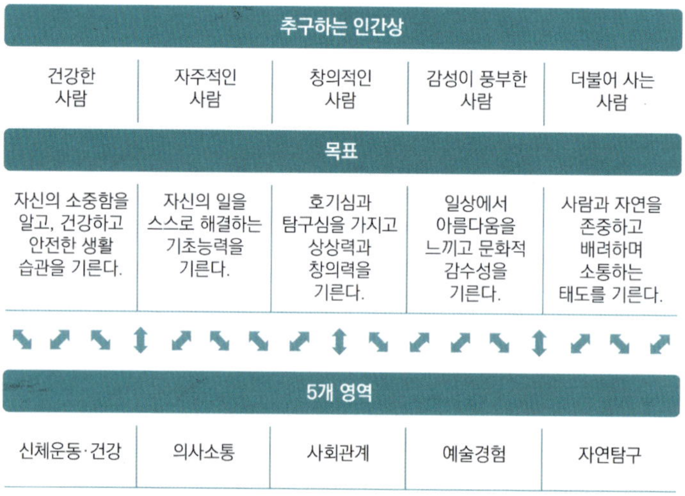

[그림 5-1] 추구하는 인간상, 목표, 5개 영역과의 연계성: 유아는 5개 영역의 내용을 일상적으로 경험하며 궁극적으로 추구하는 인간상을 향하여 성장해 간다.

출처: 교육부 · 보건복지부(2020). 2019 개정 누리과정 해설서. p.34.

• 초등학교 교육과정의 구성 체계 및 교육내용 연계

개정 누리과정은 추구하는 인간상과 목적과 목표, 구성의 중점 등 총론 전반의 구성을 초등학교 교육과정의 체계와 통일하였다. 특히 역량을 중심으로 개정한 「2015 개정 초·중등학교 교육과정」의 취지와 내용을 개정 누리과정 인간상과 교육목표 등에 반영하여 초등학교 교육과정과 연계하고자 하였는데, 누리과정 5개 영역의 내용은 초등학교 1학년의 교육내용을 상회하지 않도록 유의하였다. 이로써 유·초 연계에 있어 교육내용의 계속성, 계열성, 통일성 및 적합성을 확보하게 되었다.

■ 유아·놀이 중심 교육과정 재정립

• 교사 중심 교육과정에서 유아·놀이 중심 교육과정으로의 변화

'유아와 놀이'를 최우선으로 존중하는 교육과정으로 교사가 계획하여 제안하는 자유선택활동을 유아가 주도하는 놀이로 대체하여 운영하도록 제안한다.

• 충분한 놀이시간 확보 권장

충분한 놀이 시간은 유아가 몰입하여 놀이를 즐길 수 있도록 여유있게 시간을 확보하여 일과를 운영하는 것을 의미한다. 유치원과 어린이집은 유아의 안전을 고려하되 유아의 놀이가 최대한 활성화되도록 실내외 놀이 환경을 포함하여 누리과정 운영 방식을 개선해 나가고, 바깥놀이를 포함한 자유놀이 시간을 충분히 편성·운영하도록 한다.

• 유아 놀이와 배움의 의미에 대한 재이해

그동안 유아교육에서는 유아의 놀이를 교육의 기본 정신으로 강조는 하였으나, 한편으로는 유아가 스스로 놀이하며 배우고 있는지에 대한 걱정과 불안이 있었다. 또한 교사가 놀이보다는 활동을 통해 지식을 가르치는 것에 집중하는 것에 대한 반성이 이루어지기도 했다. 개정 누리과정에서는 교사가 놀이의 의미와 가치를 재이해하는 것이 필요함을 강조한다. 교사가 가르치지 않아도 유아가 놀이하며 스스로 배울 수 있음을 이해하는 것은 놀이 중심 교육과정을 실천하는 데 중요한 출발점이 된다. 누리과정의 5개 영역은 이러한 관점에서 교사가 가르쳐야 할 내용이 아닌, 유아가 경험하며 스스로 배우는 내용을 의미한다.

■ 5개 영역의 내용 간략화

개정 누리과정은 「3~5세 연령별 누리과정」의 과다한 세부 내용을 교육과정 대강화 경향에 따라 간략화하자는 요구에 부합하고자 하였다. 교육과정 대강화의 목적은 교과 지식을 적정화하여 학습자의 학습 부담을 줄이고, 학습 경험의 질을 개선하는 것이다. 개정 누리과정도 「3~5세 연령별 누리과정」에서 제시하였던 369개의 세부 내용을 총 59개의 내용으로 간략화하였다.

• 유아가 경험해야 할 내용을 연령 구분 없이 제시

개정 누리과정은 5개 영역에 제시된 59개의 내용을 연령별로 구분하지 않고 제시하였다. 교사는 59개의 내용을 유아가 자신에게 가장 적합한 방식으로 놀이하며 배우는 경험으로 이해함으로써, 유아가 놀이하는 실제 내용을 중심으로 누리과정을 운영한다는 유아 중심 교육과정을 실천하는 토대가 된다는 점에서 의의가 있다.

- 간략화된 내용으로 교사의 누리과정 실천 지원

교사는 과다한 내용을 모두 가르쳐야 한다는 생각에서 벗어나 간략화된 내용을 유아의 놀이를 통한 배움과 연결하여 이해함으로써 유아·놀이 중심 교육과정으로 용이하게 실천할 수 있다.

■ 교사의 자율성 강조

- 교육과정 대강화 경향을 반영하여 교사의 자율성 강조

교육과정 대강화는 국가 수준 교육과정의 기준을 상세하게 제시하는 대신 최소한의 기준을 제시하는 것을 의미한다. 이는 교사의 자율성과 다양성을 최대한 존중하기 위한 것이다. 교사의 자율성을 강조하는 이유는 학습자 중심의 배움을 실현하는 데 교사의 교육적 판단이 중요한 역할을 하기 때문이다. 개정 누리과정에서는 지금까지 놀이 중심 교육과정의 실행을 어렵게 했던 고시문의 세부 지침 등을 간략화함으로써 교사가 좀 더 자율성을 가지고 유아·놀이 중심 교육과정을 실천할 수 있도록 돕고자 하였다.

- 계획안 형식과 방법의 자율화

개정 누리과정에서는 유아가 주도하는 놀이를 적극적으로 지원하기 위해 교사가 계획안을 사전에 작성하는 방식을 최소화하고 유아가 실제 놀이하는 내용과 교사의 지원 계획을 자율적으로 기록하는 방식으로 개선해 갈 수 있다.

• 흥미 영역의 운영 방식 자율화

기존에 유아의 놀이를 제한했던 고정된 흥미 영역의 개수, 유형, 운영 방식 등을 자율적으로 개선하여 유아의 자유로운 놀이가 가능하도록 제안하였다. 유아의 놀이가 미리 계획한 생활주제에 맞지 않는다 하더라도 교사가 유아의 관심과 생각을 우선적으로 존중하고 지원할 수 있도록 한다.

• 5개 영역 통합 방식의 다양화

개정 누리과정에서는 생활주제 외에도 교사가 자율성을 가지고 다양한 통합 방식을 운영할 수 있도록 하였다. 유아는 놀이하면서 주제, 그림책, 사물 등을 활용하여 유아의 관심과 흥미를 중심으로 자연스럽게 5개 영역을 통합하여 경험하므로, 교사는 유아의 놀이를 존중함으로써 5개 영역의 통합을 실천할 수 있다.

• 평가의 자율화

개정 누리과정에서는 교사가 놀이하며 배우는 유아의 실제 경험을 평가와 연계하여 이해하도록 평가의 자율성을 보장하였다. 자율성이 강조되는 평가에서 고려해야 할 핵심 사항인 평가의 목적, 대상, 방법, 결과 활용으로 나누어 간략히 제시하며, 일상 속에서 유아가 실제 놀이하는 내용과 교사의 지원 내용을 기록한 계획안 등을 유아 평가 및 누리과정 운영 평가와 연계하여 활용할 수 있도록 하였다.

2 국가 수준의 공통 교육과정으로 누리과정

「2019 개정 누리과정」은 '국가 수준의 공통 교육과정'[2]이다. 개정 누리과정에서는 교육과정이 '교육 목표를 달성하기 위해 교육 내용을 선정·조직하는 방식'임을 고려하면서, '유아가 경험하는 총체'임에 중점을 두고 교사와 유아가 함께 만들어가는 교육과정의 중요성을 강조한다.

국가 수준의 교육과정은 국가가 주체가 되어 제정·개정하고 고시하는 교육과정을 말한다. 국가가 고시하는 교육과정은 학교에서 교육과정을 편성·운영할 때 필요한 공통적이고 일반적인 기준을 제시한 것이며, 동시에 지역 및 기관수준, 학급(반) 및 개인 수준의 다양성도 존중한다. 「2019 개정 누리과정」은 국가가 고시한 교육과정으로 3~5세 유아가 다니는 유치원과 어린이집에서 누리과정을 편성·운영할 때 필요한 공통적이고 일반적인 기준을 제시하면서 동시에 지역 및 기관, 개인 수준의 다양성도 강조한다. 국가 수준 교육과정으로서 개정 누리과정은 유아가 중심이 되고 놀이가 살아나는 교육과정을 추구한다. 유치원과 어린이집은 국가 수준에서 제시하는 공통성을 바탕으로 유아·놀이 중심 교육과정을 다양하게 실천해 갈 수 있다. 누리과정의 실행 주체인 교사는 국가가 제시하는 유아·놀이 중심 교육과정을 기초로 하되 자율적으로 유아와 함께 만들어나가는 교육과정을 실천하도록 한다.

2) 일반적으로 국가 수준 교육과정이라고 명시하지만, 누리과정은 일반적 교육과정과는 달리 유치원과 어린이집이 함께 사용하는 누리과정의 특성을 나타내기 위해 '국가 수준의 공통 교육과정'으로 명시하였다(2019 누리과정 해설서).

3 2019 개정 누리과정의 구성

누리과정은 성격, 총론과 영역별 목표 및 내용으로 구성되어 있다.

성격은 개정 누리과정이 국가 수준 공통 교육과정임을 명시한 것이다.

총론은 누리과정의 구성방향과 누리과정의 운영으로 구성되어 있다. 구성방향에서는 추구하는 인간상, 목적과 목표, 구성의 중점을 제시하였다. 누리과정 운영에 관한 내용은 편성 · 운영, 교수 · 학습 그리고 평가로 나누어져 있다. 총론은 현장에서 누리과정을 어떻게 운영해야 하는지를 안내하고, 영역별 목표 및 내용은 유아가 놀이를 통해 배우며 궁극적으로 추구하는 인간상을 향해 성장해 갈 수 있도록 돕는 내용이다.

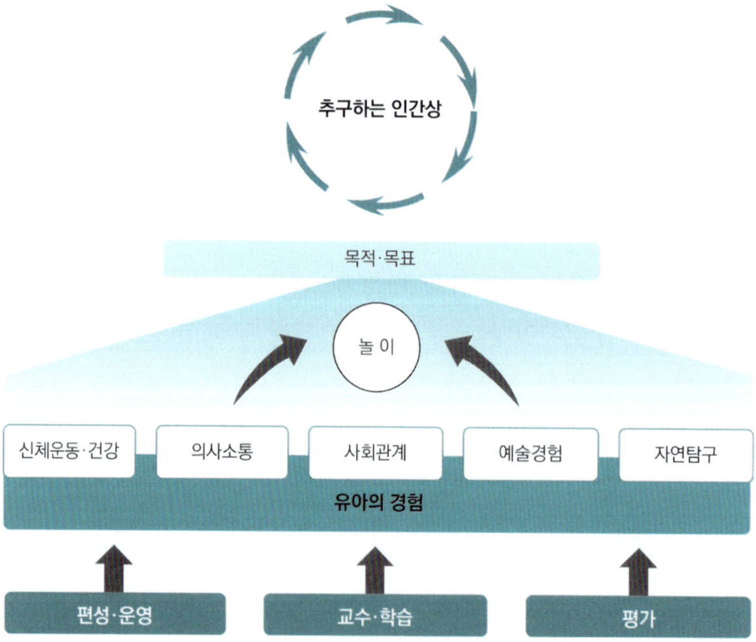

[그림 5-2] 개정 누리과정의 구성

출처: 교육부 · 보건복지부(2020). 2019 개정 누리과정 해설서. p.21.

※ 내용은 「2019 개정 누리과정」 고시문을 정리한 내용으로 고시문의 순서 그대로 작성한다.

1. 누리과정의 성격

누리과정은 3~5세 유아를 위한 국가 수준의 공통 교육과정이다.

가. 국가 수준의 공통성과 지역, 기관 및 개인 수준의 다양성을 동시에 추구한다.
나. 유아의 전인적 발달과 행복을 추구한다.
다. 유아 중심과 놀이 중심을 추구한다.
라. 유아의 자율성과 창의성 신장을 추구한다.
마. 유아, 교사, 원장(감), 학부모 및 지역사회가 함께 실현해 가는 것을 추구한다.

제1장 총론

Ⅰ. 누리과정의 구성방향

1. 추구하는 인간상

가. 건강한 사람
나. 자주적인 사람
다. 창의적인 사람
라. 감성이 풍부한 사람

마. 더불어 사는 사람

2. 목적과 목표

누리과정의 목적은 유아가 놀이를 통해 심신의 건강과 조화로운 발달을 이루고 바른 인성과 민주 시민의 기초를 형성하는 데에 있다.

이를 실현하기 위한 목표는 다음과 같다.

0-2세 보육과정	추구하는 인간상	3~5세 보육과정
1) 자신의 소중함을 알고, 건강하고 안전한 환경에서 즐겁게 생활한다.	건강한 사람	1) 자신의 소중함을 알고, 건강하고 안전한 생활 습관을 기른다.
2) 자신의 일을 스스로 하고자 한다.	자주적인 사람	2) 자신의 일을 스스로 해결하는 기초능력을 기른다.
3) 호기심을 가지고 탐색하며 상상력을 기른다.	창의적인 사람	3) 호기심과 탐구심을 가지고 상상력과 창의력을 기른다.
4) 일상에서 아름다움에 관심을 가지고 감성을 기른다.	감성이 풍부한 사람	4) 일상에서 아름다움을 느끼고 문화적 감수성을 기른다.
5) 사람과 자연을 존중하고 소통하는 데 관심을 가진다.	더불어 사는 사람	5) 사람과 자연을 존중하고 배려하며 소통하는 태도를 기른다.

※ 목적 아래 제시된 목표는 유아가 추구하는 인간상으로 성장하기 위해 필요한 사항을 중심으로 구성된다. (2019 개정 누리과정 해설서)

※ 0~2세, 3~5세 각각 목표를 서술할 수도 있으나, 추구하는 인간상과 관련하여 연령별 내용을 이해하기 쉽도록 표로 나타냄

3. 구성의 중점

누리과정 구성의 중점은 다음과 같다(내용은 0-2세 표준보육과정의 내용과 비교하고자 표로 나타냄).

4차 표준보육과정	2019 개정 누리과정
가. 영유아는 개별적인 특성을 지닌 고유한 존재임을 전제로 구성한다. 나. 0~5세 모든 영유아에게 적용할 수 있도록 구성한다. 다. 추구하는 인간상 구현을 위한 지식, 기능, 태도 및 가치를 반영하여 구성한다. 라. 표준보육과정은 다음의 영역을 중심으로 구성한다. 1) 0~1세 보육과정과 2세 보육과정은 기본생활, 신체운동, 의사소통, 사회관계, 예술경험, 자연탐구의 6개 영역을 중심으로 구성한다. 2) 3~5세 누리과정은 신체운동 · 건강, 의사소통, 사회관계, 예술경험, 자연탐구의 5개 영역을 중심으로 구성한다. 마. 0~5세 영유아가 경험해야 할 내용으로 구성한다. 바. 초등학교 교육과정과의 연계성을 고려하여 구성한다.	가. 3~5세 모든 유아에게 적용할 수 있도록 구성한다. 나. 추구하는 인간상을 구현하는 지식, 기능, 태도 및 가치를 반영하여 구성한다. 다. 신체운동 · 건강, 의사소통, 사회관계, 예술경험, 자연탐구의 5개 영역을 중심으로 구성한다. 라. 3~5세 유아가 경험해야 할 내용으로 구성한다. 마. 0~2세 보육과정 및 초등학교 교육과정과의 연계성을 고려하여 구성한다.

II. 누리과정의 운영

※ 4차 표준보육과정 고시문과 2019 개정 누리과정 고시문을 하나의 표로 비교하여 정리함

1. 편성 · 운영

다음의 사항에 따라 누리과정을 편성 · 운영한다.

4차 표준보육과정	2019 개정 누리과정
가. 어린이집의 운영 시간에 맞추어 편성한다. 나. 표준보육과정을 바탕으로 각 기관의 실정에 적합한 계획을 수립하여 운영한다. 다. 하루 일과에서 바깥 놀이를 포함하여 영유아의 놀이가 충분히 이루어지도록 편성하여 운영한다. 라. 성, 신체적 특성, 장애, 종교, 가족 및 문화적 배경 등에 따른 차별이 없도록 편성하여 운영한다. 마. 영유아의 발달과 장애 정도에 따라 조정하여 운영한다. 바. 가정과 지역사회와의 협력과 참여에 기반하여 운영한다. 사. 교사 연수를 통해 표준보육과정의 운영을 개선할 수 있도록 한다.	가. 1일 4~5시간을 기준으로 편성한다. 나. 일과 운영에 따라 확장하여 편성할 수 있다. 다. 누리과정을 바탕으로 각 기관의 실정에 적합한 계획을 수립하여 운영한다. 라. 하루 일과에서 바깥 놀이를 포함하여 유아의 놀이가 충분히 이루어지도록 편성하여 운영한다. 마. 성, 신체적 특성, 장애, 종교, 가족 및 문화적 배경 등에 따른 차별이 없도록 편성하여 운영한다. 바. 유아의 발달과 장애 정도에 따라 조정하여 운영한다. 사. 가정과 지역사회와의 협력과 참여에 기반하여 운영한다. 아. 교사 연수를 통해 표준보육과정의 운영을 개선할 수 있도록 한다.

2. 교수 · 학습

교사는 다음 사항에 따라 유아를 지원한다.

4차 표준보육과정	2019 개정 누리과정
가. 영유아의 의사표현을 존중하고 민감하게 반응한다. 나. 영유아가 흥미와 관심에 따라, 놀이에 자유롭게 참여하고 즐기도록 한다. 다. 영유아가 놀이를 통해 배우도록 한다. 라. 영유아가 다양한 놀이와 활동을 경험할 수 있도록 실내외 환경을 구성한다. 마. 영유아와 영유아, 영유아와 교사, 영유아와 환경 사이에 능동적인 상호작용이 이루어지도록 한다. 바. 각 영역의 내용이 통합적으로 영유아의 경험과 연계되도록 한다. 사. 개별 영유아의 요구에 따라, 휴식과 일상생활이 원활히 이루어지도록 한다. 아. 영유아의 연령, 발달, 장애, 배경 등을 고려하여 개별 특성을 적합한 방식으로 배우도록 한다.	가. 유아가 흥미와 관심에 따라 놀이에 자유롭게 참여하고 즐기도록 한다. 나. 유아가 놀이를 통해 배우도록 한다. 다. 유아가 다양한 놀이와 활동을 경험할 수 있도록 실내외 환경을 구성한다. 라. 유아와 유아, 유아와 교사, 유아와 환경 사이에 능동적인 상호작용이 이루어지도록 한다. 마. 5개 영역의 내용이 통합적으로 유아의 경험과 연계되도록 한다. 바. 개별 유아의 요구에 따라, 휴식과 일상생활이 원활히 이루어지도록 한다. 사. 유아의 연령, 발달, 장애, 배경 등을 고려하여 개별 특성을 적합한 방식으로 배우도록 한다.

3. 평가

평가는 다음 사항에 중점을 두고 실시한다.

4차 표준보육과정	2019 개정 누리과정
가. 표준보육과정 운영의 질을 진단하고 개선하기 위해, 평가를 계획하고 실시한다. 나. 영유아의 특성 및 변화 정도와 표준보육과정의 운영을 평가한다. 다. 평가의 목적에 따라 적합한 방법을 사용하여 평가한다. 라. 평가의 결과는 영유아에 대한 이해와 표준보육과정 운영 개선을 위한 자료로 활용할 수 있다.	가. 누리과정 운영의 질을 진단하고 개선하기 위해, 평가를 계획하고 실시한다. 나. 유아의 특성 및 변화 정도와 표준보육과정의 운영을 평가한다. 다. 평가의 목적에 따라 적합한 방법을 사용하여 평가한다. 라. 평가의 결과는 유아에 대한 이해와 누리과정 운영 개선을 위한 자료로 활용할 수 있다.

제2장 영역별 목표 및 내용

※ 4차 표준보육과정 고시문과 2019 개정 누리과정 고시문을 하나의 표로 비교하여 정리함

Ⅰ. 신체운동 · 건강

1. 목표

0~1세		2세		3~5세
기본생활	신체운동	기본생활	신체운동	신체운동 · 건강
건강하고 안전한 일상생활을 경험한다.	감각으로 탐색하고 신체활동을 즐긴다.	건강하고 안전한 생활습관의 기초를 형성한다.	감각을 활용하고, 신체활동을 즐긴다.	실내외에서 신체활동을 즐기고, 건강하고 안전한 생활을 한다.
1) 건강한 일상생활을 경험한다. 2) 안전한 일상생활을 경험한다.	1) 감각 탐색을 즐긴다. 2) 신체활동을 즐겁게 경험한다.	1) 건강한 생활습관의 기초를 형성한다. 2) 안전한 생활습관의 기초를 형성한다.	1) 감각을 활용하고, 신체를 인식한다. 2) 신체활동을 즐긴다.	1) 신체활동을 즐겁게 참여한다. 2) 건강한 생활습관을 기른다. 3) 안전한 생활습관을 기른다.

2. 내용

영역	내용범주	내용		영역	내용범주	내용
		0~1세	2세			3~5세
기본생활	건강하게 생활하기	• 도움을 받아 몸을 깨끗이 한다. • 음식을 즐겁게 먹는다. • 하루 일과를 편안하게 경험한다. • 배변 의사를 표현한다.	• 자신의 몸을 깨끗이 해 본다. • 음식에 관심을 가지고 즐겁게 먹는다. • 하루 일과를 즐겁게 경험한다. • 건강한 배변 습관을 갖는다.	신체운동 · 건강	건강하게 생활하기	• 자신의 몸과 주변을 깨끗이 한다. • 몸에 좋은 음식에 관심을 가지고 바른 태도로 즐겁게 먹는다. • 하루 일과에서 적당한 휴식을 취한다. • 질병을 예방하는 방법을 알고 실천한다.
	안전하게 생활하기	• 안전한 상황에서 놀이하고 생활한다. • 안전한 상황에서 교통수단을 이용해 본다. • 위험하다는 말에 주의한다.	• 일상에서 안전하게 놀이하고 생활한다. • 교통수단을 안전하게 이용해 본다. • 위험한 상황에 대처하는 방법을 경험한다.		안전하게 생활하기	• 일상에서 안전하게 놀이하고 생활한다. • TV, 컴퓨터, 스마트폰 등을 바르게 사용한다. • 교통안전 규칙을 지킨다. • 안전사고, 화재, 재난, 학대, 유괴 등에 대처하는 방법을 경험한다.
신체운동	감각과 신체 인식하기	• 감각적 자극에 반응한다. • 감각으로 주변을 탐색한다. • 신체를 탐색한다.	• 감각 능력을 활용한다. • 신체를 인식하고 움직인다.		신체활동 즐기기	• 신체를 인식하고 움직인다. • 신체 움직임을 조절한다. • 기초적인 이동운동, 제자리 운동, 도구를 이용한 운동을 한다. • 실내외 신체활동에 자발적으로 참여한다.
	신체활동 즐기기	• 대소근육을 조절한다. • 기본운동을 시도한다. • 실내외 신체활동을 즐긴다.	• 대소근육을 조절한다. • 기본 운동을 즐긴다. • 실내외 신체활동을 즐긴다.			

※ 신체운동 · 건강 영역의 경우, 4차 어린이집 표준보육과정과 2019 개정 누리과정의 연령체계별 목표 및 내용 비교를 하면서, 고시문의 내용범주 순서를 표준보육과정에 맞춰 변경함

Ⅱ. 의사소통

1. 목표

0~1세	2세	3~5세
의사소통 능력의 기초를 형성한다.	의사소통 능력과 상상력의 기초를 형성한다.	일상생활에 필요한 의사소통 능력과 상상력을 기른다.
1) 일상생활에서 듣고 말하기를 즐긴다. 2) 읽기와 쓰기에 관련된 관심을 가진다. 3) 책과 이야기에 관심을 가진다.	1) 일상생활에서 듣기와 말하기를 즐긴다. 2) 읽기와 쓰기에 관심을 가진다. 3) 책과 이야기에 재미를 느낀다.	1) 일상생활에서 듣고 말하기를 즐긴다. 2) 읽기와 쓰기에 관심을 가진다. 3) 책이나 이야기를 통해 상상하기를 즐긴다.

2. 내용

내용범주	내용		내용범주	내용
	0~1세	2세		3~5세
듣기와 말하기	• 표정, 몸짓, 말과 주변의 소리에 관심을 갖고 듣는다. • 상대방의 이야기를 들으면서 말소리를 낸다. • 표정, 몸짓, 말소리로 의사를 표현한다.	• 표정, 몸짓, 말에 관심을 갖고 듣는다. • 상대방의 이야기를 듣고 말한다. • 표정, 몸짓, 단어로 의사를 표현한다. • 자신의 요구와 느낌을 말한다.	듣기와 말하기	• 말이나 이야기를 관심 있게 듣는다. • 자신의 경험, 느낌, 생각을 말한다. • 상황에 적절한 단어를 사용하여 말한다. • 상대방이 하는 이야기를 듣고 관련해서 말한다. • 바른 태도로 듣고 말한다. • 고운 말을 사용한다.
읽기와 쓰기에 관심가지기	• 주변의 그림과 상징에 관심을 가진다. • 끼적이기에 관심을 가진다.	• 주변의 그림과 상징, 글자에 관심을 가진다. • 끼적이며 표현하기를 즐긴다.	읽기와 쓰기에 관심 가지기	• 말과 글의 관계에 관심을 가진다. • 주변의 상징, 글자 등의 읽기에 관심을 가진다. • 자신의 생각을 글자와 비슷한 형태로 표현한다.
책과 이야기 즐기기	• 책에 관심을 가진다. • 이야기에 관심을 가진다.	• 책에 관심을 가지고 상상한다. • 말놀이와 이야기에 재미를 느낀다.	책과 이야기 즐기기	• 책에 관심을 가지고 상상하기를 즐긴다. • 동화, 동시에서 말의 재미를 느낀다. • 말놀이와 이야기 짓기를 즐긴다.

Ⅲ. 사회관계

1. 목표

0~1세	2세	3~5세
나를 인식하고, 친숙한 사람과 관계를 맺는다.	나를 알고, 다른 사람과 더불어 생활하는 경험을 한다.	자신을 존중하고 더불어 생활하는 태도를 가진다.
1) 나를 고유한 존재로 안다. 2) 안정적인 애착을 형성하고, 또래, 교사와 함께 지낸다.	1) 나를 알고 긍정적으로 여긴다. 2) 다른 사람과 즐겁게 지내기 위한 태도를 기른다.	1) 자신을 이해하고 존중한다. 2) 다른 사람과 사이좋게 지낸다. 3) 우리가 사는 사회와 다양한 문화에 관심을 가진다.

2. 내용

내용범주	내용		내용범주	내용
	0~1세	2세		3~5세
나를 알고 존중하기	• 나를 인식한다. • 나의 욕구와 감정을 나타낸다. • 나와 친숙한 것을 안다.	• 나와 다른 사람을 구별한다. • 나의 감정을 표현한다. • 내가 좋아하는 것을 한다.	나를 알고 존중하기	• 나를 알고 소중히 여긴다. • 나의 감정을 알고 상황에 맞게 표현한다. • 내가 할 수 있는 것을 스스로 한다.
더불어 생활하기	• 안정적인 애착을 형성한다. • 또래에게 관심을 가진다. • 다른 사람의 감정과 행동에 관심을 가진다. • 반에서 편안하게 지낸다.	• 가족에게 관심을 가진다. • 또래와 함께 놀이한다. • 다른 사람의 감정과 행동에 반응한다. • 반에서의 규칙과 약속을 알고 지킨다.	더불어 생활하기	• 가족의 의미를 알고 화목하게 지낸다. • 친구와 서로 도우며 사이좋게 지낸다. • 친구와의 갈등을 긍정적인 방법으로 해결한다. • 서로 다른 감정, 생각, 행동을 존중한다. • 친구와 어른께 예의 바르게 행동한다. • 약속과 규칙의 필요성을 알고 지킨다.
			사회에 관심 가지기	• 내가 살고 있는 곳에 대해 궁금한 것을 알아본다. • 우리나라에 대해 자부심을 가진다. • 다양한 문화에 관심을 가진다.

Ⅳ. 예술경험

1. 목표

0~1세	2세	3~5세
아름다움을 느끼고 경험한다.	아름다움을 느끼고 즐긴다.	아름다움과 예술에 관심을 가지고 창의적 표현을 즐긴다.
1) 자연과 생활에서 아름다움에 관심을 가진다. 2) 예술적 경험을 표현한다.	1) 자연과 생활에서 아름다움을 느끼고 관심을 가진다. 2) 예술을 통해 자유롭게 표현한다.	1) 자연과 생활 및 예술에서 아름다움을 느낀다. 2) 예술을 통해 창의적으로 표현하는 과정을 즐긴다. 3) 다양한 예술 표현을 존중한다.

2. 내용

내용범주	내용		내용범주	내용
	0~1세	2세		3~5세
아름다움 찾아보기	• 자연과 생활에서 아름다움을 느낀다. • 아름다움에 관심을 가진다.	• 자연과 생활에서 아름다움을 느끼고 즐긴다. • 아름다움에 관심을 갖고 찾아본다.	아름다움 찾아보기	• 자연과 생활에서 아름다움을 느끼고 즐긴다. • 예술적 요소에 관심을 갖고 찾아본다.
창의적으로 표현하기	• 소리와 리듬, 노래로 표현한다. • 감각을 통해 미술을 경험한다. • 모방 행동을 즐긴다.	• 익숙한 노래와 리듬을 표현한다. • 움직임과 춤으로 자유롭게 표현한다. • 미술 재료와 도구로 표현해 본다. • 일상생활 경험을 상상놀이로 표현한다.	창의적으로 표현하기	• 노래를 즐겨 부른다. • 신체, 사물, 악기로 간단한 소리와 리듬을 만들어 본다. • 신체나 도구를 활용하여 움직임과 춤으로 자유롭게 표현한다. • 다양한 미술 재료와 도구로 자신의 생각과 느낌을 표현한다. • 극놀이로 경험이나 이야기를 표현한다.
			예술 감상하기	• 다양한 예술을 감상하며 상상하기를 즐긴다. • 서로 다른 예술 표현을 존중한다. • 우리나라 전통 예술에 관심을 갖고 친숙해진다.

V. 자연탐구

1. 목표

0~1세	2세	3~5세
주변 환경과 자연에 관심을 가진다.	주변 환경과 자연을 탐색하는 과정을 즐긴다.	탐구하는 과정을 즐기고, 자연과 더불어 살아가는 태도를 가진다.
1) 일상에서 탐색을 즐긴다. 2) 주변 환경을 탐색한다. 3) 생명과 자연에 관심을 가진다.	1) 일상에서 탐색하는 과정을 즐긴다. 2) 주변 환경에 관심을 가지고 탐색한다. 3) 생명과 자연에 관심을 가진다.	1) 일상에서 호기심을 가지고 탐구하는 과정을 즐긴다. 2) 생활 속의 문제를 수학적, 과학적으로 탐구한다. 3) 생명과 자연을 존중한다.

2. 내용

내용 범주	내용		내용 범주	내용
	0~1세	2세		3~5세
탐구과정 즐기기	• 주변 세계와 자연에 대해 호기심을 가진다. • 사물과 자연 탐색하기를 즐긴다.	• 주변 세계와 자연에 대해 호기심을 가진다. • 사물과 자연을 반복하여 탐색하기를 즐긴다.	탐구과정 즐기기	• 주변 세계와 자연에 대해 지속적으로 호기심을 가진다. • 궁금한 것을 탐구하는 과정에 즐겁게 참여한다. • 탐구과정에서 서로 다른 생각에 관심을 가진다.
생활 속에서 탐구하기	• 친숙한 물체를 감각으로 탐색한다. • 물체의 수량에 관심을 가진다. • 주변 공간과 모양을 탐색한다. • 규칙성을 경험한다.	• 친숙한 물체의 특성과 변화를 감각으로 탐색한다. • 물체의 수량에 관심을 가진다. • 주변 공간과 모양을 탐색한다. • 규칙성에 관심을 가진다. • 주변 사물을 같고 다름에 따라 구분한다. • 생활 도구에 관심을 가진다.	생활 속에서 탐구하기	• 물체의 특성과 변화를 여러 가지 방법으로 탐색한다. • 물체를 세어 수량을 알아본다. • 물체의 위치와 방향, 모양을 알고 구별한다. • 일상에서 길이, 무게 등의 속성을 비교한다. • 주변에서 반복되는 규칙을 찾는다. • 일상에서 모은 자료를 기준에 따라 분류한다. • 도구와 기계에 대해 관심을 가진다.

내용 범주	내용		내용 범주	내용
	0~1세	2세		3~5세
자연과 더불어 살기	• 주변의 동식물에 관심을 가진다. • 날씨의 변화를 감각으로 느낀다.	• 주변의 동식물에 관심을 가진다. • 날씨와 계절의 변화를 감각으로 느낀다.	자연과 더불어 살기	• 주변의 동식물에 관심을 가진다. • 생명과 자연환경을 소중히 여긴다. • 날씨와 계절의 변화를 생활과 관련짓는다.

CHAPTER 06

평가제

2005년부터 시행되어 온 어린이집 평가인증제도는 어린이집이 지향해야 하는 바람직한 보육서비스의 실제를 제시하고 질적 수준을 공정하게 평가할 뿐만 아니라, 수요자인 부모의 합리적인 어린이집 선택 기준을 제공하고 정부의 효율적인 지원 및 관치체계를 위한 질 관리 기제로 작동하여 왔다(서문희 외, 2009/2013; 보건복지부, 2021). 보육현장에서의 보육에 대한 질 관리평가는 지자체의 지도점검 외에는 다른 기제가 없었던 평가인증제 도입 이전에 비해 어린이집의 평가인증 참여율이 점차 높아지면서 보육의 질적 수준은 전반적으로 향상되었다. 평가인증으로 인하여 가장 먼저 어린이집의 물리적 환경이 변화하였고, 그 변화로 영유아가 생활하기에 청결하고 안전한 환경, 놀이에 필요한 충분한 놀잇감 준비 등을 다양하게 갖출 수 있게 되었다. 또한 인증 준비과정에서 보육환경과 보육과정, 영유아와의 상호작용, 어린이집 운영관리 등에 대해 지표에서 제시하는 바람직한 실제를 이해하고 적용해 나가면서 교직원들의 전문성 역시 향상되었다. 〈표 6-1〉은 평가인증제도의 시행경과에 대한 내용을 설명한다.

〈표 6-1〉 **평가인증제도 시행 경과**

구분		내용
도입	2003.04~12	보육시설 평가인증제도 실시모형 개발 관련 연구용역 실시
	2004.01.	보육시설 평가인증제도 도입 근거 마련(영유아보육법 제30조)
시범운영	2005	보육시설 평가인증 시범운영 실시
1차 시행	2006~2009	제1차 어린이집 평가인증 시행
2차 시행	2010~2017.10.	제2차 어린이집 평가인증 시행
	2013.09.	어린이집 평가인증 결과공표 시행
	2014.11.	3차 시범지표 적용
	2016.06.	유치원 · 어린이집 평가체계 통합방안 발표 (국무조정실 영유아교육 보육 통합 추진단)
3차 시행	2017.11~2019.06	제3차 어린이집 평가인증 시행(통합지표 적용)

출처: 보건복지부 · 한국보육진흥원(2019). p.4.

평가인증제도 도입 후 현재, 저출산 및 양육부담에 대한 사회적 책임 강화로 보육서비스에 투입되는 재정 규모가 크게 증가하였고, 아동권리 보호, 아동학대 예방 등 아동 인권 및 안전 관리 강화에 대한 사회적 요구로 전체 어린이집의 평가 참여 필요성이 제기되었다. 그리하여 2018년 12월 11일 「영유아보육법」 개정안이 공포되고, 2019년 6월 12일부터 어린이집 평가제가 시행되었다. 평가제 시행은 지금까지 평가인증을 신청한 어린이집만을 위한 질 관리를 전국의 모든 어린이집으로 확대하여 평가가 이루어지게 되었다는 데 의의를 갖는다. 이로 인해 전체 어린이집 질 관리를 할 수 있게 되었고, 어린이집 보육의 질적 수준의 향상은 영유아의 안전과 건강, 조화로운 성장과 발달을 도모하여 부모가 믿고 맡길 수 있는 안심 보육환경 조성에 기여하게 되었다.

1 시행 목적

어린이집 평가제 시행 목적은 다음과 같다.

첫째, 상시적인 보육서비스 질 관리를 위해 주요 핵심지표를 중심으로 질 관리 표준을 제시하고, 어린이집 스스로 질적 수준을 제고한다.

둘째, 전체 어린이집에 대한 주기적 평가를 통하여 보육서비스 품질 관리 사각지대를 해소하고 전반적인 보육서비스 수준을 지속적으로 관리하여 국가의 책무성을 강화한다.

셋째, 보육서비스의 질 향상을 제고함으로써 영유아의 안전과 건강, 조화로운 성장과 발달을 도모한다. 이를 위해 영유아의 인권과 놀 권리를 보장하고 영유아가 건강하고 행복하게 성장할 수 있는 안심 보육환경을 조성하며, 보육교직원이 영유아 보육에 집중할 수 있는 여건을 조성하도록 한다.

2 주요 특징

평가제는 전체 어린이집을 대상으로 평가가 원활하게 진행되고 결과 등급별로 질 관리가 지속되도록 설계되었다. 어린이집에는 평가의무가 부여되므로, 「영유아보육법」 제44조 제4의6호에 따라 평가를 거부, 방해 또는 기피하거나 거짓, 그 밖의 부정한 방법으로 평가를 받을시 그에 따른 시정명령 및 행정처분을 받을 수 있다.

1) 운영체계

어린이집 평가는 정해진 주기에 따라 대상을 선정하여 통보함으로써 시작된다. 대상통보는 총2회에 걸쳐 진행되는데, 선정통보(1차)는 현장평가 6개월 이전에, 확정통보(2차)는 현장평가 2개월 전에 통보된다. 확정통보를 받은 어린이집에 대해서는 통보 익월부터 기본사항 확인 및 자체점검, 현장평가, 종합평가 등의 과정이 3개월간 진행된다. 〈표 6-2〉는 평가제의 전반적인 특징에 대한 것이다.

〈표 6-2〉 **평가제 특징**

구분	평가제
평가대상	전체 어린이집
평가절차	• 평가대상 통보 → 기본사항 확인 및 자체점검 → 현장평가 → 종합평가(총 3개월) 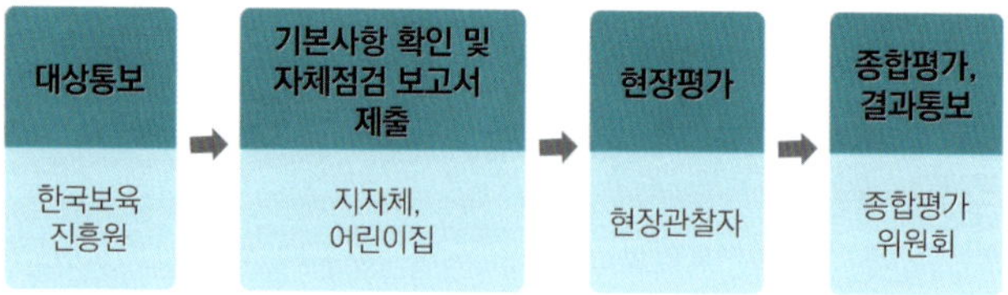 ▷**기본사항(사전점검사항 5항목, 위반이력사항)** ① 5항목(사전점검사항 미준수 항목이 개선되지 않은 경우 종합평가에서 최하위 등급(D등급)을 부여함): 영유아 및 보육교직원 관련 보험가입, 어린이집의 설치기준, 보육실의 설치기준, 보육교직원 배치기준, 비상재해 대비시설 설치 ② 위반이력사항(확정통보월 말일로부터 직전 3년 이내에 위의 이력사항이 발생한 경우 종합평가 시 최하위 등급으로 조정): 운영정지, 과징금 처분, 보조금 반환명령, 원장 자격정지 또는 자격취소, 보육교사 자격정지 또는 자격취소, 금고 이상의 형, 아동복지법 등 위반, 식품 위생법 위반
	참여수수료 전액 국가 부담
	• 기본사항: 사전점검사항 5개, 위반이력사항 - 사전점검사항 미준수는 D등급 부여, 위반 이력사항 발생 시 차하위 등급부여
	• 소위원회와 종합평가위원회에서 심의, 등급 결정 - 필수지표 및 요소 미충족 시 A등급 불가
	• 재참여, 재평가 과정 폐지
평가결과	• 4등급(A, B, C, D)
평가주기	• A, B등급 3년 / C, D등급 2년
결과공표	• 전체 어린이집의 결과 공시 - 평가결과, 평가이력 등 공개
사후 관리 및 등급조정	• 평가등급별 사후관리 - 연차별 자체점검보고서 제출 - 사후방문지원(C, D등급 의무 실시) - 확인점검(평가 관련 민원 발생, 법 위반 및 행정 처분, 정보공시 부설어린이집 등에 대하여 불시점검) • 평가등급 조정 및 관리 - 법 위반 및 행정처분 발생시 최하위 등급 조정
결과 활용	• 평가 등급별 행·재정적 지원 등 • 지도점검 연계(2회 연속 D등급 어린이집)

출처: 보건복지부·한국보육진흥원(2019). pp.9-10.

2) 평가지표

평가지표는 제3차 평가인증에 적용하였던 통합지표[1])를 기반으로 하되, 어린이집 고유의 특성을 반영하고 2019 개정 누리과정 및 4차 어린이집 표준보육과정의 맥락을 같이 하도록 세부내용을 반영하였다. 평가지표는 '평가영역 > 평가지표 > 평가항목 > 평가내용(평가요소)' 순으로 구성되었고, 평가지표의 평가방법은 '관찰, 면담, 기록' 확인의 방법으로 이루어진다.

평가제의 주요 지표내용은 다음과 같다.

첫째, 지표를 21지표에서 18지표로, 79항목에서 59항목으로 축소하고, 지표별 평가항목 수를 평균 3-4개로 균형 배치하였다.

둘째, '영유아 권리 존중', '안전', '놀이' 가치 강조를 통해 영유아 중심의 안심 보육환경을 조성하고자, 영유아 권리 존중(1-1) 지표를 필수지표로 지정하여 그 의미를 강조하고 놀이 중심의 보육과정 운영을 강화하였다. 또한 급·간식 위생 및 안전 항목 중 영유아의 등원부터 하원까지 안전하게 생활하는 데 반드시 필요한 필수요소(8개)를 지정하여, 필수지표 또는 필수요소 충족이 최상위 등급을 받을 수 있는 필수조건이 된다.

셋째, 보육교직원의 근무여건 개선과 보육에 집중할 수 있는 보육환경 마련을 위하여 보육 교직원의 처우, 스트레스 관리 관련 지표를 강조하고 직무역량 제고를 위한 항목을 강화하였다.

2020년에는 2019 개정 누리과정 및 4차 표준보육과정의 시행, 보육지원체계 개편 등 보육정책의 변화를 반영하여 평가항목을 일부 개선하였고, 2021년에는 영유아의 건강·안전관리 강화에 대한 사회적 요구를 반

1) 국무조정실 영유아교육보육통합 추진단의 「유치원 · 어린이집 평가체계 통합방안」을 기초로 유치원과 어린이집이 공통으로 사용하도록 개발된 지표로, 2017년 11월부터 적용되었음

영하여 급·간식의 보존식 보관, 부모 대상 아동학대 예방교육·차량 동승보호자교육의 정기적 이수 등의 내용이 추가 반영되었다(보건복지부, 2021).

〈표 6-3〉 **평가지표**

영역	평가제 지표	항목(59)	필수
Ⅰ. 보육과정 및 상호작용	1-1. 영유아 권리 존중	2	1-1-1 1-1-2
	1-2. 보육계획 수립 및 실행	6	
	1-3. 놀이 및 활동 지원	3	
	1-4. 영유아 간 상호작용 지원	4	
	1-5. 보육과정평가	3	
	소계	**18**	
Ⅱ. 보육환경 및 운영관리	2-1. 실내 공간 구성 및 운영	4	
	2-2. 실외 공간 구성 및 운영	3	
	2-3. 기관운영	4	
	2-4. 가정 및 지역사회와의 관계	3	
	소계	**14**	
Ⅲ. 건강·안전	3-1. 실내외 공간의 청결 및 안전	3	
	3-2. 급·간식	3	3-2-2① 3-2-2② 3-2-3③
	3-3. 건강증진을 위한 교육 및 관리	3	
	3-4. 등·하원의 안전	3	3-4-1④ 3-4-2④ 3-4-3④
	3-5. 안전교육과 사고예방	3	3-5-2① 3-5-2④
	소계	**15**	
Ⅳ. 교직원	4-1. 원장의 리더십	3	
	4-2. 보육교직원의 근무환경	3	
	4-3. 보육교직원의 처우와 복지	3	
	4-4. 보육교직원의 전문성 제고	3	
	소계	**12**	

PART III

보육과정 운영

CHAPTER 07

보육과정 운영계획

1 보육계획의 운영원리: 개정 보육과정 운영에 대한 보육계획

어린이집은 각 기관의 보육철학, 가정과 지역사회의 특성, 영유아의 요구 등을 반영하여 자율적으로 계획을 수립하여 보육과정을 운영할 수 있다. 기존 계획안을 연간, 월간, 주간, 일일 보육계획안으로 자유선택활동, 대·소집단 활동, 바깥놀이 등을 포함하여 정해진 형식으로 기술했다면 개정 보육과정에서의 계획안은 영유아가 실제 놀이한 내용 및 놀이에 대한 지원을 포함하되 자율적인 형식으로 바꿀 수 있다. 이는 영유아가 실제 경험한 놀이 내용과 그에 따른 교사의 놀이 지원 계획을 기술하는 방식으로 기존의 형식에 비해 사전 계획을 최소화한다는 특징이 있다. 계획안은 영유아가 놀이하며 배우는 과정을 이해하는 자료가 되며, 이를 작성해 나가면서 교사는 유아에게 필요한 놀이 지원을 함께 계획할 수 있다. 교사는 영유아의 경험이 교육적 가치를 가지도록 놀이를 중심으로 기록하고, 교사의 지원방안에 대한 계획안으로 작성한다. 또한 교사는 필요에 따라 안전과 관련된 사항, 영유아 특성에 따라 개별적으로 지원해야 하는 사항 등에 대해서는 활동 등으로 계획할 수 있다(보건복지부, 2020). 개정 보육과정의 계획과 운영에 대한 생각의 변화에 대해 간략히 정리해 보면 다음과 같다.

① 보육과정이 개정되기 이전에는 교사가 미리 계획하여 보육활동이 이루어졌다면, 이제는 영유아와 교사가 함께 만들어가는 과정으로 보육과정이 운영된다는 '과정중심'으로 사고를 전환해야 한다. 개정 보육과정에서는 교사주도로 계획을 그대로 실행해 나가는 것이 아닌 영유아에 의해 실제로 실행된 내용으로 보육과정 운영을 바라볼 수 있는 사고의 전환이 필요하다.

② 대부분 국가에서 보육과정에 대한 고시, 시행이 이루어지고 나면, 그에 적합하도록 연구진들이 바람직하다고 제시한 계획안, 즉 교사용 지침서나 '연령별 프로그램'의 계획안을 우리나라 모든 어린이집이 그대로 따라 하는 경우가 많았다. 하지만, 개정 보육과정을 통해 한 가지 계획안을 공통적으로 사용하는 것이 아닌, 각 지역의 특성, 어린이집의 환경, 영유아의 특성, 영유아의 놀이와 그들의 생활에 근거한 개별적인 보육계획을 강조한다.

③ 개정 보육과정에서는 자율성, 융통성을 강조하기 때문에 기존의 보육과정에 대한 보육계획의 형식을 그대로 따르는 것이 아닌, 각 어린이집의 보육실행에 적합한 계획안의 형식을 선택하고, 결정할 수 있다.

2 연간보육계획의 운영원리

개정 전 연간보육계획안은 유아의 경우, 12개의 생활주제(월주제)와 1~2주 단위의 소주제로 세밀하게 계획하고 그에 따른 교사의 실행에 대한 부담감이 높았다. 더욱이 선정된 생활주제와 소주제가 영유아가 반드시 습득해야 하는 지식의 개념이라는 인식이 강조됨에 따라 교사들은 영유아에게 그 내용을 가르쳐야 한다는 압박감을 갖을 수밖에 없었다. 많은 양의 내용을 영유아에게 가르쳐야 한다는 부담감은 겉으로는 유아중심의 보육과정 운영이라고 하면서도 실제 교사가 직접 교수하고, 교사 주도적인 실행으로밖에는 해결방법이 없었다. 이런 환경에서 교사가 영유아의 놀이를 깊이 있게 들여다보고, 의미를 찾으며, 지원방안을 마련하는 것은 불가능한 일일 것이다. 이에 기존 연간보육계획안의 문제점을 살펴보고, 개정 보육과정의 본질을 이해한 연간계획 및 실행할 수 있는 방안을 살펴보도록 하자.

① 개정 보육과정에서는 추구하는 인간상을 적극적으로 반영한다. 보육과정에서 추구하는 인간상은 건강한 사람, 자주적인 사람, 창의적인 사람, 감성이 풍부한 사람, 더불어 사는 사람이다. 연간보육계획을 할 때 영유아가 추구하는 인간상과 관련된 내용을 경험할 수 있도록 신체 및 정신적으로 건강하고 스스로 독립심을 가지고 문제를 창의적으로 해결하려 하며, 공감과 배려, 수용을 통해 다른 사람과 사회적 관계를 적절히 맺을 수 있는 사람으로 성장·발달할 수 있도록 계획해야 한다.

② 영유아에게서 발현되는 놀이가 즉각적으로 반영될 수 있도록 한다. 교사에 의해 계획된 연간계획에 따라 교사 주도로 이끌어 가는 보육이 아닌 언제든지 영유아가 나타내는 놀이 표현을 읽고 이를 반영하여 보육계획을 유연하게 운영할 수 있도록 한다. 연간계획은 기관 차원에서 수립하는 것이 일반적이며, 일 년간의 중요한 경험(예: 기관 적응, 계절, 명절, 그 해의 특별한 국가적 행사, 기관 행사, 진급 등)을 고려하여 계획할 수 있다. 단, 유아에게서 발현되는 놀이 주제가 학기를 진행하는 동안 즉각적으로 반영될 수 있도록 여지를 남기고 연간계획을 작성한다.

③ 연간보육계획이 수립되었다 하더라도 영유아의 놀이 진행에 따라 시기, 기간, 주제 등이 변동될 수 있음을 고려한다.

④ 놀이를 중심에 두되 영유아의 생활상의 변화, 자연현상의 변화 등을 고려한 주제, 소주제를 정한다. 전체 또는 개별 영유아가 나타내는

놀이에 초점을 두고 주제, 소주제를 계획하되 놀이 이외에 영유아가 생활 속에서 빈번하게 경험하고 관심을 가질 수 있는 주제, 일상생활을 보다 편안하게 영위하기 위해 필요한 경험, 계절 및 날씨, 동식물 등 자연현상과 자연물에 대한 변화, 어린이집의 특별한 날을 반영하여 주제, 소주제를 계획할 수 있다.

3 월간 및 주간, 일일보육계획의 운영원리

2019 개정 누리과정, 4차 어린이집 표준보육과정, 평가제에서는 월간, 주간, 일일보육계획 모두를 반드시 수립해야 하는 것이 아니라 어린이집과 교사의 실행 필요에 따라 적절한 양

식으로 선택하여 수립할 수 있도록 하였다. 즉, 월간, 주간, 일일보육계획을 모두 수립할 수도 있고, 필요에 의해 세 가지 양식 중 한 가지 또는 두 가지를 선택할 수도 있다.

① 기존의 월간, 주간, 일일보육계획안은 일과 시간과 흥미영역에서의 놀이를 지나치게 분절화하고 있어 놀이가 연계성 있도록 흐름에 따라 충분히 진행되기 어려웠고, 각기 별도로 다른 활동과 교과처럼 실행되곤 하였다. 유아반의 경우, 자유선택활동 시간을 계획 - 실행 - 평가로 나누어 운영하고, 흥미영역별로 함께 동시에 놀 수 있는 인원수를 제한하여 놀이 실행에 있어 제한된 운영을 하였다. 놀이 계획 시간은 유아의 조절력을 위한 진행이라는 의미를 갖지만 실제로 조절력의 증진과는 큰 상관관계가 없는 것으로 나타났고, 유아의 반

성적 사고로 이끌 수 있다고 보았던 평가시간 역시 놀이에 대해 좋았는지, 힘든 것은 없는지 등 호불호를 표현하는 것에 그쳤다. 또한 흥미영역별 인원수를 제한하여 운영하였던 것은 유아가 하고 싶어 하는 놀이를 진행하지 못하게 하는 상황이 되어버렸다. 이에 개정 보육과정을 반영한 월간, 주간, 일일보육계획안에서는 영유아의 놀이를 영유아가 원하는 만큼 충분히 진행될 수 있도록 하는 데 중점을 둔다.

② 매일 진행된 놀이를 기록하고 이를 분석하여 다음날 교사가 지원할 내용을 계획한다. 개정된 보육과정에서는 교사가 미리 영유아가 경험해야 할 내용을 모두 조직하기보다는 영유아의 놀이를 관찰하고 이를 분석하여 지원한다. 교사는 영유아의 놀이를 세심히 관찰하고 분석하여 이를 지원할 내용으로 한다.

③ 계획안의 양식, 내용, 작성 주기는 각 어린이집 및 학급의 상황, 철학, 학급의 상황, 교사의 신념을 고려하여 자율적으로 결정할 수 있다(교육부 · 보건복지부, 2019). 기존의 계획안은 생활주제, 주제, 소주제에 따라 하루일과별로 등원 및 맞이하기, 일상생활활동, 실내자유놀이 또는 실내자유선택활동, 대소집단 활동, 낮잠 및 휴식, 바깥놀이, 오후 활동, 귀가 및 가정연계 등의 내용을 모두 계획하도록 하였으나 개정된 보육과정에서는 어린이집에 따라 개별적으로 다른 내용을 선택하여 운영할 수 있도록 한다.

4 일과 구성하기의 원리

어린이집의 하루 일과는 유아가 주도하는 놀이를 중심으로 편성·운영하도록 한다. 유아는 하루 일과에서 놀이, 일상생활, 활동 등을 하면서 다양한 경험을 한다. '놀이'는 바깥놀이를 포함하여 하루 일과 중 가장 길게, 우선적으로 편성·운영하여 유아가 충분히 놀이할 수 있도록 한다. '일상생활', 즉 등원, 손 씻기, 화장실 다녀오기, 간식, 점심, 낮잠, 휴식 등은 유아의 신체적 리듬을 반영하여 편성·운영함으로써 유아들이 즐겁게 하루를 보낼 수 있도록 한다. '활동'은 유아가 놀이를 통한 배움을 확장해 갈 수 있도록 돕는 교사의 지원이다. 교사는 유아가 주도하는 놀이를 지원하기 위해 필요에 따라 활동을 계획하여 운영할 수 있다. 교사는 유아가 주도하는 놀이 흐름에 따라 융통성 있게 일과를 운영할 수 있도록 한다. 일과를 운영하기 위한 원리를 살펴보면 다음과 같다(교육부·보건복지부, 2019).

① 하루일과를 놀이, 일상생활, 활동(영아는 놀이, 일상생활)으로 구성한다. 개정된 보육과정에서 놀이는 실내와 실외 놀이를 포함하여 영유아가 충분히 놀 수 있도록 운영하고, 등하원, 급간식, 씻기, 기저귀 갈이, 화장실 가기, 휴식, 낮잠 등의 일상생활 활동은 편안하게 이루어지도록 운영한다. 활동은 유아가 놀이를 통한 배움을 확장해 갈 수 있도록 돕는 교사의 지원이지만, 매일 이루어질 필요는 없다. 교사는 일과를 미리 계획할 수 있지만, 영유아와 의논하여 순서를 재조정하거나 시간 조절 등을 바꿀 수 있다.

② 놀이 시간은 분절되지 않고 지속적으로 운영될 수 있도록 구성한다. 놀이시간과 일상생활 활동을 분리하여 운영하기보다는(시간표대로 또는 교사가 미리 계획한 순서대로 운영) 놀이하는 가운데 개별 요구에 의한 일상생활 활동이 진행될 수 있도록 교사가 지원할 때, 영유아의 놀이는 방해받지 않고 충분히 하고 싶은 만큼 지속될 수 있다.

③ 일과는 융통성 있게 운영한다. 교사는 그날 놀이 흐름에 대한 분석과 평가를 통해 다음날 일과 순서나 공간 등에 대해 재조정할 수 있다. 자신의 의견을 충분히 피력할 수 있는 영유아라면 스스로 일과를 구성해 보도록 할 수 있다.

④ 영유아의 건강 상태, 날씨나 계절, 기관의 상황 등에 따라 하루 일과를 융통성 있게 운영한다. 획일적인 하루 일과를 운영하기보다는 배변이나 낮잠, 휴식 등 영유아마다 다른 신체 리듬을 반영하여 하루 일과를 운영한다.

⑤ 영아의 경우, 월령이 낮을수록 개별 일과 운영은 더욱 중요하다. 영아는 어린이집에 오면서 가정에서 생활하던 신체리듬과 다른 변화를 겪게 되는데 교사는 영아가 어린이집의 일상생활과 신체리듬에 잘 적응할 수 있도록 충분히 기다려주며 지원할 수 있도록 한다(보건복지부, 2020).

5 실내외 환경구성의 원리

보육실을 포함한 어린이집의 실내 공간은 영유아에게 가장 친숙한 놀이 환경이다. 놀이 환경은 영유아가 놀이하는 실내외 모든 공간과 놀이자료를 포함한다. 영유아가 보고 듣고 만지며 자유롭게 표현할 수 있는 놀이 환경은 놀이가 다양하게 이루어지도록 하는 중요한 교육적 자원이다. 그렇기 때문에 교사는 영유아의 자유로운 놀이를 지원하고, 활성화되도록 돕기 위해 다양한 실내외 놀이 환경과 풍부한 놀이자료를 제공해야 한다.

보육실의 흥미영역은 영유아들이 가장 좋아하는 놀이를 중심으로 구성하는 것이 좋으며, 먼저 안전에 문제가 없는지 파악한 후에 놀이 공간으로 구성할 수 있다. 영유아들이 흥미를 보이지 않는 영역은 다른 영역과 통합하여 재구성하거나 다른 영역으로 대체하는 것도 가능하다. 영유아가 놀이할 수 있는 실외 공간은 영유아가 마음껏 뛰어놀며, 자연과 계절의 변화를 만나고 탐색할 수 있는 놀이 환경이다. 영유아는 실외에서 몸을 충분히 움직여 즐겁게 놀이하고 위험으로부터 자신을 안전하게 보호하는 방법을 알아갈 수 있다.

실외 환경 역시 영유아가 안전하게 놀이할 수 있고 관심있는 공간과 자료로 구성해야 한다. 또한 영유아들의 활발한 신체 움직임을 바탕으로 모험과 도전을 하면서 궁금한 것을 찾아 자유롭게 탐색하는 놀이를 다양하게 경험할 수 있는 놀이 환경으로 구성한다(보건복지부, 2020).

기존 실내외 환경구성의 문제점을 살펴보고, 개정 보육과정 운영을 위한 실내외 환경구성에 대해 살펴보도록 하자.

① 기존에는 영유아의 놀이를 위해 흥미영역을 강조하였지만, 개정된 보육과정에서는 어린이집 보육철학, 진행하고 있는 영유아의 놀이에 기초해 기존영역 배치를 놀이를 고려하여 허물도록 제안한다. 각 연령별로 반드시 배치해야 하는 흥미영역을 제한하기보다 영유아의 놀이에 방해가 되는 공간적 요소를 파악하고 이를 공간에서 제거해 주는 데 그 의미를 둔다.

② 공간의 경계를 허물어 놀이할 수 있다. 실내외 공간, 각 흥미영역 등의 경계를 허물고 영유아가 원하는 놀이가 보육실, 복도, 실외 등에서 자유롭게 놀이할 수 있도록 공간의 개념을 바꾼다. 단, 이때 공간의 경계를 허물고, 자유롭게 공간 사용을 할 수는 있으나, 소방법을 고려하여 공간을 활용할 수 있도록 한다. 교사는 공간에 대해 영유아가 자신의 놀이에 적합한 놀이 공간을 선택하고 스스로 놀이할 공간을 찾으며 공간과 공간을 연결시켜 놀이하는 것이 자유로울 수 있도록 지원해야 한다. 또한 영유아의 놀이 흐름을 살펴보고 서로의 놀이가 연결될 수 있도록 영역 간에 서로 가까이 있도록 배치하거나 다른 영역과 조금 떨어져서 조용한 곳으로 이동시킬 수 있다.

③ 기존의 기본 영역으로 구성되었다 하더라도 영유아의 놀이에 따라 적합성을 판단하여 언제든지 재배치할 수 있다. 기존의 연령에 따른 흥미영역으로 구성되어 있다고 하더라도 놀이 영역들이 학급 영유아의 연령, 수, 성별의 비율, 놀이 특징에 적합한지 다시 한 번 검토하여 영역 수를 축소하거나 확장하는 등 재배치할 수 있다. 놀이 영역은 일정기간 동안 반드시 고정되어 만들어져야 하는 것이 아닌 영유아의 놀이 전개와 필요에 따라 융통성 있게 재배치한다.

④ 각 놀이 영역은 원하는 영유아가 충분히 놀이할 수 있도록 하되 너무 좁거나 넓지 않도록 한다. 영유아의 놀이 특징, 흥미, 흐름에 따

라 넓이를 조정할 수 있다.

⑤ 영유아에게 공간 배치의 주도권을 줄 수 있다(교육부 · 보건복지부, 2019). 개정된 보육과정은 영유아-교사가 함께 만들어 가는 보육과정으로 영유아가 자신의 의견을 충분히 표현할 수 있는 연령이라면 스스로 놀이공간을 자신들의 놀이에 따라 공간배치, 이동, 축소, 확장 등 재배치할 수 있도록 주도권을 줄 수 있다.

6 놀이 자료 지원의 원리

놀이자료는 영유아가 놀이에 사용할 수 있는 놀잇감, 매체, 재료와 도구 등을 포함한다. 영유아에게 놀이자료는 자신의 감정과 생각, 상상 등을 자유롭게 표현하는 수단이자 세상에 대한 이해를 넓혀 나가는 데 중요한 역할을 하는 매개물이다. 교사는 유아에게 일상의 평범한 사물, 자연물, 악기, 미술재료, 그림책, 재활용품 등을 적절히 제공할 수 있으며, 예측이 가능한 계절이나 행사, 국경일과 관련된 자료는 시기에 맞게 제공할 필요가 있다. 이와 더불어 비구조적인 열린 자료를 풍부하게 제공하여 유아가 자신만의 방식으로 활용할 수 있도록 지원하며 유아가 찾아낸 새로운 놀이자료나 창의적인 놀이 방식을 인정하고 존중하도록 한다(교육부 · 보건복지부, 2019).

① 모든 사물, 자연물이 놀이 자료가 된다. 어린이집에서 구입한 놀잇감, 교사가 준비한 자료 이외에 영유아가 일상생활에서 접하게 되는 다양한 사물들(끈, 털실, 재활용품 등), 자연물(나뭇잎, 꽃, 나뭇가지, 돌 등), 자

연현상(비, 눈 등) 등 모든 것이 놀이 자료가 되고, 이를 통해 환경을 탐색해 나간다.

② 놀이 자료의 융통성 있는 활용을 허용해야 한다. 놀이방법이 정형화되어 있는 자료라 할지라도 영유아가 다른 방식으로 활용하고 싶어하면 허용되는 분위기를 조성하도록 한다. 영유아의 안전에 위배되지 않는 한 모든 것은 영유아의 놀이 자료가 될 수 있고, 그 자료의 활용을 허용할 수 있다는 것을 교사는 기억해야 한다.

③ 영유아 스스로 놀이 자료를 생각해 내도록 지원한다. 영유아가 교사로부터 계획되거나 제공되는 자료들 외에도 놀이 자료를 스스로 생각해 내어 창의적으로 활용할 수 있는 기회를 제공하도록 한다.

④ 영유아는 놀이 자료가 없어도 놀이할 수 있다. 예를 들어, 영유아는 놀이 자료가 없다고 놀이를 하지 않는 것이 아니다. 영유아는 놀이 자료가 없어도 자신의 몸을 탐색한다거나 움직여 보이기도 하며, 즐거울 수 있는 것을 스스로 찾는 방법을 알아간다. 교사는 영유아에게 무언가 자료를 제공해야만 놀이가 일어날 수 있을 것이라는 생각은 잠시 내려 놓아보자.

CHAPTER 08

영아반 보육과정 운영

영아를 위한 보육과정을 계획할 때는 월령이 어릴수록 보다 일상적인 맥락과 우연한 상황에서 일어나는 사건들, 그리고 자연스러운 상호작용이 의미 있게 다루어지도록 하며, 의도한 교육의 목적과 내용 역시 이러한 상황 속에서 통합시키는 것이 바람직하다(김희진 외, 2004; 이기숙 외, 2008 재인용).

1 연간보육계획

영아를 위한 연간보육계획은 영아에게 최적의 경험과 환경을 제공하기 위해 1년 단위의 계획을 수립하는 것이다. 연간보육계획은 각 연령별로 다루어야 할 소주제, 보육목표, 연간 행사 일정을 계획하는 데 근간이 되며, 다양한 연령이 공존하는 보육시설 프로그램에서 전체적인 균형감을 갖게 하는 데 도움을 준다.

보육과정 운영계획은 일반적으로 1년을 중심으로 구성하는데, 1년 단위의 보육과정 계획은 다시 월간계획, 주간계획, 일일보육계획으로 구체화될 수 있다. 하지만, 개정된 표준보육과정의 운영에 있어서는 각 어린이집의 보육활동에 따라 변경하여 계획 및 실행할 수 있다. 영아의 경우 어린이집에서는 연간 계획 및 월간 계획을 세밀하고 체계적으로 구성하는 대신 주간계획을 생략할 수도 있고, 월간 및 일일계획안과 놀이활동에 대한 기록으로 대체할 수도 있다.

연간계획은 3월부터 다음해 2월까지의 기간 동안 영아의 일상생활 및 발달과 관련한 생활 주제를 중심으로 구성할 수 있고, 생활 주제는 다시 소주제로 구분되어 월간과 주간계획의 주제가 된다. 소주제는 다시 여러 개의 더 작은 주제로 나누어져 일일보육계획의 보육내용으로 전개될 수 있다(백혜리 외, 2006 재인용).

0~2세 영아반 연간보육계획 수립 방법에 대해 살펴보자(보건복지부 · 중앙보육정보센터, 2013). 앞에서도 언급한 것처럼 개정된 표준보육과정을 운영함에 있어 이 방법들은 고려사항이 될 수 있으며, 각 기관, 영아 특성 등에 따라 변경하여 실행할 수 있다.

① 영아반 연간보육계획을 수립할 때는 1년 동안 해당 영아가 달성해야 할 보육목표와 내용을 주제로 묶어 제시한다.

② 영아를 위한 연간보육계획의 주제는 영아의 발달 특성과 흥미에 기초하여 선정하되, 표준보육과정의 전 영역이 포함될 수 있도록 한다.

③ 주제는 동일 연령 내에서, 그리고 연령이 증가할수록 영아에게 친숙하고 구체적이며 자주 경험하는 것에서부터 점차 추상적이고 멀어진 환경에 대한 주제가 포함되도록 한다.

④ 0~2세의 월간보육계획은 연간보육계획에서 제시한 주제를 월별로 수립하지 않고, 하나의 주제에 대해 6~10주까지 소주제와 진행기간을 주차로 제시하기 때문에 '주제별 보육계획'이라는 용어를 사용한다. 월별로 제시되지 않는다는 점만 차이가 있을 뿐 기존의 월간보육계획의 개념과 차이가 있는 것은 아니다.

⑤ 연간 주제를 월별로 계획한다고 하더라도 영아가 보이는 흥미와 관심에 따라 융통성 있게 주제를 바꾸거나 기간을 연장하여 반복할 수 있다.

⑥ 0세는 월령에 따라 발달적 차이가 크고 일상적 양육활동이 놀이활동에 비해 많은 부분을 차지한다. 그렇기 때문에 0세를 위한 연간주제는 0세의 발달 특성과 발달과업을 중심으로 세상에 대한 호기심, 애착

을 보이는 사람과 사물을 중심으로 주제를 선정한다. 이때 1세와의 연계를 고려하여 주제를 선정하도록 한다.

⑦ 1세는 일상적 양육활동과 함께 0세에 비해 놀이 활동이 점점 늘어나게 된다. 1세아의 연간보육계획은 영아의 발달과업 및 0세와 2세와의 연계성을 고려하여 선정하도록 한다.

⑧ 2세는 0~1세에 비해 일상적 양육활동과 함께 놀이활동의 비중이 커진다. 따라서 2세를 위한 연간주제는 발달특성을 반영하여 어린이집-나-가족-친구로 관계를 확장해 나가고, 동시에 계절의 변화, 흥미와 관심 등을 반영하는 주제를 선정한다.

⑨ 혼합 연령반은 혼합된 두 연령 모두를 고려하여 주제를 선정하고, 수준 차이 나는 활동을 계획한다. 이때 혼합된 두 연령 중 영아의 수가 많은 연령을 기준으로 주제를 선정하기보다는 연령이 많든 적든 발달수준을 고려하여 주제를 선정한다. 예를 들어, 1세보다 2세가 더 많은 1~2세 혼합 연령반의 연간 주제를 선정할 때 2세가 전체적으로 생일이 늦거나 발달 수준이 1세와 유사할 때는 1세 중심의 주제를 선정하되, 주제별 보육계획을 수립할 때 일부 활동에 대해서는 두 수준을 모두 고려한 수준 차이 나는 활동을 계획한다.

⑩ 주제는 어린이집에서 이루어지는 연간 행사의 일정과 연계하여 계획하되, 0~1세는 행사와 연계하지 않아도 된다.

〈표 8-1〉 0~2세 영아의 연령별 연간보육계획 수립하기

	연령별 연간보육계획 수립에 대한 이해
0세	• 0세아 연간계획은 **발달 및 일상생활과 관련된 주제**로 선정하기 때문에 주제를 독립적으로 분리하여 운영하기보다는 1년 동안 진행되는 모든 주제와 연관된 활동으로 계획 · 운영하도록 한다. • 0세의 보육계획은 **1세 연령과의 연계**를 고려하고, 영아 구성에 따라 1세반 보육과정 내용을 포함하여 연간계획을 수립할 수 있다. • 연간주제는 월별로 주제를 선정하기보다 **영아가 보이는 흥미와 관심에 따라 융통성 있게** 주제를 바꾸거나 반복할 수 있도록 한다.
1세	• 1세아를 연간보육계획은 13개월~24개월 영아의 발달적 특성과 발달과정, 적응, **0세와 2세와의 연계성을 고려**한다. 1세아의 발달 특성을 고려하였을 때 또래들과 어울려 놀이하는 것을 강조하기 위해 '친구가 있어요'라는 주제를 별도로 선정하기보다 놀이나 활동을 통해 또래와 익숙해질 수 있는 경험을 제공하도록 계획한다. • **1세아의 발달특성(감각운동적인 놀이와 활동, 배변훈련과정 포함됨)을 고려**하여 7개의 대주제를 선정하여 해당 주제를 진행할 때 통합적인 활동이 자연스럽게 반복, 심화, 확장되도록 융통성을 고려한다. • **계절, 동물, 탈 것** 등은 별도의 주제 선정을 하지 않고 놀이나 활동을 통해 **연중 실시가 가능**하도록 통합적으로 진행한다. • **계절은 1세아에게 다소 추상적인 주제로 어려울 수 있기 때문에 계절 관련 주제는 선정하지 않는다. 대신 계절에 따른 자연의 변화를 자연물과 실외에서 연중 경험하고 탐색하는 놀이와 활동을 실시할 수 있도록 하는 것이 바람직하다.**
2세	• 2세가 보편적으로 관심이 있는 주제를 선정하여 표준보육과정의 전 영역이 고루 반영될 수 있도록 한다. • 2세가 주변의 친근한 환경 변화에 대한 관심을 통해 자연스럽게 계절의 변화를 인식할 수 있도록 **계절 주제를 선정하여 통합적으로 진행**한다. • 2세의 **사회관계 특성을 동심원적 구조**로 '**나-나와 가족-나와 친구**'로 체계성을 가지고 통합적으로 진행한다. • **2세가 흥미를 느낄 수 있는 동물, 색깔, 모양** 등의 주제를 개별 혹은 다른 주제와 연관시켜 통합적으로 진행한다. • 2세아가 주제에 대해 반복, 확장, 심화를 긍정적이고 편안하게 이해하도록 진행한다.

출처: 보건복지부 · 중앙보육정보센터(2013). 어린이집 표준보육과정 및 0~2세 영아보육 프로그램의 이해.

0세는 6개, 1세는 7개, 2세는 9개의 주제에 대해 소주제를 선정할 수 있다. 각 연령에 따른 영아의 발달 특성, 흥미, 관심에 따라 소주제는 반복, 소주제간 통합 등을 융통성 있게 계획할 수 있다.

0~2세 영아반 주제에 대한 소주제 선정의 원리는 다음과 같다(보건복지부 · 중앙보육정보센터, 2013).

〈표 8-2〉 0~2세 연간 주제별 소주제

연간 주제별 소주제					
0세		1세		2세	
주제	소주제	주제	소주제	주제	소주제
낯설어요	엄마, 아빠와 함께 해요	새로운 것이 낯설어요 (8주)	어린이집에 왔어요	어린이집이 좋아요 (7주)	나는 00반이예요
	선생님을 만나요		만나고 친해져요		엄마, 아빠와 헤어질 수 있어요
	선생님을 만져봐요		우리 반에 무엇이 있을까요?		우리 반 선생님과 친구들이예요
	선생님과 놀아요		밖으로 나가 보아요		재미있는 놀잇감이 있어요
	익숙해졌어요	느낄 수 있어요 (10주)	만져 보아요		내가 좋아하는 놀잇감이예요
느껴 보아요	씻으며 느껴요		살펴보아요		편안하게 지내요
	입으며 느껴요		들어보아요		안전하게 놀아요
	먹으며 느껴요		맡아보아요	**봄** 나들이 가요 (5주)	바깥놀이가 재미있어요
	놀며 느껴요		맛보아요		안전하게 바깥놀이해요
	자연을 느껴요		온몸으로 느껴보아요		꽃구경은 즐거워요
움직여요	누워서 움직여요	놀이할 수 있어요 (8주)	놀잇감은 재미있어요 1		벌레가 꿈틀꿈틀해요
	앉아서 움직여요		놀잇감은 재미있어요 2		봄나들이 갈까요
	기어요		물놀이는 재미있어요	**나**는요 (5주)	나는 000이에요
	서고 걸어요		까꿍놀이는 재미있어요		내 몸을 살펴보아요
	잡아 보아요	나는 할 수 있어요 (5주)	즐겁게 할 수 있어요		나는 느껴요
놀이는 재미있어요 I	움직이는 놀잇감		말할 수 있어요		내가 좋아하는 것이 있어요
	구멍이 있는 놀잇감		찾을 수 있어요		혼자서도 잘해요
	굴러가는 놀잇감	움직이는 것이 재미있어요 (7주)	바깥놀이는 재미있어요	재미있는 **여름**이에요 (7주)	날씨가 더워졌어요
	까꿍 놀잇감		몸을 움직여요		비가 많이 와요
	소리 나는 놀잇감		움직이게 할 수 있어요		깨끗하게 씻어요
놀이는 재미있어요 II	통 · 상자 놀이	좋아하는 놀이가 있어요 (8주)	그림책으로 놀아요		물놀이가 재미있어요1
	헝겊 · 천놀이		춤으로 놀이해요		물놀이가 재미있어요2
	공놀이		흉내내요		여행을 가요
	악기놀이		응가, 쉬 놀이가 좋아요	나는 **가족**이 있어요 (5주)	엄마 아빠가 좋아요
	그릇놀이	새로운	함께 놀아요		우리 가족을 흉내 내요 1

연간 주제별 소주제					
0세		1세		2세	
주제	소주제	주제	소주제	주제	소주제
	마주봐요	것도 좋아요 (4주)	선생님이 좋아요		우리 가족을 흉내 내요 2
좋아해요	안아줘요	※7개의 주제			우리 가족을 소개해요 1
	같이 해 봐요				우리 가족을 소개해요 2
	함께 웃어요				여러 가지 동물이 있어요
	사랑해요				엄마동물 아기동물
※6개의 주제				동물놀이해요 (6주)	동물처럼 소리를 내어보아요
					동물처럼 움직여보아요
					00반이 좋아하는 동물
					동물을 사랑해요
				알록달록 **가을**이에요 (6주)	가을이에요
					가을 나들이
					단풍이 물들어요
					자연물로 놀이해요
					알록달록 색깔나라
					재미있는 그리기 나라
				겨울과 모양을 즐겨요 (5주)	여러 가지 모양이 있어요
					모양놀이해요
					즐거운 성탄이에요
					추워요
					따뜻하게 지내요
				나는 **친구**가 있어요 (6주)	내 친구가 좋아요
					친구와 함께하는 놀이가 있어요
					우리는 00살(설날)
					형 · 언니가 되었어요
					즐거웠던 우리반이에요
				※9개의 주제	

출처: 보건복지부 · 중앙보육정보센터(2013). 어린이집 표준보육과정 및 0~2세 영아보육 프로그램의 이해. pp.101-103.

〈예시 1〉 0세반 연간보육계획 주제 및 소주제의 내용과 특성 이해하기

<table>
<tr><th>주제</th><th>소주제</th><th>특성</th></tr>
<tr><td rowspan="5">낯설어요</td><td>엄마, 아빠와 함께 해요</td><td rowspan="5">자연스럽고 개별적인 적응을 돕기 위해 소주제를 순서대로 계획 · 운영한다.</td></tr>
<tr><td>선생님을 만나요</td></tr>
<tr><td>선생님을 만져봐요</td></tr>
<tr><td>선생님과 놀아요</td></tr>
<tr><td>익숙해졌어요</td></tr>
<tr><td rowspan="5">느껴보아요</td><td>씻으며 느껴요</td><td rowspan="5">영아의 흥미와 일상생활을 중심으로 소주제의 선정을 융통성 있게 편성하여야 함</td></tr>
<tr><td>입으며 느껴요</td></tr>
<tr><td>먹으며 느껴요</td></tr>
<tr><td>놀며 느껴요</td></tr>
<tr><td>자연을 느껴요</td></tr>
<tr><td rowspan="5">움직여요</td><td>누워서 움직여요</td><td rowspan="5">월령과 영아 개인의 발달 차이를 고려하여 순서대로 소주제를 선정하고 적용기간에 융통성을 갖음</td></tr>
<tr><td>앉아서 움직여요</td></tr>
<tr><td>기어요</td></tr>
<tr><td>서고 걸어요</td></tr>
<tr><td>잡아 보아요</td></tr>
<tr><td rowspan="5">놀이는 재미있어요 I</td><td>움직이는 놀잇감</td><td rowspan="5">월령과 흥미를 고려하여 놀잇감을 제공하고 반복적인 놀이 활동을 계획함</td></tr>
<tr><td>구멍이 있는 놀잇감</td></tr>
<tr><td>굴러가는 놀잇감</td></tr>
<tr><td>까꿍 놀잇감</td></tr>
<tr><td>소리 나는 놀잇감</td></tr>
<tr><td rowspan="5">놀이는 재미있어요 II</td><td>통 · 상자 놀이</td><td rowspan="5">주변의 다양한 사물을 놀잇감으로 제공하여 충분한 탐색과 발달이 이루어지도록 소주제를 융통성 있게 선정함</td></tr>
<tr><td>헝겊 · 천놀이</td></tr>
<tr><td>공놀이</td></tr>
<tr><td>악기놀이</td></tr>
<tr><td>그릇놀이</td></tr>
<tr><td rowspan="5">좋아해요</td><td>마주봐요</td><td rowspan="5">교사와의 애착이 이루어지도록 일상을 통해 소주제의 선정을 융통성 있게 계획 · 운영함</td></tr>
<tr><td>안아줘요</td></tr>
<tr><td>같이 해 봐요</td></tr>
<tr><td>함께 웃어요</td></tr>
<tr><td>사랑해요</td></tr>
</table>

출처: 보건복지부 · 중앙보육정보센터(2013). 어린이집 표준보육과정 및 0~2세 영아보육 프로그램의 이해. p.125.

〈예시 2〉 **0세반 연간보육계획**

월	주제	소주제	월	주제	소주제
3	낯설어요	엄마, 아빠와 함께 해요 1 엄마, 아빠와 함께 해요 2 선생님을 만나요 선생님을 만져봐요 1	9	놀이는 재미있어요 I	움직이는 놀잇감 1 움직이는 놀잇감 2 구멍이 있는 놀잇감 1 구멍이 있는 놀잇감 2 굴러가는 놀잇감 1 (추석)
4	낯설어요	선생님을 만져봐요 2 선생님과 놀아요 1 선생님과 놀아요 2 익숙해졌어요 1 익숙해졌어요 2	10	놀이는 재미있어요 I	굴러가는 놀잇감 2 까꿍 놀잇감 소리가 나는 놀잇감 1 소리가 나는 놀잇감 2
5	느껴보아요	씻으며 느껴요 1 씻으며 느껴요 2 입으며 느껴요 먹으며 느껴요	11	놀이는 재미있어요 II	통·상자 놀이 1 통·상자 놀이 2 헝겊·천 놀이 1 헝겊·천 놀이 2
6	느껴보아요	놀며 느껴요 1 놀며 느껴요 2 자연을 느껴요 1 자연을 느껴요 2	12	놀이는 재미있어요 II	공놀이 1 공놀이 2 악기 놀이 1 악기 놀이 2 그릇 놀이
7	움직여요	누워서 움직여요 앉아서 움직여요 1 앉아서 움직여요 2 기어요 1 기어요 2	1	좋아해요	마주봐요 1 마주봐요 2 안아줘요 1 안아줘요 2
8	움직여요	서고 걸어요 1 서고 걸어요 2 잡아보아요 1 잡아보아요 2	2	좋아해요	같이 해봐요 함께 웃어요 (설날) 사랑해요 1 사랑해요 2

2 주제별 보육계획

영아를 위한 주제별 보육계획안의 활동 구성은 영아의 발달 특성과 흥미를 고려하여 연령이 증가함에 따라 좀 더 세분화된다.

〈예시 3〉 **0세반 주제별 보육계획**

<table>
<tr><th colspan="2">주제</th><td colspan="2">낯설어요</td><th>예상기간</th><td colspan="2">3월 1주 ~ 4월 5주</td></tr>
<tr><th colspan="2">소주제</th><td>엄마 아빠와 함께 해요</td><td>선생님을 만나요</td><td>선생님을 만져봐요</td><td>선생님과 놀아요</td><td>익숙해졌어요</td></tr>
<tr><th colspan="2">맞이하기 및 가정과의 연계</th><td colspan="3">엄마와 함께 놀러가요</td><td colspan="2">엄마와 선생님이 인사해요</td></tr>
<tr><th rowspan="3">일상생활</th><th>수유 및 이유</th><td colspan="4">선생님께 안겨서 먹어요</td><td>이유식을 시작해요</td></tr>
<tr><th>낮잠</th><td colspan="3">00야, 매트에 누워보자</td><td colspan="2">선생님의 토닥임을 느껴보아요</td></tr>
<tr><th>기저귀 갈이</th><td colspan="4">선생님 품에 안겨 기저귀 가는 곳으로 가 보아요</td><td>기저귀 가는 곳으로 기어가 보아요</td></tr>
<tr><th rowspan="6">실내 자유 놀이</th><th rowspan="2">신체</th><td>영차, 영차, 엄마에게로</td><td>엄마와 같이 선생님과 놀아요</td><td>아이 간지러워</td><td rowspan="2">와르르 무너졌다</td><td rowspan="2">선생님이 밀어주는 자동차를 타요</td></tr>
<tr><td>엄마와 함께 모빌을 만져봐요</td><td>손가락 인형 잡기</td><td>선생님은 흔들의자</td></tr>
<tr><th rowspan="2">언어</th><td>누구 목소리일까?</td><td>누구일까요?</td><td rowspan="2">똑똑똑~ 곤지곤지 죔죔</td><td>선생님에게 옹알이해요</td><td>똑똑똑~</td></tr>
<tr><td>내 이름은?</td><td>엄마랑, 선생님이랑 책을 보아요</td><td>딩동 누구세요?</td><td>손 흔들어 안녕!</td></tr>
<tr><th rowspan="2">감각 탐색</th><td rowspan="2">까꿍! 우리 가족들</td><td rowspan="2">선생님, 우리, 선생님 여기!</td><td>보들보들 촉감길</td><td>선생님 노래 소리가 좋아요</td><td rowspan="2">여기가 우리반이예요</td></tr>
<tr><td>우리 선생님 옷은요</td><td>없어졌다! 나타났다!</td></tr>
<tr><th colspan="2">실외놀이</th><td>엄마와 어린이집 오는 길 둘러보기</td><td>어린이집 구경가자</td><td>유모차에 달린 바람개비를 살펴봐요</td><td>선생님 품에 안겨 바깥구경해요</td><td>유모차 타고 주변 산책하기</td></tr>
<tr><th colspan="2">귀가 및 가정과의 연계</th><td colspan="3">엄마를 반갑게 만나요</td><td colspan="2">엄마의 손을 잡고 집에 가요</td></tr>
</table>

출처: 보건복지부 · 중앙보육정보센터(2013). 어린이집 표준보육과정 및 0~2세 영아보육 프로그램의 이해. p.129.

〈예시 4〉 영아반 간략 보육일지(일주일 동안의 일지)

〈표 8-2〉에서 1세 연간 주제별 소주제

새솔반(만1세) 일일보육계획안

결재	담임	원장

<table>
<tr><td>주제</td><td colspan="2">놀이할 수 있어요</td><td>소주제</td><td colspan="2">물놀이가 재미있어요1</td></tr>
<tr><td>기간</td><td colspan="2">8월 1주. 202*년 8월 *일~8월 *일</td><td>교사</td><td colspan="2">이**, 임**, 김**</td></tr>
<tr><td>이번 주 교사의 기대</td><td colspan="5">1. 더운 여름 날씨에 시원한 물의 느낌을 탐색해본다.
2. 물놀이를 즐겁게 하면서 물과 친숙해진다.</td></tr>
<tr><td>기본생활/안전</td><td colspan="5">물놀이 전 준비운동을 해요</td></tr>
<tr><td>가정 · 지역사회</td><td colspan="5">[가정] 가족과 집에서 물놀이 해요</td></tr>
<tr><td>날짜, 요일 / 일과</td><td>3. 월</td><td>4. 화</td><td>5. 수</td><td>6. 목</td><td>7. 금</td></tr>
<tr><td rowspan="2">날씨/미세먼지</td><td>비 / 좋음</td><td>비 / 보통</td><td>비 / 보통</td><td>비 / 좋음</td><td>비 / 보통</td></tr>
<tr><td colspan="5">• 미세먼지가 나쁜 날 건강생활 수칙을 지키며 생활하는 태도를 기른다.</td></tr>
<tr><td>등원 및 통합보육 (07:30~09:00)</td><td colspan="5">• 선생님과 반갑게 인사 나누기
• 통합 보육실에서 자유놀이하기</td></tr>
<tr><td>자유놀이 (09:00~09:30)</td><td colspan="5">• 각 영역의 놀잇감을 자유롭게 선택하여 개별 또는 소집단으로 놀이하기</td></tr>
<tr><td rowspan="2">오전간식 (09:30~10:00)</td><td colspan="5">• 배변활동, 손 씻기, [건강 · 영양] 음식을 꼭꼭 씹어 먹기</td></tr>
<tr><td>방울토마토, 우유</td><td>바나나, 우유</td><td>미숫가루 우유</td><td>감자수프</td><td>자두</td></tr>
<tr><td rowspan="5">오전 실내놀이 (10:00~11:10)</td><td colspan="5">'고기잡이, 통통통' 들으며 물놀이 준비운동을 해요</td></tr>
<tr><td colspan="5">I. '고기잡이'를 들으며 풀장에서 비치볼을 던져요.
II. 비치볼을 주고 받아요</td></tr>
<tr><td colspan="2">물놀이 용품 그림 위에 끼적여요</td><td colspan="3">물놀이 용품 이름을 들어요</td></tr>
<tr><td></td><td>채반으로 미꾸라지 낚시를 해요</td><td>바다 생물을 만들어요</td><td colspan="2">'즐거운 여름'을 들으며 악기(레인메이커, 오션드럼)를 연주해요</td></tr>
<tr><td colspan="2">블록으로 풀장을 만드러요</td><td colspan="3">풀장에서 물놀이 용품, 바다생물로 물놀이를 해요</td></tr>
<tr><td>바깥놀이(대체) (11:10~11:50)</td><td colspan="5">채반으로 물고기 낚시를 해요 (비치볼로 놀이해요)</td></tr>
</table>

소주제에 대한 교사의 기대

구분					
점심식사 및 이 닦기 (11:50~13:10)	• 배변활동, 손 씻기, 즐겁고 편안한 분위기에서 식사하기 • 식사 후 자리 정리하기, 이 닦기 및 낮잠준비				
	백미밥 두부새우젓국 메추리알피망조림 배추나무 깍두기	기장밥 콩나물김칫국 저당쇠고기불고기 오이나물 깍두기	백미밥 저염열부된장국 닭살우엉볶음 애호박나물 배추김치	보리밥 쇠고기뭇국 두부찜, 양념장 깻잎나물 깍두기	흑미밥 달걀팟국 돼지고기채소볶음 김자반 배추김치
낮잠 및 휴식 (13:10~15:00)	• 편안하고 조용한 분위기에서 낮잠 및 휴식				
오후간식 (15:00~15:30)	• 배변활동, 손 씻기, 음식을 꼭꼭 씹어 먹기				
	찐만두, 차	메밀국수	찐고구마, 차	표고밥, 잡채, 우유	머핀, 우유
오후 놀이 (15:30~16:00)	• 오전에 진행되었던 자유놀이 연계, 확장하여 놀이하기				
귀가 및 연장보육 (16:00~17:00)	• 선생님과 인사 후 안전하게 귀가하기 • 통합보육실(해솔반)로 이동하기				하루 일과 중의 영아놀이
놀이 평가 및 다음날 지원계획	'통통통' 노랫말에 맞춰 율동을 하였다. 영아가 '고기잡이' 노랫말을 알 수 있도록 낚시 놀이를 해보겠다. 영아가 물놀이 용품 물안경에 관심을 가졌다. 물놀이 용품의 이름과 기능을 알려주겠다. 날씨로 인해 실외 물놀이가 불가능하므로 실내에서 물놀이를 즐길 수 있도록 준비하겠다.	풀장에서 비닐 파도를 느끼며, 비치볼을 던지며 놀이하였다. 풀장에서 나올 때 넘어져도 다치지 않도록 매트를 깔아두었다. 풀장에서 바다생물을 탐색하였다. 비닐파도 속에 딱딱한 바다생물을 밟지 않도록 하겠다. 미꾸라지의 움직임을 관찰하며 미꾸라지를 채반으로 잡아보았다.	끼적이기 판 물놀이 용품 그림에 관심이 적어, 워터파크와 물놀이 사진을 붙여 주겠다. 바다생물에 관심을 보여 종이접시 물고기를 만들었다. 물고기의 비늘을 반짝이 스티커로 붙였다. 영아가 상어와 문어에 관심이 많아 종이컵 문어를 만들어야 겠다.	쌓기영역 바닥에 물속 사진을 붙여 풀장 느낌을 제공하였다. 영아들과 블록으로 풀장을 만들어야겠다. 바다 소리를 들을 수 있는 오션드럼을 연주하겠다. 다양한 재료로 종이컵 문어 다리를 꾸몄다.	여름을 즐길 수 있도록 여름과 관련된 노래를 들려주겠다. 새로운 악기 오션드럼의 다양한 연주법을 알려주겠다. 비치볼을 주고 받을 때 손과 발의 동작을 시범 보이겠다.
반 운영 특이사항	• 4월 6일(월)부터 신종코로나바이러스 감염증 확산방지를 위한 어린이집 휴원(긴급보육)				

출처: 서울시 국공립 서울숲더샵 어린이집.

일상생활과 실내자유놀이가 이루어지는 흥미영역은 연령에 따라 다르게 구성될 수 있고, 영아의 놀이에 따라 융통성 있게 운영될 수 있다.

〈표 8-3〉 영아반 보육계획안의 활동 구성

활동명	0세	1세	2세
등원 및 맞이하기	등원 및 맞이하기	등원 및 맞이하기	등원 및 맞이하기
기본생활 및 안전	기본생활 및 안전	기본생활 및 안전	기본생활 및 안전
일상생활	수유 및 이유	점심 및 간식	점심 및 간식
	낮잠	낮잠	낮잠
	기저귀 갈이	기저귀 갈이 · 배변활동	배변활동
실내자유놀이	신체	신체	신체
	언어	언어	언어
	감각 · 탐색	감각 · 탐색	감각 · 탐색
		역할 · 쌓기	역할 · 쌓기
			미술
			음률
실외놀이	실외놀이	실외놀이	실외놀이
귀가 및 가정과의 연계	귀가 및 가정과의 연계	귀가 및 가정과의 연계	귀가 및 가정과의 연계

출처: 보건복지부 · 중앙보육정보센터(2013). 어린이집 표준보육과정 및 0~2세 영아보육 프로그램의 이해. p.104.

영아를 위한 보육환경은 일상생활 영역과 놀이 영역을 함께 구성하도록 한다. 영아반 환경구성 방법을 살펴보도록 하자.

- 0~1세반은 수유, 낮잠, 기저귀 갈이 등 일상생활이 편안하게 이루어지도록 일상생활 영역과 함께 놀이활동 영역을 구성하고, 2세반은 놀이 활동 영역을 중심으로 구성하도록 한다.
- 놀이 영역의 수 역시 〈표 8-3〉을 살펴보면, 0세반에서 2세반으로 갈수록 영역의 수가 늘어난다. 특히 유아반에 비해 영아의 발달 특성상 신체활동이 활발하게 일어나고 실내외로 자주 이동하기 어려운 점을 감안하여 신체영역을 보육실 내에 마련하도록 한다. 영아반의 놀이 활동은 흥미영역을 의미한다기보다 영아의 발달을 중심으로 통합적인 발달을 이루는 활동을 구분하는 것이다.

- 보육실을 포함한 실내외 시설과 설비는 영아의 크기에 적절하고 안전하게 구성하도록 한다. 교구장 등 날카로운 모서리로 인해 사고가 나지 않도록 하고, 구강기 발달을 고려하였을 때 영아가 삼키는 것을 방지하기 위해 직경 3.5cm 이하의 작은 크기의 물건이나 놀잇감은 보육실에 두지 않는다.
- 영아들이 안락하고 편안하게 쉴 수 있는 휴식공간을 제공하도록 한다. 휴식영역을 따로 구성하기에 보육실 크기가 제한되어 어려움이 있을 경우, 조용한 영역에 깔개와 쿠션 등을 마련해주고, 영아 눈높이의 벽면에 영아나 가족, 또래, 친숙한 동물 사진 등을 붙여 준다. 영아의 개인 사물함이나 물건에는 이름과 사진을 붙여주어 자신의 존재를 확인하고 친숙함을 느끼도록 해 준다.

[그림 8-1] 까꿍놀이 교구를 활용한 내 사진과 가족 사진
(벽면에 게시된 카메라 모양을 들춰보면 앞면 영아의 가족사진이 있어
영아에게 정서적 안정감을 줄 수 있다)

출처: 서울시 국공립 서울숲더샵 어린이집.

3 일과계획

어린이집에서의 하루 일과는 규칙적이고 일관성을 갖는데, 획일적이고 규칙적인 일과를 지나치게 강조하는 것은 영아의 개별적인 욕구를 무시할 수 있기 때문에 시간을 가지고 기다려 주며 융통성 있게 적용할 수 있도록 한다. 융통성이 있다는 것은, 영아들이 보이는 흥미나 요구, 예상치 못한 상황이나 사건 등을 고려하여 운영한다는 것이고, 상황에 따라 계획이 바뀌거나 수정되어 운영될 수 있다는 것이다. 예를 들어, 교사가 계획한 활동에 영아가 전혀 흥미를 보이지 않을 때는 교사가 계획한 시간이나 내용을 그대로 하려고 하기보다 그 활동을 마무리하고 다른 활동으로 대체할 수 있어야 한다. 이와 반대로 교사가 계획한 것보다 영아가 지속적인 흥미를 보인다면 교사는 미리 계획된 활동을 수행하기 위해 시간에 맞추어 활동을 마무리하기보다 영아가 흥미를 보이는 활동 시간을 연장하는 것이 바람직하다. 특히 교사는 일상 양육을 위한 시간을 충분히 계획하여 영아의 생리적 리듬에 따라 개별적으로 하루 일과를 계획하고 운영할 수 있도록 한다.

영아반 일과계획을 위한 고려사항을 살펴보면 다음과 같다(보건복지부 · 중앙보육정보센터, 2013).

- 현장학습이나 지역사회 연계활동, 일상생활 관련 활동 등의 내용을 진행하거나 계절에 따른 기온 및 일조량 등을 고려하여 일과를 조절하는 등의 상황 이외, 비교적 일관되게 하루 일과를 운영할 때 영아들에게 활동에 대한 안정감을 줄 수 있다.
- 실외활동은 영아의 건강을 위해 매우 중요하다. 매일 실외활동을 계

획하여 운영하도록 하고, 실행하지 못할 경우 움직임을 권장할 수 있는 대체활동을 하도록 한다.

- 실내와 실외, 정적과 동적, 개별 활동과 휴식 등의 활동이 균형을 이룰 수 있도록 고려하여 계획하며, 어린이집의 상황을 고려하여 운영시간을 달리할 수 있다. 일과 운영 시간은 어린이집의 특성과 상황, 계절 등에 따라 조정할 필요가 있다. 예를 들어, 모든 반의 영유아가 오전 같은 시간대에 한꺼번에 실외놀이를 하도록 계획할 경우 실외놀이가 원활하게 이루어지기 어려울 수 있으므로 영아와 유아 간에 시간대를 다르게 하거나 계절과 날씨를 고려하여 실외놀이를 오전 또는 오후로 변경하여 진행할 수도 있다.
- 놀이 환경에 대한 안전은 물론 신체적 접촉을 통한 따뜻하고 민감한 상호작용을 통해 교사와의 안정과 애착이 일과 전반을 통해 이루어질 수 있도록 한다.
- 2세 후반이 되면 다음 일과로 넘어가기 전에 5~10분간 잠시 모여 앉아 전이활동(노래하기, 그림책 읽기, 손유희 등)을 진행할 수도 있다.
- 하루 일과의 계획에 따른 운영 내용을 기록한다. 영아들의 일상과 놀이 활동에 대한 관찰기록을 기술하여 다음의 활동에 반영할 수 있도록 하고, 부모와 정보를 공유한다. 관찰 기록은 영아의 현재 발달 수준을 확인하고 그 가능성을 넓혀 주는 방향으로 객관적으로 기술하도록 하고, 부모와의 면담 시 면담 자료, 보육과정 운영 계획부터 교재·교구, 환경 구성 및 교수·학습 활동을 지원하기 위한 자료로 활용하도록 한다.
- 목, 금요일의 일일보육계획에 따른 실행이 그 다음 월요일 일일보육계획에 반영되도록 하여 일일보육계획이 한 주에서 다른 주로 변화할 때 연계가 되도록 한다.

- 일일보육계획 평가에 교사는 일과 중 지원되는 일상적 양육활동에 대한 교사의 지원, 영아의 놀이활동 특성, 변화, 여러 유형의 상호작용 등을 고려하여 구체적으로 기록한다.

▣ 평가제에서의 실내놀이와 실외놀이 관련 지표와 내용

1. 실내놀이 관련

- **평가지표**: 1-2 보육계획 수립 및 실행 〉 1-2-3 하루 일과에서 영유아의 자유놀이가 충분히 이루어지도록 한다.
- **평가내용**: 매일 실내 자유놀이 시간을 기준시간 이상으로 배정하여 운영함
  - ㉮ 영유아가 자신이 좋아하는 **놀이나 활동**을 **자발적으로 선택**하여 충분히 경험할 수 있도록 **하루 중 오전, 오후를 합쳐 2시간 이상 자유놀이 시간을 운영**함
    - 이때 **오전 1시간 이상은 연속적으로 운영**하여야 함
  - ㉯ 프로그램 특성상 바깥놀이 위주로 운영하는 어린이집의 경우, 실외 자유놀이를 오전, 오후를 합쳐 2시간 이상 운영함
    - 이때 바깥놀이 시간은 별도로 산정함
    - 바깥놀이에는 실외 자유놀이, 산책, 텃밭 가꾸기 등이 포함됨
    - 실외 자유놀이란 실외에서 영유아가 자발적으로 선택하고 주도하는 놀이와 활동을 의미하며, 실외에서 이루어지는 교사 주도의 대집단 활동, 행사 등은 실외 자유놀이에 포함되지 않음

2. 실외놀이 관련

- **평가지표**: 1-2 보육계획 수립 및 실행 〉 1-2-4 **바깥놀이 시간을 매일 충분히 배정하여 운영**한다.
- **평가내용**: 매일 바깥놀이를 기준시간 이상으로 배정하여 운영함
  - ㉮ **영아 만0세는 주 3회, 30분 이상 / 만1, 2세는 매일 30분 이상**
  - ㉯ **유아 매일 1시간 이상**
  - ㉰ **장애아전문 주 1회 이상 장애유형, 장애정도, 발달수준에 따라 융통성 있게 운영**

- 바깥놀이에는 실외 자유놀이, 산책, 텃밭 가꾸기, 물 · 모래놀이 등이 포함됨
- 만 0~1세 영아의 경우, 베란다 등에서 일광욕을 하거나 외부 공기를 쐬는 등의 활동을 진행
- **날씨(한파, 폭염)와 기상현상(황사, 미세먼지 등)으로 인해 바깥놀이를 진행할 수 없을 경우 융통성 있게 실내 대체활동**을 마련한다.
- **실내 대체활동은 대근육 활동으로 진행**하되, 일부 자유놀이로 진행한 경우도 인정함
- 영유아들의 **건강상태가 좋지 않을 때는 바깥놀이 시간을 짧게 운영**하거나 실외에서도 정적인 놀이를 할 수 있도록 함

출처: 보건복지부 · 한국보육진흥원(2021).
2021 어린이집 평가 매뉴얼(어린이집용). 서울: 한국보육진흥원.

〈예시 5〉 0세반 일일보육계획

〈예시3〉 관련하여 살펴보기

날짜	20○○년 ○월 ○일 수요일	
주제/소주제	낯설어요 / 선생님을 만져봐요	
구분	활동계획	
	0-6개월(전기)	7-12개월(후기)
07:30~09:00 등원 및 맞이하기	**〈엄마와 함께 놀러가요〉**	**〈엄마와 선생님이 인사해요〉**
	- 교사 및 친구들과 반갑게 인사한다. - 영아의 기분과 건강상태를 살핀다.	
09:00~09:30 이유식 및 기저귀 갈기, 씻기	**〈선생님께 안겨서 먹어요〉** **〈선생님 품에 안겨 기저귀 가는 곳으로 가 보아요〉**	**〈이유식을 시작해요〉** **〈기저귀 가는 곳으로 기어가 보아요〉**
	- 손닦고 턱받이하고 교사의 도움을 받아 간식 먹기 - 음식에 관심을 갖고 즐겁게 이유식 먹어보기 - 세면과 입 닦기, 기저귀 살피기 - 간식메뉴: 개별 수유 및 이유식(브로콜리 죽)	

<table>
<tr><td rowspan="2">09:30~10:10
놀이 활동</td><td colspan="2">〈신체: 아이 간지러워〉</td></tr>
<tr><td>- 영아 근처에서 교사가 생쥐모양 손가락 인형을 끼우고 살금살금 걸어가는 흉내를 내 본다.
- 영아가 움직이는 생쥐 손가락 인형에 관심을 보이면 영아에게로 다가간 후 언어적 상호작용을 해 주며 간지럽혀준다.</td><td>- 영아에게 손가락 생쥐 인형을 끼워주고 교사나 친구들을 간질여보도록 한다.</td></tr>
<tr><td rowspan="4">09:30~10:10
놀이 활동</td><td colspan="2">〈언어: 똑똑똑~ 곤지곤지 잼잼〉</td></tr>
<tr><td>- 영아 사진 앨범 책을 읽어보자는 신호로 책을 똑똑 두드리는 소리를 내며 영아의 관심을 유도한다.
- 문 그림을 열고 안에 사진을 보며 누구인지 영아와 이야기한다.</td><td>- 영아가 문 앨범책에 관심을 가지고 탐색하거나 두들기면 교사가 다가가 상호작용한다.
- 영아를 도와 책의 문을 열고 사진을 함께 본다.</td></tr>
<tr><td colspan="2">〈감각 · 탐색: 보들보들 촉감길〉</td></tr>
<tr><td>- 다양한 촉감판을 길게 이어붙여 영아의 관심을 유도한다.
- 영아가 촉감판을 만져보게 한다.
- 촉감을 나타내는 다양한 표현을 들려주며 감촉을 느껴보게 한다.</td><td>- 다양한 촉감판을 교실에 놓아 영아가 손으로 만져보게 한다.
- 촉감판을 길처럼 이어서 영아가 기어가거나 교사의 손을 잡고 걸어보도록 한다.
- 영아가 익숙해지면 배열을 다르게 하여 이동해 보도록 한다.</td></tr>
<tr><td rowspan="2">10:10~10:40
실외활동</td><td colspan="2">〈유모차에 달린 바람개비를 살펴봐요〉</td></tr>
<tr><td colspan="2">- 영아용 유모차에 바람개비를 달아주고 앞뒤로 밀어주어 바람개비가 돌아가는 것을 살펴본다.</td></tr>
<tr><td rowspan="2">10:40~12:00
수유 및 낮잠</td><td>〈선생님께 안겨서 먹어요〉
〈OO야, 매트에 누워보자〉</td><td>〈이유식을 시작해요〉
〈선생님의 토닥임을 느껴보아요〉</td></tr>
<tr><td>- 조용한 음악을 들으며 편안한 수유 시간 갖기
- 개별 매트와 이불에 누워 낮잠 준비하기
- 자장가 들으며 편안하게 낮잠 자기</td><td>- 음식에 관심을 갖고 즐겁게 이유식 먹기
- 세면과 입닦기
- 개별 매트와 이불에 누워 낮잠 준비하기
- 자장가 들으며 편안하게 낮잠 자기</td></tr>
<tr><td rowspan="2">12:00~13:00
수유 및
점심식사/이닦기</td><td>- 수유 및 이유식
- 기저귀 갈기 / 씻기 / 이닦기</td><td>- 점심식사(이유식→진밥)
- 기저귀 갈기 / 씻기 / 이닦기</td></tr>
<tr><td colspan="2">- 교사와 눈 맞추며 수유 또는 이유식 먹기
- 세면과 영아용 손가락 칫솔로 이와 잇몸 닦기
- 기저귀 살피기</td></tr>
<tr><td>13:00~14:30
놀이활동</td><td colspan="2">〈신체〉 아이 간지러워
〈언어〉 똑똑똑~ 곤지곤지 잼잼
〈감각 · 탐색〉 보들보들 촉감길</td></tr>
<tr><td>14:30~15:30
오후 수유 및 휴식</td><td colspan="2">- 조용한 음악을 들으며 휴식 취하기
- 교사와 눈 맞추며 수유하기</td></tr>
</table>

2019년 4월 신설된 조항으로 현재는 어린이집에서 기본보육과 연장보육으로 운영함

15:30~16:00 실외 산책	- 유모차 타고 산책 다녀오기 - 유모차에 달린 바람개비 관찰하기
16:00~16:30 기저귀 갈기/이유식	- 손, 발 닦고 기저귀 살피기 - 손 닦고 턱받이 하며 이유식 / 오후 간식 먹기 - 얼굴과 손 닦기
16:30~17:30 놀이활동	〈신체〉 아이 간지러워, 선생님은 흔들의자 〈언어〉 똑똑똑~ 곤지곤지 잼잼 〈감각 · 탐색〉 보들보들 촉감길, 우리 선생님 웃은요
17:30~18:30 수유 및 낮잠	- 조용한 음악을 들으며 편안한 수유시간 갖기 - 영아용 개별 침대 또는 매트에 누워 낮잠 준비하기 - 자장가를 들으며 편안하게 낮잠 자기
18:30~19:30 세면 및 귀가지도	- 낮잠에서 일어나 세면 후 로션 바르기, 겉옷 입기 - 부모님이 오시는 대로 부모와 영아에 대해 이야기하고 귀가 인사 나누기

출처: 보건복지부 · 중앙보육정보센터(2013). 어린이집 표준보육과정 및 0~2세 영아보육 프로그램의 이해. pp.137-138.

▣ 어린이집 운영시간

1. 어린이집 운영시간

▶ **평일: 07:30~19:30 (12시간)**

토요일: 07:30~15:30 (일요일 및 공휴일 휴원, 8시간)

ⓐ 주6일 이상 연중 계속 운영하는 것을 원칙으로 함. 다만, 지역 및 시설여건 등을 고려하여 미리 보호자의 동의를 받은 후, 어린이집 운영위원회의 결과에 따라 토요일 휴무를 할 수 있음

ⓑ 보호자의 근로시간 등을 고려하여 미리 보호자의 동의를 받은 경우에는 영유아 및 그 보호자에게 불편을 주지 않는 범위에서 어린이집 운영일 및 운영시간을 조정하여 운영 가능(야간연장보육, 휴일보육 등 운영 가능)

2. 보육시간

ⓐ **기본보육: 09:00~16:00 (7시간)**

○ 단, 지역별 · 어린이집별 사정에 따라 보호자와 협의하여 9시~16시 전 · 후 30분 범위 내에서 보육시간 탄력 조정 가능

○ 07:30~09:00 ±30분의 등원지도 시간과 16:00~17:00 ±30분의

하원지도 시간은 기본보육시간으로 간주

ⓑ **연장보육: 16:00~19:30**

※ 2019년 4월에 신설된 조항으로, 보육시간을 운영시간과 구분함으로써 보육교사의 과다한 근무시간 및 영유아의 장시간 보육에 대한 조정 및 대안 마련이 일부분 마련되었다고 볼 수 있다.

3. 시간 연장 운영시간

ⓐ 야간연장보육: 19:30~24:00 (07:30분 이전에 이용하는 경우 야간연장보육으로 간주)

ⓑ 야간12시간보육: 19:30~익일 07:30

ⓒ 24시간보육: 07:30~익일 07:30

ⓓ 휴일보육: 일요일, 공휴일 09:00~16:00

출처: 중앙육아종합지원센터〉가정양육지원〉어린이집이용정보〉어린이집이용시간
http://central.childcare.go.kr/lcentral/d1_40000/d1_60046/d1_40013/d1_40021.jsp/20210118발췌

〈예시 6〉 어린이집 운영시간을 고려한 영아, 유아 일과 운영(기본보육과 연장보육 포함)

1) 영아반

시간	기본보육	연장보육
07:30~09:00	등원 및 통합보육	
09:00~10:20	실내(외) 자유놀이	
10:20~10:50	손 씻기 및 화장실 가기(기저귀 갈이) 오전간식(또는 이유식)	
10:50~11:30	바깥놀이	
11:30~12:40	손 씻기 및 화장실 가기(기저귀 갈이) 점심 및 이 닦기	
12:40~14:30	낮잠 및 휴식 (보조교사 지원 시 교사 휴게시간)	
14:30~15:00	손 씻기 및 화장실 가기(기저귀 갈이) 오후 간식(또는 이유식)	
15:00~16:00	실내 자유놀이 기본보육 아동 하원	연장반 전담교사 출근 (인수인계 및 휴게시간)

시간	기본보육	연장보육	
16:00~16:30	기본보육 아동 통합보육 및 하원 (교사 휴게시간)	연장반 아동(아동수확인) 개별옷, 가방 등 정리	자유놀이 및 휴식
16:30~17:00		인사나누기 손 씻기 및 화장실 가기 (기저귀 갈이)	
17:00~18:00	기본보육 준비 및 행정 업무	자유놀이 및 휴식(쉼) 일상생활(손 씻기, 화장실 가기 등) 연장보육 아동 하원	
18:00~19:30	퇴근		
19:30		퇴근	

2) 유아반

시간	기본보육	연장보육
07:30~09:00	등원 및 통합보육	
09:00~10:30	실내(외) 자유놀이 / 오전간식	
10:30~10:40	정리정돈 및 화장실 가기	
10:40~11:10	대 · 소집단 활용(또는 자유놀이)	
11:10~12:20	바깥놀이/손 씻기	
12:20~13:20	점심 및 이 닦기	
13:20~14:30	낮잠 및 휴식 (4~5세는 자유놀이 및 휴식, 보조교사 지원시 교사 휴게시간)	
14:30~15:00	손 씻기 및 오후 간식	
15:00~16:00	실내 자유놀이 기본보육 아동 하원	연장반 전담교사 출근 (인수인계 및 휴게시간)
16:00~16:30	기본보육 아동 통합보육 및 하원 (교사 휴게시간)	연장반 아동(아동수 확인) 개별 옷, 가방 등 정리
16:30~17:00		인사 나누기, 손 씻기 및 화장실 가기
17:00~18:00	기본보육 준비 및 행정 업무	자유놀이 및 휴식(쉼) 일상생활(손 씻기, 화장실 가기 등) 연장보육 아동 하원
18:00~19:30	퇴근	
19:30		퇴근

출처: 중앙육아종합지원센터 〉 가정양육지원 〉 어린이집이용정보 〉 어린이집하루일과
http://central.childcare.go.kr/lcentral/d1_40000/d1_60046/d1_40013/d1_40022.jsp/20210118발췌

4 놀이 환경

영아는 자유롭게 탐색한 지식과 기술에 기초하여 놀이를 하면서 주변 세계를 내면화하고 확장해 나간다. 영아의 놀이는 탐색 이후 대부분 이루어지는데, 새로운 사물이나 상황 속에서 들어가면 먼저 탐색을 하고, 탐색을 통해 익숙하게 된 후에 놀이를 하게 된다.

〈표 8-4〉는 0~2세반의 연령별 환경구성에 대한 내용이다. 영아반은 크게 일상생활 영역과 놀이 영역으로 나누어 구성할 수 있다(보건복지부, 2013: 67-70 재인용).

1) 일상생활 영역

영아반에는 비품 정리 공간, 휴식을 위한 개인 공간, 기저귀 갈기·수유 공간, 온·습도 조절 기능을 위한 설비, 세면대와 같은 일상적 양육을 위한 공간이 필요하다(여성가족부, 2007). 그렇기 때문에 보육실 내 일정한 공간을 확보하여 독립적이며 위생적이고 안전하게 관리하여야 한다(문성숙, 2017/2018).

〈표 8-4〉 영아반 일상생활 영역

영역	필요 자료 및 관리
개인 사물함	• 영아가 개별적으로 사용하는 여벌의 옷(계절에 따라 여벌의 옷 준비)과 기저귀, 분유, 우윳병 등을 정리 • 보육실로 들어오는 입구 가까운 곳에 비치 가능 • 사물함이나 개인 서랍에는 영아의 이름과 사진을 부착 • 사물함에 각 영아의 개인 수첩이나 부모에게 전달해야 하는 가정통신문 등을 넣어두기
휴식 영역	• 매일 영아의 기분이나 몸 상태에 따라 혼자 조용히 쉬거나 수면을 취해야 할 때 활용 • 아늑하고 부드러움을 느낄 수 있도록 구성하고, 교사가 영아를 쉽게 관찰할 수 있는 곳에 마련하기 • 베개, 소파, 캐노피나 담요, 카펫, 헝겊 그림책, 영아 애착물 등 준비 • 따로 공간을 마련하지 못하는 경우 놀이 공간 중 언어 영역을 이용할 수 있음
기저귀 갈이 영역	• 영아가 잠자는 곳 가까이 공간 확보, 교사가 드나들기 쉽도록 충분한 공간 확보하도록 함 • 영아를 눕히기에 적당한 크기로 청소하기 쉬운 마감재의 매트 사용, 감염 방지를 위해 바닥보다 높게 하고, 낙상사고를 예방하기 위해 테두리나 안전대 설치 • 기저귀, 물티슈, 일회용 위생장갑, 손소독기, 기저귀 전용 뚜껑 있는 휴지통을 가까이에 준비 • 벽 주변에 거울이나 모빌, 영아가 좋아하는 놀잇감 등을 비치 • 기저귀 갈이 영역을 따로 마련하지 못하는 경우 고무매트 등 기저귀 갈이에 위생적인 매트를 활용할 수 있으나, 영역을 일정하게 하여 영아가 지정된 곳에서 기저귀를 갈 수 있도록 함
수유 및 식사 영역	• 우유는 냉장고에 보관, 분유는 습기가 차지 않도록 보관 • 우윳병과 젖꼭지를 기관에서 소독하기 어려운 경우, 소독된 것으로 여러 개 준비할 수 있도록 부모의 협조를 구하기 • 냉장고의 우유는 적당한 온도로 데워서 먹이고, 먹고 남은 우유는 버리기 • 이유식 전용 의자 사용, 낮은 책상 준비. 이유식이나 간식 전과 후에는 책상을 깨끗이 닦고 가능하다면 소독액을 사용하여 소독하기

출처: 문성숙(2017/2018). pp.278-280. 내용을 표로 재정리함

2) 놀이 영역[2)]

(1) 0세에 적합한 놀잇감 및 교사 역할

월령	놀잇감	놀잇감 제시 및 교사 역할
0-3개월	• 눈으로 따라갈 수 있는 놀잇감: 딸랑이, 손전등, 인형 등 • 청각을 돕는 놀잇감: 소리 나는 모빌, 딸랑이 • 반복적인 리듬의 악기: 찍찍이, 탬버린, 종 등	• 놀잇감을 좌우로 움직여 주어 영아가 눈으로 따라 가거나, 고개를 돌리게 함 • 빠르게 또는 느리게 흔들어 보이거나, 영아가 직접 잡고 흔들 수 있도록 함 • 특정 놀잇감을 선호하는 반응을 보이므로 영아의 반응을 고려하여 놀잇감 제시
4-6개월	• 소리 나는 놀잇감(소리 나는 모빌, 딸랑이, 오뚝이 등) • 손으로 잡을 수 있는 모빌이나 끈달린 놀잇감(모빌) • 촉감 놀잇감(사람인형, 곰인형 등)	• 잡기가 가능해지므로 영아가 팔을 뻗으면 닿을 수 있는 위치에 모빌, 놀잇감 등을 끈으로 낮게 매달아 줌 • 상자나 바구니에 영아가 좋아하는 사람인형이나 곰인형, 딸랑이 등을 넣고 꺼내보는 활동을 해 봄
7-9개월	• 두드려보거나 끈을 당겨 볼 수 있는 놀잇감(단추를 누르면 튀어 나오는 놀잇감) • 두드리고 던지고 떨어뜨려 볼 수 있는 놀잇감(블록, 소리 나는 삑삑이, 공, 냄비뚜껑, 탑 쌓기, 헝겊 공, 고리 끼우기 등) • 촉감 그림책, 거울, 전화기 • 구기거나 찢을 수 있는 종이	• 양손에 물건을 하나씩 들고 서로 두드려보는 활동을 즐김 • 힘이나 속도를 조절하면서 끈을 당겨볼 수 있는 놀잇감을 제시하기 • 깨물고, 씹는 행동을 즐기기 때문에 놀잇감 청결 유지 • 찢기 등 소근육 발달 지원 가능
10-12개월	• 촉감 그림책, 누르면 동물 소리 나는 그림책 • 손인형, 장난감 전화기, 실로폰 • 종이블록, 콩 주머니, 비치볼이나 큰 공 등	• 손인형이나 손가락인형 등을 활용하여 영아의 이름을 부르거나 노래를 불러주는 것, 또는 영아의 신체를 터치하는 등의 행동을 좋아함 • 쌓고 무너뜨리는 놀이, 던지기 놀이를 즐거워 함

2) 출처: 보건복지부(2013). pp.67-70. 내용을 재작성함

(2) 1~2세에 적합한 놀잇감 및 교사 역할

연령	놀잇감	놀잇감 제시 및 교사 역할
1세 (13-24개월)	• 밀고 당기는 놀잇감(끌차, 카트, 유모차, 청소기 등) • 타는 놀잇감(소형 자동차) • 동시나 동요 음원 • 직경 3.5cm 이상인 퍼즐 • 조작 놀잇감(컵 쌓기, 간단한 꼭지 퍼즐 등) • 옷 입히기 놀잇감 • 탐색 놀잇감(자석 낚시 게임, 짝짓기 게임 등) • 미술재료(핑거페인팅, 매직 등) • 악기류(북, 탬버린, 리듬막대 등) • 상징놀이를 위한 놀잇감(사실적인 놀잇감으로 인형, 동물 봉제인형, 역할 놀잇감, 거울, 모형 자동차 등)	• 발달 특성을 고려하여 가상놀이나 상징놀이, 역할놀이를 할 수 있는 사실적인 놀잇감을 준비하기 • 실제와 비슷한 탈 것, 자동차 등을 좋아함 • CD나 음원 등을 준비하여 동시나 동요, 이야기 등을 자연스럽게 들을 수 있도록 함 • 자율성 등의 발달을 고려하여 이 시기 스스로 할 수 있는 일, 좋아하는 일을 재연해 볼 수 있는 인형 옷 입히기 놀이 준비해 주기 • 색감 구별 및 신체를 활용하여 미술 재료 탐색하기를 지원함 • 손가락 힘과, 눈과 손의 협응력이 점점 향상되기 때문에 북이나 두드려 소리 낼 수 있는 악기 등을 준비할 수 있음 • 7~10cm의 작은 차에 관심을 보이기도 하고, 30~40cm의 큰 차를 밀고 다니기도 하는 시기이므로 다양한 크기의 자동차류 놀잇감을 제시하도록 함
2세 (25-36개월)	• 오르고 내리는 기구 • 밀고 당기는 놀잇감(끌차, 카트, 유모차, 청소기 등) • 다양한 크기의 공 • 가족, 친숙한 물건, 동물 등의 그림책, 일상생활 관련된 그림책 • 다양한 탐색 놀잇감: 3~5조각 퍼즐, 큰 구슬 꿰기, 동식물 기르기 • 다양한 미술재료와 만들기 재료(재활용품들 활용 가능) • 음률활동을 위한 놀잇감: 마라카스, 리듬막대, 스카프, 한삼 등 • 부엌놀이, 인형놀이, 옷 입히기 놀이, 운전놀이, 가게놀이 등을 위한 역할 놀이 놀잇감 • 크기가 너무 작지 않은 다양한 재질의 블록(나무 블록, 우레탄 블록, 스펀지 블록 등) • 동물, 자동차, 사람 등의 소품류	• 발달 특성상 신체활동을 활발히 할 수 있도록 미끄럼틀, 트램플린 등의 놀이기구 비치하기 • 영아의 관심, 흥미, 일상생활, 발달과업 등을 고려한 다양한 종류의 그림책 준비하기 • 미술활동은 표현활동을 주로 하기보다 감각·탐색이 주가 되는 조형활동으로 운영함. 다양한 재료들을 탐색하는 과정을 격려하고 지원하도록 함 • 악기 연주보다는 악기의 다양한 소리를 들어보고, 탐색하며 소리 만들기를 시도해 볼 수 있도록 함 • 가족과 관련된 극놀이를 좋아하므로 학기초에는 가족놀이나 아기놀이를 위한 구조화가 높고 사실성이 높은 놀잇감을 제공하도록 함 • 이 시기 영아들은 밀폐된 공간, 숨을 수 있는 공간을 좋아하므로 커다란 박스나 천을 이용하여 공간을 분리하고 개인공간을 만들어 주면 좋아함 • 나눠쓰거나 배려하는 행동이 어려우므로 놀잇감 분쟁의 요인을 예방하기 위해 수량을 충분히 마련하도록 함

리본막대

몸을 움직이며 반응하면서 영아들이 신체영역에 관심을 가질 수 있도록 유도해 볼 수 있는 놀잇감

손목딸랑이

흔들어 보면서 자유롭게 탐색하고 소리가 나는 것에 반응을 보이며 다양한 움직임을 시도할 수 있는 놀잇감

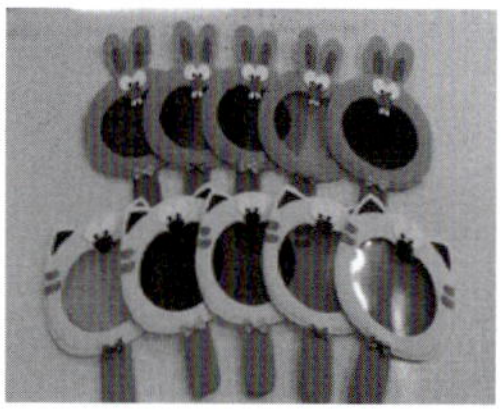

색깔 돋보기(탐색)

주변의 자극에 흥미를 보이기 때문에 아이의 호기심을 자극할 수 있는 놀잇감

고리던지기

동물 볼링하기

끌차

줄이 목에 감길수도 있으므로 50cm 이하로 되어 있는지 확인하기, 걸음마기 영아의 경우 걷기 시작하면서 활동 반경이 넓어지고 대근육이 발달하는 시기로 걸음마를 하면서 끌차를 끄는 것에 흥미를 느낌

동물에게 먹이주기

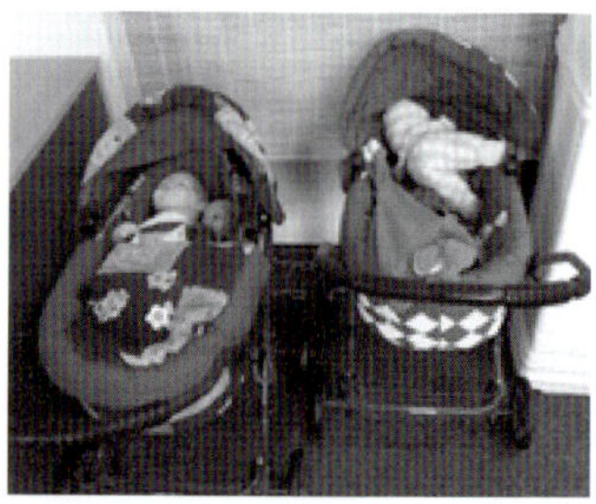

유모차

[그림 8-2] 영아에게 적합한 놀잇감

〈영아반 놀이 영역: '아이스크림 가게' 놀이 영역과 주제 '여름' 관련 환경구성〉

〈영아반 놀이 영역: '추석-즐거운 한가위'〉

출처: 서울시 국공립 서울숲더샵 어린이집 만 2세반 놀이 영역

CHAPTER 09

유아반 보육과정 운영

유아기는 대근육 발달은 물론, 소근육 발달 역시 급격히 이루어지는 시기이다. 언어발달에 있어서도 다양한 단어습득으로 어휘구사력이 발달되고 세 단어 이상을 사용하는 등 문장을 사용하여 다른 사람과 소통할 수 있다. 인지발달은 피아제(Piaget)의 전조작시기에 해당하며 상징적 사고, 자기중심적 사고, 물활론적 사고의 특징이 나타난다. 영아기에 비해 폭넓은 사회관계를 형성하며 자신의 정서를 조절하고 감정에 대해 정서를 통제하는 능력도 향상된다. 이러한 유아기 발달특징을 고려한 유아를 위한 보육과정을 계획하여 운영하도록 한다.

- 유아들은 하루 종일 어린이집에서 지내기 때문에 보살핌의 역할에 더해 교육적인 역할의 중요성이 강조된다. 유아의 전인발달의 도모를 위해 개별 유아들의 다양한 교육적 요구를 반영할 수 있는 보육과정이 필요하다.
- 다양한 단어를 사용하여 교사 및 또래와 의사소통이 가능해지는 시기이므로 교사는 유아에게 질 좋은 상호작용이 이루어지도록 확산적 발문을 통한 언어적 상호작용이 일어날 수 있도록 한다.
- 대인관계의 폭이 넓어지는 시기이기에 단위활동을 배치할 때 대그룹 활동뿐만 아니라 소집단 및 개별 활동이 골고루 배치될 수 있도록 운영해야 한다.

1 연간보육계획

2019 개정 누리과정에서는 유아·놀이 중심 보육과정을 계획하고 운영하는 것을 주요 내용으로 한다. 이에 어린이집은 2019 개정 누리과정을 바탕으로 각 기관의 실정에 따라 적합한 계획을 수립해야 한다. 각 학급 수준에서 1년 동안 유아의 놀이를 지원하기 위해 필요한 사항을 미리 생각하여 준비하는 모든 과정이 포함될 수 있다.

연간보육계획안을 작성할 때 교육과 보육 모두를 포괄하여 유아의 놀이 경험이 교육적 가치로 발현될 수 있도록 해야 한다. 놀이 중심 보육과정의 흐름을 반영하여 어린이집은 기존에 활용하였던 연간, 월간, 일일 계획안을 기관 및 학급의 특성에 적합하게 계획안의 종류, 형식, 분량 등을 자율적으로 계획하여 변경·운영할 수 있다. 예를 들면, 매년 작성하는 연간 계획 이외에 월간과 주간, 일일 계획을 통합하거나 기관과 담당 학급 특성을 반영하여 간단한 일지 형식으로 계획안을 작성할 수 있다. 왜냐하면 유아·놀이 중심 보육과정에 있어 유아가 경험할 활동이나 놀이에 대해 미리 계획한다는 것이 다소 어려울 수 있기 때문이다. 그런 이유로 기존에 기관에서 미리 다음주 보육활동을 계획하여 배부했던 주간 계획안의 경우 유아가 실제 놀이한 내용과 그 놀이를 통한 배움에 대한 기록에 대해 활동 중이거나 활동이 끝난 후「놀이이야기」,「ㅇㅇ반의 놀이」등의 이름으로 가정에 보내기도 한다.

개정 누리과정에서는 보육계획과 관련하여 각 기관의 지역적 특성이나 철학에 맞게 교육계획의 양식이나 작성시기, 활용 방법을 자율적으로 정하도록 하여 유아가 경험해야 할 내용을 바탕으로 배움의 통합성, 융통성, 자율성이 강조되도록 하였다(교육부 외, 2019).

연간보육계획의 작성 방법을 살펴보자(교육부 외, 2019; 박찬옥 외, 2020b).

① 연간계획은 수립되었다 하더라도 유아와 교사가 함께 만들어가는 교육과정이므로 유아의 놀이 경험에 따라 시기와 기간 등이 변경될 수 있다.

② 연간보육계획 수립 시, 전년도의 연간보육계획을 평가 후 평가를 반영하여 운영한다.

③ 연간계획은 국가수준의 보육과정에서 추구하는 인간상과 기관의 철학, 지역사회의 특성, 개인 수준의 다양성을 고려하여 자율적으로 수립한다. 연간계획은 기관 차원에서 수립하는 것이 일반적이며, 일년간의 중요한 경험(예: 기관 적응, 계절, 명절, 그 해의 특별한 국가적 행사, 기관 행사, 진급 등)을 고려하여 계획할 수 있다.

④ 연간계획은 기관 전체의 구성원이 공유하는 자료이므로 기관 차원에서 연간계획을 검토한다.

⑤ 유아에게서 발현되는 놀이 주제가 학기를 진행하는 동안 즉각적으로 반영될 수 있도록 여지를 남기고 연간계획을 작성한다.

〈예시 1〉 **주요 학사일정 및 행사의 계획과 유아발현 놀이주제의 기록으로 만들어지는 연간보육**

<table>
<tr><th>월</th><th>주</th><th>주요 학사일정 및 행사</th><th colspan="2">유아들의 흥미에 따라 선정된 주제</th><th>tip!!</th></tr>
<tr><td rowspan="4">3</td><td>1</td><td>입학식</td><td colspan="2" rowspan="4">우리반 친구들</td><td rowspan="4">학기 초에는 주요 학사일정 및 행사만 기록되어 있음</td></tr>
<tr><td>2</td><td></td></tr>
<tr><td>3</td><td></td></tr>
<tr><td>4</td><td>3월 생일파티</td></tr>
<tr><td rowspan="4">4</td><td>1</td><td>식목일 기념 지속발전 가능한 교육</td><td rowspan="4">꽃</td><td rowspan="3">즐거운 생일파티</td><td rowspan="4">놀이 장면을 관찰하다가 발견된 공통된 관심사를 주제로 선정하여 추후에 기록해 나감</td></tr>
<tr><td>2</td><td>교통안전교육 1차 / 봄 식물 심기</td></tr>
<tr><td>3</td><td>봄소풍</td></tr>
<tr><td>4</td><td>4월 생일파티</td><td></td></tr>
<tr><td rowspan="7">5</td><td>1</td><td>어린이날 & 어버이날 기념 참여수업</td><td colspan="2" rowspan="8">식물기르기</td><td rowspan="7">주제는 유아들의 흥미에 따라 한 학급에서 2-3가지로 나뉠 수도 있고, 다시 합쳐 지기도 함</td></tr>
<tr><td>2</td><td>식물원 견학</td></tr>
<tr><td rowspan="2">3</td><td>소방안전교육 1차</td></tr>
<tr><td>아동권리교육 1차</td></tr>
<tr><td rowspan="3">4</td><td>5월 생일파티</td></tr>
<tr><td>다문화 이해 교육</td></tr>
<tr><td>아동 실종 예방 교육</td></tr>
<tr><td rowspan="4">6</td><td>1</td><td>교통안전교육 2차</td><td rowspan="4">새로운 주제가 정해지면 이전에 경험한 내용들을 고려하여 연계성있는 교육이 이루어지도록 지원해야함</td></tr>
<tr><td>2</td><td>아빠참여수업</td><td rowspan="3">자동차</td><td rowspan="3"></td></tr>
<tr><td>3</td><td>6월 생일파티</td></tr>
<tr><td>4</td><td>소방안전교육 2차</td></tr>
<tr><td rowspan="4">2</td><td>1</td><td></td><td colspan="2"></td><td rowspan="4">필요에 따라 유아들이 공통으로 관심을 보일 만한 주제는 미리 계획할 수 있음</td></tr>
<tr><td>2</td><td></td><td colspan="2" rowspan="2">초등학교에 가면</td></tr>
<tr><td>3</td><td>졸업식</td></tr>
<tr><td>4</td><td></td><td colspan="2"></td></tr>
</table>

출처: 박찬옥·서동미·곽현주·박성희·한남주·홍찬의(2020). 2019 개정 누리과정을 반영한 유아교육과정. 정민사. p.257.

2 주제별 보육계획

유아놀이중심에서 시작하는 보육과정을 운영하기 위해서 유아의 놀이를 따라가며, 유아의 관심에서 시작하는 놀이를 중심으로 주제를 선정할 수 있다. 물론 기존 생활주제를 토대로 하여 유아의 놀이 관심 주제로 선정할 수도 있으나, 여기서 중요한 것은 기존 생활주제 토대이든, 벗어나든 유아의 현재 관심과 흥미를 반영한 놀이 주제를 선정하여 주제별 보육계획을 수립해 나간다는 것이다. 주제 안에서 유아가 학습할 내용을 미리 선정하기보다 보육기관 공동체 안에서 유아와 유아, 유아와 교사 간 함께 하는 놀이, 활동, 배움의 측면으로 접근해야 한다. 주제를 선정하기 위해서 유아의 놀이를 관찰하는 것이 선행되어야 한다. 놀이 관찰 시 주제 선정을 위해 고려해야 할 사항은 다음과 같다.

- 수많은 놀이 중 유아가 흥미를 가지고 참여할 수 있는 주제인가?
- 학급 차원, 기관 차원, 사회적 맥락 안에서 해당 학급 유아가 함께 공유할 가치가 있는 주제인가?
- 유아의 놀이나 탐색, 탐구가 주도적으로 이루어질 가능성이 있는 주제인가?

이와 같은 사항을 고려하여 유아 놀이 관찰 기록을 통해 교사의 지원 방향을 결정하고 다시 이를 기반으로 다음날 계획안을 작성한다. 또한 유아 놀이 활동이 끝난 후 놀이 양상과 지원 내용에 대한 유아의 반응, 놀이의 변화 등을 기록하여 다음날의 지원 방향으로 정한다.

〈예시 2〉 계절 주제와 유아로부터 시작된 놀이 주제를 반영한 월간보육

주		5월 1주	5월 2주	5월 3주	5월 4주
놀이 (바깥 놀이 포함)	봄	• 봄꽃 만들기	• ~~꽃가게 꾸미기~~	• ~~꽃가게 놀이~~	
		• 모형꽃, 화분으로 놀기	• ~~꽃시 마라카스~~		• ~~티슈로 나비~~ 만들기
		• 산책 사진으로 만든 책	• 씨앗 그림책	• ~~꽃모양 막대인형~~	• 봄의 곤충 그림책
	유아의 흥미에 따라 새로운 주제 '번쩍아끈'이 시작되었고, 이를 반영함				
	반짝이끈	• 반짝이끈 가지고 나가 놀기 • 반짝이끈 나뭇가지에 묶기 • 반짝이끈으로 만든 도구로 운동하기			
		유아의 흥미에 따라 새로운 주제 '반짝이끈'이 시작되었고, 이를 반영함			
활동		• 우리 교실에는 어떤 장난감이 있으면 좋을까? • 상자와 반짝이끈으로 어떻게 놀이할 수 있을까? • 놀이의 진행과정에 따라 문제해결 의견나누기			
		• 동화 '우리 가족' 동화 '봄소풍'			
		• 노래 '봄에 피는 꽃'	• ~~봄꽃 찾아오기 게임하기~~ • 반짝이끈으로 신체 표현하기	• ~~노래 '씨앗이 자라서'~~ • 반짝이끈으로 게임하기	• ~~노래 '개미'~~ • 애벌레 신체 표현하기
필요한 경우 활동을 통해 유아의 놀이를 지원함					
행사일정		5일 - 원내 어린이날 행사 / 8일 - 원내 어버이날 행사 & 포토존 22일 - 원내 손씻기 교육 / 29일 - 급식도우미 활동			

출처: 교육부·보건복지부(2019). 2019 개정누리과정 놀이실행자료. p.120.

〈예시 3〉 변경되는 놀이 기록이 가능한 월간보육계획하기

생활주제별 교육 활동 계획안 (만5세)

생활주제	탈	전개기간	0월 00일~0월 00일(4주간)
목표	• 여러 가지 종류의 탈에 관심을 가지고 살펴본다. • 탈춤에 대해 알아본다. • 탈춤을 추며 즐거움을 느낀다.		

자유선택활동		기본생활습관	대·소집단 활동	
쌓기	• 탈춤 무대 만들기	• 올바른 이닦기(청결)	이야기 나누기	• 어떤 탈인지 궁금해요 • 여러 가지 탈춤 • 탈춤을 추려면 필요해요 • 탈을 만들어요 • 공연을 준비해요 • 어떤 탈인지 궁금해요
역할	• 탈춤을 추어요 • 탈을 쓰고 마음을 표현해요			
언어	• 탈이 궁금해요 • 탈 이름 빙고게임 • 초대장 꾸미기	탈	동화 동시	• 아무도 모를거야, 내가 누군지 • 샌님과 호랑이 • 봉산탈사자춤
수·조작	• 탈 퍼즐맞추기 • 탈을 맞추어요 • 우리가 가장 좋아하는 탈			• 달 동시짓기 • 정말 멋쟁이
음률	• 전통악기 연주하기 • 탈춤을 배워요	**안전교육**		
미술	• 탈 만들기 • 탈 로켓 태워주기 • 딱지 만들기	• 어린이119 아동안전체험 – **소방서	음악	• 어깨춤 • 탈춤추세 • 사물놀이 연주
바깥 놀이	• 민속놀이 (투호, 사방치기, 딱지)		신체	• 탈춤추세(한삼춤) • 탈 쓰고 반환점 돌아오기

생활주제별 전개기간에 따라 3주~5주간으로 계획하여 작성

집단활동, 자유선택활동 등 구분은 유지하고, 중점활동 위주로 작성해서 배부하는 주제망 형태

월간 교육계획안 (만3세)

생활주제	색깔		전개기간	9월 3주~10월 2주(4주간)
교육목표	• 주변에 있는 여러 가지 색에 관심을 가진다. • 색의 변화와 혼합에 대해 알아보고 경험한다. • 색의 느낌과 색이 주는 상징에 대해 알아본다.			
주활동	1주	2주	3주	4주
주제	여러 가지 색	색깔을 찾아봐요	색깔로 놀아요	색으로 말해요
활동내용	• 여러 가지 색깔의 이름 알기 • 내가 좋아하는 색 소개하기 • 색깔 책 만들기(언어)	• 어린이집에서 발견한 색깔들 • 만약 세상이 모두 파랗다면? • 자연에서 색깔찾기(바깥)	• 색 밀가루 반죽놀이(미술) • 색판뒤집기(게임) • 색 섞어보기(과학)	• 따뜻한 색, 차가운 색 • 색이 말을 대신해요 • 색깔로 말하는 나의 기분
	– 색깔음식점놀이(역할)	– 달팽이 관찰하기(과학)		– 색깔성 만들기(쌓기)
변경활동 기록		자연에서 찾은 색을 모아서 색상환으로 만들기(미술)		색깔 신호대로 움직이기(게임)

생활주제별(월간)로 작성하면서 주별로 구분지어 작성

매주의 주제 계획하기

주별 중점되는 활동 위주로 작성, 지속되는 활동은 통합해서 작성

진행과정에서 유아의 흥미와 관심에 따라 추가되거나 변경되는 활동을 추후에 기록할 수 있는 공간

출처: 경기도 교육청. 유아교육과 놀이중심교육과정 실천자료: 놀이 2018. 유아교육, 놀이로 풀다. p.33.

〈예시 4〉 놀이실행 및 지원을 기록한 주간보육

주제	우리 동네	목표	내가 살고 있는 곳에 대해 궁금한 것을 알아본다.

요일	실행	지원
…	…	…
목	• 교실 한 켠에 있는 지도에 대해 관심을 가지고 가장 빨리 가는 길에 대한 대화를 나눔.	✔ 인터넷을 활용하여 유아가 지도를 잘 볼 수 있도록 지원함.
금	• 인터넷으로 본 지도를 보며 그림으로 길을 표상함. 교실에 있는 종이가 작다고 하면서 점점 더 큰 크기의 종이를 요청함.	✔ 더 큰 종이 제공함: 도화지 → 4절지 → 전지 → 전지 이어 붙여서 그림 그리기
월	• 지난주 금요일에 이어 길을 그림으로 표상함. 그림에서 일반도로 뿐 아니라 다양한 길(예: 지하철, 고속도로 등)에 대한 표상이 나타남. • 종이를 이어 붙이는 것의 불편함과 더불어 이어 붙인 종이 위에 올라가서 그림을 그리자 다시 그릴 공간이 좁아지는 상황이 벌어짐.	✔ 문제 해결 방법에 대해 유아들과 토의하였고 복도에 나가서 그림을 그리기로 결정함. ✔ 종이는 계속 이어 붙이기 어려워 바닥에 그림을 그리면 좋겠으나 바닥을 훼손하면 안 되므로 다음날 교사와 함께 자료실에 가서 바닥에 그리기 적절한 그리기 도구가 있는지 찾아보기로 함.
화	• 자료실에 가서 바닥에 그리고 지우기 적절한 그리기 도구를 찾다가 우연히 테이프를 발견하고 테이프로 길을 만들자고 함. • 유아가 선택한 자료인 테이프로 유아는 복도에서 길을 만들기 시작함.	 ✔ 교사와 유아가 함께 자료실에 가서 유아가 선택한 자료(절연테이프)를 제공함. ✔ 교실 외 놀이공간(복도) 활용함.
수	• 복도에서 이어서 놀이함. • 색테이프를 요청함. • 테이프로 벽에도 표상을 시작함. 노랑 - 고속도로 파랑 - 1호선 초록 - 2호선 빨강 - 3호선 "아파트는 바닥X 서있잖아."	✔ 벽까지 올라가서 어떻게 다 떼어 정리하나 걱정도 되었지만 유아들의 놀이를 지켜보기로 함. ✔ 요청에 따라 다양한 색깔의 테이프 추가 제공함. ✔ 테이프로 만든 길 위에 입체적으로 동네를 구성할까 싶어 종이벽돌블록과 소품 일부를 제시해 보았음.
목	• 제시한 블록, 소품에 관심을 보이지 않음. 오로지 테이프로만 길 만들기에 집중함. • 복도도 테이프길로 거의 꽉 차고, 멈춰야 되는지 다른 공간으로 길을 확장해도 괜찮은지 묻기 시작함. • 유아들과 토의 후 계단, 강당까지 가기로 함. • 길/미로/경사로 관련 대화가 오감.	✔ 유아가 안전하게 놀이하도록 교사도 전체를 관찰하지만, 평소 놀이하던 공간이 아니고 다른 학급의 유아들도 오가는 공간이므로 안전하게 놀이할 수 있도록 안전에 대해 짧게 이야기를 나눔. ✔ 유아들의 의견을 받아들여 복도에서 계단, 강당까지 기관 전체로 이어서 놀이하는 것으로 함.
금	• 테이프로 길 만드는 유아들이 줄어들고, 복도나 계단에서 길 만들기 놀이를 하기보다는 뛰어다니는 유아들이 많아짐. • 테이프를 떼어 정리하는 과정에서 돌돌 말린 테이프가 공처럼 되었고 테이프 공은 다시 유아들에게 새로운 놀잇감으로 보이기 시작함.	✔ 길 만들기 놀이에 대한 관심이 줄어들었음. ✔ 정리도 유아와 함께 진행함. 정리하는 과정에서 새로운 놀이자료(테이프 공)를 발견함. ✔ 테이프 공 활용하여 놀이할 수 있는 방법을 유아들 스스로 창안하기 시작함.

출처: 교육부·보건복지부(2019). 2019 개정누리과정 놀이실행자료. p.108.

〈예시 5〉 실행된 놀이중심 교육과정과 예상 놀이주제를 기록한 주간보육

파란 하늘반의 한 주 놀이 이야기

기간 : 20**. *. *. (월) ~ *. *. (금)

<table>
<tr><td rowspan="3">새싹반 이번 주 경험</td><td rowspan="2">놀이</td><td colspan="3">여러 가지 돌과 흙 탐색하기
광목 흙 인형놀이</td></tr>
<tr><td colspan="3">비 오는 날 산책하기 흙이랑 놀아여 모래놀이 텃밭 가꾸기</td></tr>
<tr><td>활동</td><td colspan="3">함께 놀아요. 흙이랑(동화)
던지면 안돼요(이야기 나누기)</td></tr>
<tr><td>놀이 사진</td><td colspan="4"> 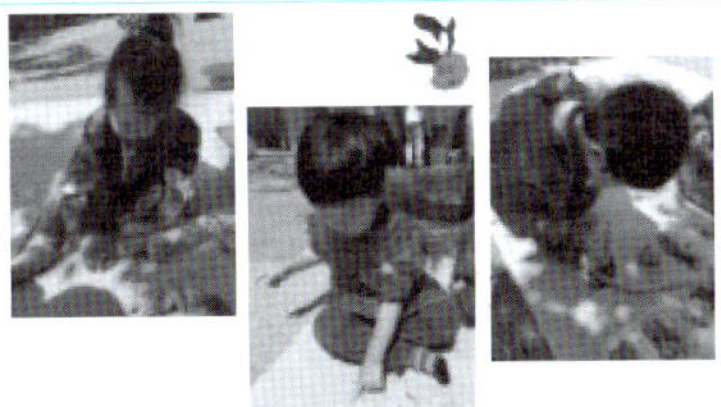 </td></tr>
<tr><td rowspan="2">이번 주 유아들의 관심</td><td colspan="2">• 흙이 서로 달라요.
• 흙에도 색깔이 있어요.</td><td colspan="2">• 돌은 여러 가지 종류가 있어요.
• 돌로 여러 가지 놀이를 할 수 있어요.</td></tr>
<tr><td colspan="4">• 이번 주가 끝나갈 즈음 우연히 채색한 투명 통을 창가에 올려놓은 유아들이 창가로 들어오는 빛을 통해 만들어진 무지개를 보며 '빛'에 대해 관심을 갖게 되었음. 유아들은 채색된 통과 그렇지 않은 통을 올려놓고 보는 사람의 눈높이에 따른 빛을 관찰하며 즐거워했음.</td></tr>
<tr><td rowspan="2">다음 주 예상 관심과 놀이</td><td>• 빛은 예쁜 색깔이 있어요.</td><td colspan="2">• 무지개 빛이 궁금해요.</td><td>• 빛은 왜 다 달라요?</td></tr>
<tr><td colspan="4">• 다음 주에는 새싹반 유아들과 반짝이는 '빛'에 대해 탐색하고 놀이할 것으로 예상됨. 한 주간 햇살처럼 반짝이는 유아들의 즐거운 시도가 가득하길 기대해 봄.</td></tr>
<tr><td>학부모님과 함께 할 내용</td><td colspan="3">• 집 주변에서 볼 수 있는 흙과 돌에 관심을 가질 수 있도록 학부모님이 함께 놀이해 주실 수 있도록 안내하기
• 흙과 돌과 관련된 재미있는 놀이나 경험을 한 유아가 있다면 클래스팅에 관련 사진과 이야기를 올려주도록 안내하기. 다른 유아들과 함께 보며 자신의 경험을 즐겁게 나눌 것임에 대해 안내하기
• 흙과 돌, 빛과 관련된 도서 및 자원을기관으로 보내주시도록 안내하기</td><td></td></tr>
</table>

출처: 교육부·보건복지부(2019). 2019 개정누리과정 놀이실행자료. p.132.

〈예시 6〉 놀이계획 및 실행, 누리과정 운영 평가를 포함한 주간보육

<table>
<tr><th colspan="2">기간</th><th colspan="5">5월 2주</th><th></th></tr>
<tr><th colspan="2">요일</th><th>월</th><th>화</th><th>수</th><th>목</th><th>금</th><th></th></tr>
<tr><td rowspan="2">놀이</td><td>봄</td><td colspan="5">• 꽃가게 놀이 확장(조화, 포장지, 끈, 화분, 가위, 테이프, 다양한 종이 등)
꽃가게가 구성되면 자연스럽게 놀이가 진행되도록 지원함. 필요에 따라 놀이그룹 또는 학급전체의 놀이진행상황을 공유하기 위한 이야기 나누기를 진행함.</td><td></td></tr>
<tr><td>반짝이끈</td><td colspan="5">• 그림책〈빨간끝〉
반짝이끈 놀이의 진행에 따라 적절한 시기에 그림책을 제공함. 그림책에 대한 관심을 많이 가져 활동을 통해 전체 유아와 함께 읽고 반짝이끈 놀이와 연계하였음.
• 반짝이끈과 상자 놀이
반짝이끈 속에 몸을숨기던 유아들이 이제는 놀잇감을 숨기고 찾기 놀이를 함. 유아들 스스로 놀이 규칙을 만드는 과정을 지원함.
• 반짝이끈과 상자로 상상놀이하기
반짝이끈과 상자를 이용하여 만들고 싶은 것을 만들었고 결과물을 활용하여 상상놀이가 전개됨.</td><td>계획에 없었지만 진행된 놀이의 기록</td></tr>
<tr><td colspan="2" rowspan="4">활동</td><td colspan="5">• 이야기나누기 '놀이에서 생긴 문제를 어떻게 해결할까?' 갈등상황 해결하기 위해 활동으로 진행</td><td rowspan="4">월안에서 계획했던 내용을 실제 놀이를 반영하여 융통성 있게 실행</td></tr>
<tr><td colspan="5">• 동화 '빨간 끈' PPT동화로 진행함</td></tr>
<tr><td colspan="5">• 노래 '씨앗이 자라서' 꽃가게 놀이 경험과 연계하여 진행함</td></tr>
<tr><td colspan="5">• 반짝이끈 게임 진행되지 않음</td></tr>
<tr><td colspan="2">바깥놀이</td><td colspan="5">• 풀 찧어 소꿉놀이하기/반짝이끈 나뭇가지에 묶기</td><td></td></tr>
<tr><td colspan="2">인성교육</td><td colspan="5">• 친구에게 친절하게 말하기</td><td></td></tr>
<tr><td colspan="2">일일 기록 및 지원</td><td>• 반짝이끈 속성을 이용한 놀이로
• 꽃가게를 열기 위해 꽃다발 만들기에 관심을 가짐</td><td>• 반짝이끝과 상자를 같이 활용하여 숨기, 보물찾기 놀이를 함</td><td>• 반짝이끈을 활용하여 상상놀이를 함
• 바깥놀이 동안 풀에 대한 관심을 많이 표현함</td><td>• 반짝이끈 놀이 공간에 대한 갈등상황이 발생하여 이야기 나누기를 진행</td><td>• 반짝이끈 정리하기
• 풀에 대한 관심을 교실로 확장해보고자 함</td><td rowspan="2">일일 및 주간으로 놀이내용과 지원계획에 대해 간단히 기록</td></tr>
<tr><td colspan="2">주간 기록 및 지원</td><td colspan="5">• 반짝이끈으로 놀이하고 정리도 유아가 스스로 할 수 있도록 함. 정리 시 반짝이끈을 비닐에 담아 공이 되었고, 바깥놀이 시 신체활동 소품으로 활용해보았음. 유아들이 즐겁게 호라용하며 놀이하여 반짝이끈 공 굴리기 게임 및 바깥놀이 시 자유롭게 공 놀이하는 자료로 활용해볼 것임.
• 실내놀이에서 지난 2주간 제공하였던 조화와 유아들이 만든 꽃이 어우러져 꽃가게 놀이로 진행됨. 교사가 놀이를 기본적으로 제공하였지만 유아들 사이에서 자발적으로 가게에 필요한 공간구성과 놀이자료를 스스로 만들기 위해 노력하고 의사소통이 활발하게 일어남.
• 바깥놀이에서 풀을 뜯어 소꿉놀이, 찧기 등이 나타나며 봄의 식물에 대한 탐구와 심미적 감상이 활발하게 이루어짐. 교실에서 풀과 관련된 놀이가 이어질 것으로 예상됨.</td></tr>
</table>

출처: 교육부·보건복지부(2019). 2019 개정누리과정 놀이실행자료. p.121.

3 일과계획

1) 일일보육계획

유아가 주도하는 놀이를 미리 계획하여 운영할 수 없는 어려움 때문에 유아가 실제 놀이한 내용 및 놀이를 지원하는 내용이 포함될 수 있도록 일과를 운영하도록 한다. 교사는 기존의 방식에 비해 사전 계획을 최소화하고 필요에 따라 안전과 관련한 사항, 유아의 놀이 특성에 따라 개별 지원해야 하는 사항을 반영해 계획할 수 있다. 놀이를 반영한 일일보육계획은 주간보육계획을 중심으로 구성한다. 영유아들의 활동에 대한 관심 정도나 날씨 등을 고려하여 융통성 있게 계획하는데, 특히 영유아는 하루 종일 어린이집에서 지내야 하기 때문에 지루함이 생기지 않도록, 오전활동과 오후의 일과가 연계될 수 있도록 해야 한다.

- 하루 일과는 영유아의 욕구를 충족시킬 수 있도록 지속적이고 융통성이 있어야 한다.
- 동적인 활동과 정적인 활동이 균형을 이루도록 배치한다.
- 영유아의 발달에 적합한 활동량을 제공해야 한다. 너무 짧거나 너무 길게 같은 활동을 하게 하여 지루하지 않도록 유의한다.
- 영유아를 위한 하루 일과는 반드시 개인적인 욕구에 기초하여 각각의 개인적인 식사 패턴이나 발달적 요구를 주의 깊게 관찰하여 운영한다.

〈예시 7〉 일일보육계획안에 놀이실행 내용 담기

학급명	○○반	날짜	○○년 ○월 ○일 ○요일
주제	동물원		
일일목표	동물원에 사는 동물에 관심을 가진다. 동물원 놀이에 필요한 것들을 알아보고 창의적으로 만든다. 친구들과 협력하여 동물원 놀이를 해본다.		
일과의 흐름	등원 → 자유놀이 및 간식 → 새노래(작은 동물원) → 점심식사 → 바깥놀이(어린이집 주변의 동물 찾기) → 동화(손바닥 동물원) → 하루일과 평가 및 귀가		
오늘의 놀이흔적	다양한 기록 방식 중 선택하여 흔적 남기기 (사진, 저널, 마인드맵 등..)		
해석 및 반영사항			

- 주제: 현재 교실에서 중심이 되어 진행되고 있는 주제(생활주제, 놀이주제, 놀이 소재 등)를 기록함.
- 일과의 흐름: 하루의 예상되는 일과를 사전에 계획하여 기록함. 놀이 진행에 따라 변경된 것은 수정하여 기록함.
- 오늘의 놀이흔적: 저널, 사진, 주제망 등 자유로운 형식으로 흔적 남기기를 할 수 있음. 벽면기록, 유아들이 하는 기록 자체를 사진으로 찍어 남길 수도 있음.
- 해석 및 반영사항: 교사가 놀이의 의미를 찾아 해석한 것을 기록하거나 놀이를 지원하기 위해 반영해야 할 사항 등을 기록함.

출처: 경기도 교육청. 유아교육과 놀이중심교육과정 실천자료: 놀이 2019. 놀이로 유아의 삶을 담다. p.32.

2) 융통성 있는 일과 운영

어린이집의 하루 일과는 유아가 주도하는 놀이중심으로 이루어지도록 형성한다. 어린이집의 하루 일과는 각 기관마다 다소 차이는 있으나 일반적으로 등원, 놀이, 화장실 가기, 정리정돈 및 전이활동, 대·소집단 활동, 점심, 이닦기, 실외놀이, 낮잠 및 휴식, 평가 및 귀가 등으로 구성할 수 있다. 그중에서 가장 길게, 우선적으로 놀이가 중심이 되도록 계획하고 운영하도록 한다.

(1) 등원

교사는 미리 교실환경을 정비하고 영유아들을 맞이한다. 하루의 시작인 등원은 부모와 떨어져 유아가 어린이집으로 전이되는 시간이므로 교사는 유아가 안정감을 느낄 수 있도록 반갑게 맞이하고, 환영받는 상황을 만들어 준다. 전날 밤 유아가 어떻게 지냈는지 알아보기 위해 부모를 통해 유아에 대한 정보를 교환하고, 유아의 기분, 건강상태, 청결상태 등을 확인하는 시간을 갖는다. 아픈 유아의 경우 투약의뢰서가 있는지 확인하고, 개별 사항 기록부에 메모하여 둔다.

아침 등원 시 교사가 관찰할 항목에는 어떤 것이 있는지 살펴보자(김진선 외, 2009 재인용).

- 기운이 있는가?
  - 피곤해하지는 않은가?
  - 부모와 떨어지는 데 다른 날에 비해 차이가 있는가?

- 아픈 곳이 있는가?
  - 감기증상(콧물, 기침)은 없는가?
  - 눈은 충혈되지 않았는가?
  - 귀, 고, 안색은 이상이 없는가?
  - 피부에 이상은 없는가?
  - 열은 없는가?

- 불결하지는 않은가?
  - 눈곱, 콧물은 없는가?
  - 머리, 손발, 손톱은 깨끗한가?

- 복장은 깨끗한가?
  - 옷은 깨끗한가?
  - 계절에 맞는 옷차림인가?

(2) 실내 자유놀이활동

실내 자유놀이활동을 통해 영유아는 자신의 개별적인 발달 단계에 적절한 수준의 놀이를 할 수 있다. 교사는 영유아의 흥미와 발달 수준에 맞고 생활 주제에 적합하도록 각 영역을 구성한다. 각 연령에 적합한 놀잇감, 교재와 교구를 흥미 영역별(놀이 영역)로 계획하고 준비하여 유아가 자신의 발달 수준에 적합한 활동을 통해 새로운 학습을 경험할 수 있도록 조력하여야 한다. 교사는 영유아가 놀이를 통해 자연스러운 학습을 할 수 있도록 언어적 자극과 함께 놀이에 적절히 개입할 수 있어야 하고, 놀이 환경의 안전에 늘 주의하여야 한다. 같은 종류의 장난감을 충분히 준비해 영유아들 간의 다툼을 사전에 예방하고, 놀이를 마친 후 정리하고 또 다른 놀이를 할 수 있도록 도와준다.

실내 자유놀이(흥미영역)는 언어 영역, 수·조작 영역, 과학 영역, 조작놀이 영역, 블록 쌓기 영역, 역할 놀이 영역, 음률 영역, 미술 영역 등에서 할 수 있다.

(3) 정리정돈 및 화장실 가기

교사는 놀이시간이 끝나기 5~10분 전에 영유아들과 미리 약속한 신호를 보내 정리하는 시간임을 알려주어 스스로 하던 일을 마무리 짓게 한다. 그리하여 자신이 가지고 놀던 장난감을 스스로 정리하는 습관을 기를 수 있도록 한다. 모든 유아가 정리정돈을 잘할 수 있는 것은 아니기 때문에 영유아의 능력에 따라 책임을 지고 정리할 수 있는 태도를 기를 수 있도록 도와준다. 영유아들은 놀이가 끝나는 대로 가지고 놀던 교구를 제자리에 정리해 두고 화장실에 다녀올 수 있다.

(4) 대 · 소집단활동

대 · 소집단활동으로 출석 및 결석 상황 알아보기, 놀이의 계획 및 평가, 교실에서 지켜야 할 규칙 의논하기, 이야기 나누기, 토의하기, 동시 감상, 동극 하기, 실험 및 관찰, 게임, 율동 등이 있다. 소집단활동은 대집단활동에 비해 교사와의 개별적인 상호작용을 많이 할 수 있으므로 이때 영유아와 긍정적인 인간관계를 형성할 수 있도록 한다. 영유아의 경우 활동은 유아의 주의집중 시간을 고려하여 30분을 넘지 않도록 한다. 만약 영유아가 활동에 흥미를 느끼지 못한다면 계획보다 시간을 단축시키고, 영유아의 흥미를 유발하기 위해 노래, 손유희, 손인형 등을 사용하거나 구체적인 자료를 제시할 수 있다. 교사는 계획한 활동이 제대로 이루어지지 않거나 생각한 시간만큼 실시되지 못할 경우를 대비하여 항상 대체활동을 준비하도록 한다. 교사가 영유아에게 기대하는 활동을 설명할 때에는 아주 상세하고 명확하게 이야기해 주고, 한 번에 한 가지만 지시하여야 한다.

(5) 간식 및 점심

식사와 간식은 영양이나 심리적인 면에서 영유아에게 즐거운 경험이 될 수 있도록 한다. 간식 및 식사는 하루 종일 쉴 새 없이 움직이는 영유아들에게 균형 있는 영양을 섭취하도록 준비해야 한다. 이 시간은 친구들과 즐거운 경험을 나누고, 언어적 상호작용이 활발하게 일어날 수 있으며, 음식과 식사시간에 대한 긍정적이고 올바른 태도를 습득할 수 있는 좋은 기회가 될 수 있다. 교사는 앉은 자리에서 식사하기, 입에 음식 넣고 이야기하지 않기, 기구를 바르게 사용하기, 음식을 다 먹은 후 자신의 그릇은 스스로 정리하기 등. 기본적인 식사예절을 익힐 수 있도록 계획할 수 있다. 예를 들면, 식사 후에는 양치질을 하고 휴식을 취할 수 있도록 한다.

(6) 실외놀이

실내 공간과 같이 실외 역시 유아에게 좋은 학습의 장이 된다. 실외놀이를 통해 영유아는 소리 지르고, 뛰고, 달리는 등 실내에서 하기 어려운 활동은 물론 확장까지 가능하다. 교사는 영유아의 대근육 기술 발달을 돕도록 기구를 제공하고, 영유아가 안전하게 사용할 수 있도록 도와준다.

(7) 휴식 및 낮잠

활동량이 많은 영유아의 경우 하루 일과에서 휴식과 낮잠은 매우 중요한 시간이다. 영유아의 연령에 따라 필요한 휴식과 낮잠의 양은 각기 다른데, 3세 유아는 1시간 반이나 2시간 정도의 낮잠을 자지만, 4, 5세 유아는 30~40분 정도의 휴식이나 1시간 정도의 낮잠을 자면 된다.

(8) 평가 및 귀가

하원 전 유아들은 하루 일과에 대한 평가시간을 갖는다. 5~10분 정도 간단하게 할 수 있는데, 하루를 지내는 동안 재미있었던 것은 무엇이고, 속상했던 것은 무엇이었는지, 앞으로 어떻게 하면 좋을지 등에 대해 이야기한다. 귀가할 때 전달사항이나 집에 가져갈 것을 알려주고, 때에 따라 다음날의 활동을 미리 소개하거나 집에서 알아올 것에 대해 안내하기도 한다.

등원시간과 비교하여 유아에게 특별한 변화가 없었는지 살펴본 후 연락사항이 있으면 준비하도록 한다. 하원할 때 일과 중 특별한 일이 있었다면 기억하여 부모에게 알린다. 부모와 교사가 대화할 때 유아가 들어서 좋지 않은 이야기는 듣지 않도록 배려하고, 이야기가 끝나면 소지품을 챙긴 후 인사하고 귀가하도록 한다.

4 놀이 환경

1) 유아를 위한 실내놀이 환경 구성

유아를 위한 최적의 실내놀이 환경을 구성하기 위해서는 다음과 같은 사항을 고려해야 한다.

(1) 실내놀이 환경에 대한 점검

실내놀이 공간배치에 앞서 유아반 친구들이 놀이하는데 공간은 협소하지 않은지, 흥미영역 간 배치가 효율적인지, 혹시 사용되지 않는 공간이 있는지, 유아들이 이동하는 데 방해되지 않는지 등에 대해 점검해 보는 것이 우선시 되어야 한다.

(2) 유아의 연령 및 요구

유아의 연령 및 발달수준, 흥미, 요구를 고려하여 놀이실을 구성해야 한다. 유아의 경우, 놀이수준도 정교해지고 복잡해지므로 놀이공간을 복합적으로 사용할 수 있도록 한다.

(3) 흥미영역 구성

생활주제와 관련하여 쌓기, 언어, 역할, 수 · 조작, 과학, 음률, 미술, 기타 흥미영역을 중심으로 구성하고 1년에 2~3회 정도 재배치하는 것이 좋다. 학기 초에는 교사가 흥미영역의 구성 원리에 입각하여 구성하되 점차적으로 유아들과 함께 이야기 나누기를 통해 효율적으로 흥미영역을 재배치해 볼 수 있다.

(4) 안전성과 위생을 고려한 구성

실내공간을 구성할 때 무엇보다 중요한 것은 유아의 안전과 위생에 대한 문제이다. 안전한 환경을 구성하기 위해 놀잇감, 책상 및 교구장, 놀이실 바닥, 유아가 활동한 교구 및 교재에 위험한 요소가 없는지 지속적인 점검을 통해 확인하고 위험한 요소를 제거해야 한다. 교실은 자주 환기하여 통풍이 잘 될 수 있도록 하고 햇빛이 잘 들어올 수 있도록 해 준다. 또한 놀이실에 배치된 냉난방시설을 비롯한 전기제품들의 안전성에 대해서도 수시로 점검하도록 한다.

2) 유아반 환경구성

유아를 위한 적합한 놀이 영역 배치를 3~5세 누리과정과 기타 문헌들을 근거하여 이숙재(2017)는 다음과 같이 제시하였다.

(1) 쌓기 놀이 영역

활동적이고 소음이 많이 발생하는 영역이므로 언어 영역과 같이 정적인 영역과는 떨어진 곳에 배치해야 하며, 통합놀이가 가능하도록 역할 영역과 근접해 배치하면 효과적이다. 블록과 소품을 사용해 구조물을 쌓아보는 활동을 하기 때문에 소음을 최소화하기 위해 카펫을 깔아주면 좋다. 쌓기 놀이 영역에 포함되어야 하는 교구와 자료의 예시는 다음과 같다.

〈표 9-1〉 **쌓기 놀이 영역 교구와 자료**

구분	교구와 자료	
다양한 블록류	종이벽돌, 레고, 단위, 유니트, 자석 블록 등	
소품	크고 작은 모형	동물, 사람, 탈것(기차, 트럭, 구급차, 경찰차 등)
	사회극 놀이	여러 종류의 가면, 가족 인형류, 동물 인형 등
	기타	바퀴 달린 놀잇감, 자연물, 경찰 모자, 생활주제에 관련된 도서 및 사진 자료, 빈 상자로 만든 건축물, 유아들이 만든 구조물

〈 쌓기 영역 교구장 〉

〈 쌓기 활동 〉

(2) 역할 놀이 영역

유아가 사회의 다양한 직업이나 사회구성원의 역할을 상상하며 놀이하거나 가작화하여 극놀이를 경험하는 영역이다. 역할 놀이를 통해 유아는 점차 자기중심적인 사고에서 벗어날 수 있다. 역할 놀이 영역은 동적인 영역에 배치하고 진행되고 있는 생활주제와 관련된 소품을 제공하면 더 흥미롭다. 또한 생활주제와 관련하여 테마가 있는 역할 놀이가 진행될 수 있도록 구성해 주면 좋다. 예를 들어, 생활주제가 '봄의 식물' 일 때 '꽃가게 놀이', '건강과 위생'인 경우 '병원놀이' 및 '목욕탕 놀이', '우리동네' 일 때 '미용실 놀이' 등으로 구성할 수 있다. 역할 놀이 영역에 포함되어야 하는 교구와 자료의 예시는 다음과 같다.

〈표 9-2〉 역할 놀이 영역 교구와 자료

※ 역할 놀이에 필요한 교구와 자료는 굉장히 방대하므로 위에서 설명한 테마가 있는 놀이에 대한 교구와 자료의 예시를 중심으로 제시하고자 한다.

구분	교구와 자료
가게 놀이	과일 모형, 아이스크림 모형, 냉장고, 쟁반, 종이봉투, 종이돈, 계산기, 장바구니, 가격표, 저울, 진열대, 전단지, 고장 난 노트북, 바구니 등 ※ 유아의 흥미에 따라 빵, 꽃, 서점, 옷, 인형 등의 가게로 변형 가능함 가게 놀이에 필요한 다양한 소품들은 직접 만들어서 사용 가능함 쌓기 영역과 연계하여 블록을 이용하여 필요한 소품 만들기
병원 놀이	의사 가운, 간호사 모자, 다양한 의료기기, 침대, 약, 약 봉투, 처방전, 진찰실 표시판, 전화기, 링거, 대기실 등 ※ 119구조대 놀이와 연계 가능, 동물병원으로 변형 가능, 특정 진료과만 운영 가능, 병원 놀이에 필요한 다양한 소품들은 직접 만들어서 사용가능함
목욕탕 놀이	목욕용품, 찜질방 등 ※ 쌓기 놀이 영역에서 찜질방 구성해서 연계운영 가능
미용실 놀이	다양한 종류의 머리빗, 고장난 드라이기, 수건, 가운, 거울, 분무기, 실험 도구, 계산대, 비닐 모자, 헤어스타일 화보, 메니큐어, 쿠폰북, 가격표시판, 염색 도구 등 ※ 네일아트나 이발소로 변형 가능

꽃가게 놀이

〈 진료하는 활동 〉

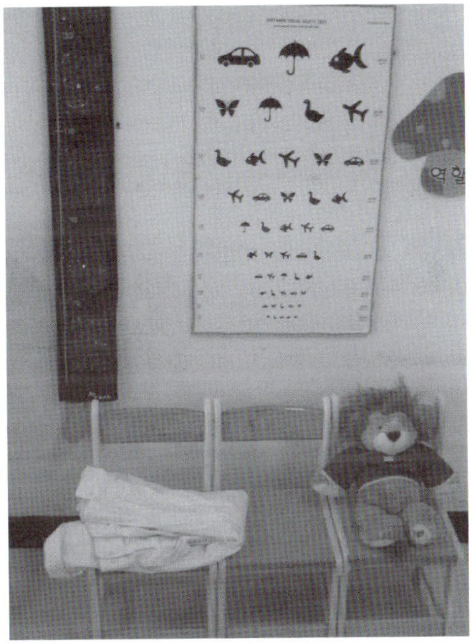

〈 병원 대기실 〉

〈 약국 〉

병원 놀이

〈 목욕 용품 〉

〈 찜질방 〉

목욕 찜질방 놀이

(3) 언어 영역

유아의 듣기, 말하기, 읽기, 쓰기와 관련된 활동이 통합적으로 이루어질 수 있도록 구성하고, 조용하고 안정된 공간에 배치한다. 안락하고 편안한 의자 및 쇼파, 쿠션을 준비해주면 좋다. 언어 영역에 포함되어야 하는 교구와 자료의 예시는 다음과 같다.

〈표 9-3〉 언어 영역의 교구와 자료

구분	교구와 자료
듣기	CD플레이어, 헤드폰, 카세트 레코드와 테이프 등
말하기	막대 인형이나 퍼펫, 인형극 틀, 마이크, 이야기 꾸미기 자료와 융판, 그림자료 등
읽기	장르별, 종류별 그림책과 책꽂이, 글씨가 적혀 있는 다양한 카드, 유아들이 활동했던 결과물 등
쓰기	색연필, 매직, 네임펜 등과 같은 다양한 쓸 수 있는 도구, 스템프, 소형 화이트보드, 마카펜, 다양한 모양 종이 등

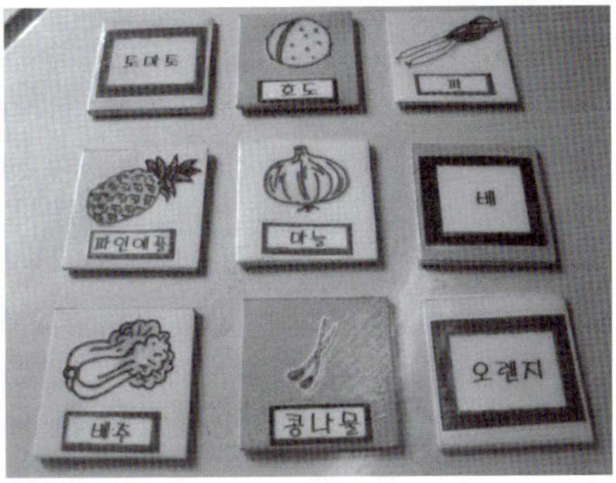

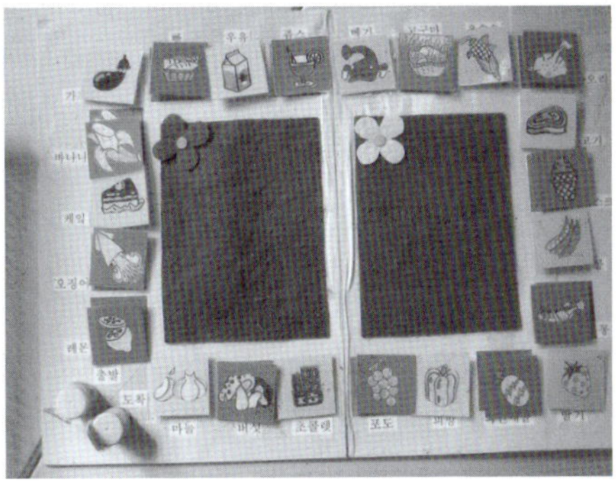

〈시장에 가요-언어교구〉

〈언어 영역〉

〈이야기 꾸미기〉

(4) 수 · 조작 영역

수 · 조작 영역은 소근육을 이용하여 퍼즐을 맞추거나 끼워서 구성하기, 교구 게임활동하기, 수학과 관련된 활동을 주로 하는 영역이다. 논리, 수학적 개념, 문제해결력이 향상될 수 있는 영역이므로 활동할 수 있는 충분한 넓이의 책상을 준비해주고 주의 집중이 잘 될 수 있도록 가급적 시끄러운 영역과 떨어진 곳에 배치하는 것이 바람직하다. 수 · 조작 영역에 포함되어야 하는 교구와 자료의 예시는 다음과 같다.

〈표 9-4〉 수 · 조작 영역의 교구와 자료

구분	교구와 자료
수 관련 활동	일대응 대응, 분류, 서열화, 부분과 전체, 측정, 공간과 도형에 도움이 되는 교구 등
조작활동	퍼즐, 볼트와 너트, 바느질, 끈 끼우기 등
게임활동	주제와 관련한 간단한 게임 등

〈수 · 조작 영역〉

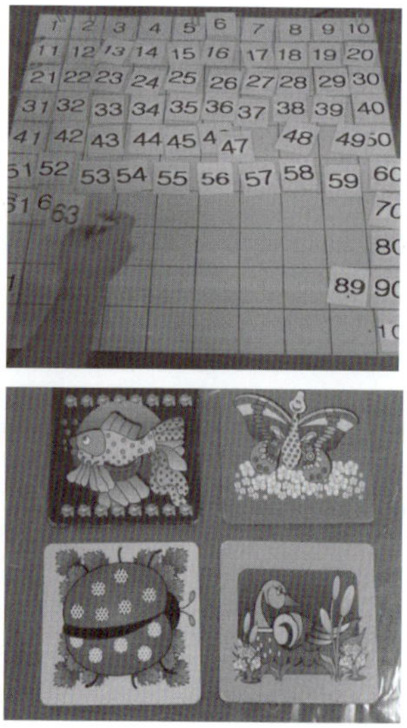

〈수 · 조작 관련 교구〉

(5) 과학 영역

조용하고 햇빛이 잘 들며 상황에 따라 세면대 가까이 배치하는 것이 좋다. 여러 가지 과학 도구를 활용하여 물체와 물질, 자연현상, 다양한 식물을 관찰하고 실험이 가능하고 탐구할 수 있는 영역이다. 과학 영역에 포함되어야 하는 교구와 자료의 예시는 다음과 같다.

〈표 9-5〉 과학 영역의 교구와 자료

구분	교구와 자료
기본 도구	거울, 자석, 돋보기, 현미경, 프리즘, 온도계, 관찰용지, 자, 저울 등
생명체 관련 자료	식물, 열매, 씨앗, 나뭇잎, 금붕어, 어항, 동식물 관련 책, 표본 등
자연현상 관련	기후 관련 사진이나 그림, 흙, 모래 등
기계와 도구	주변에 고장 난 기계와 도구 등이 부속품 등

〈관찰해 보아요〉

〈흙 모래 알갱이 비교하기〉

(6) 미술 영역

미술 영역은 아름다움을 경험하고 그리기, 만들기, 꾸미기 등의 활동을 통해 자신의 생각이나 느낌을 표현하고 감상하는 영역이다. 조용하고 밝은 곳이 좋으며 물을 잘 사용할 수 있는 세면대 근처에 배치해야 한다.

특히 창의적인 활동이 일어날 수 있는 영역이므로 다양한 재활용품을 구비해 주어야 한다. 필요하다면 이젤 및 유아들의 작품을 전시할 수 있는 걸이대, 작품을 건조할 수 있는 작품 건조대를 마련해 줄 수 있다. 미술 영역에 포함되어야 하는 교구와 자료의 예시는 다음과 같다.

〈표 9-6〉 미술 영역의 교구와 자료

구분	교구와 자료
다양한 종이류	도화지, 색 도화지, 색종이, 골판지, 우드락, 포장지, 한지 등
그리기 도구	크레파스, 파스텔, 물감, 붓, 매직, 먹물, 유성매직, 사인펜 등
만들기 및 꾸미기 도구	가위, 풀, 테이프, 펀치, 뽕뽕이, 수수깡, 모루, 눈알, 색모래, 스팡클 등
재활용품	상자, 우유갑, 휴지속대, 요구르트 병, 단추, 헝겊, 롤케이크 상자, 아이스크림 바 등

〈 그리기 및 찍기 활동 〉

〈이젤 활동〉

(7) 음률 영역

다양한 악기를 연주해 봄으로써 소리에 관심을 가지고 음악을 듣고 노래를 불러볼 수 있는 영역이다. 음률 영역의 활동을 통해 아름다움의 요소를 찾아보고 음악이나 움직임과 춤으로 표현하고 음악을 감상하는 능력을 기를 수 있다. 음률 영역은 소음이 많이 나는 영역이므로 바닥에 카펫을 깔아 소음을 최소화시켜 주고 정적인 영역과 멀리 떨어진 곳에 배치한다. 음률 영역에 포함되어야 하는 교구와 자료의 예시는 다음과 같다.

〈표 9-7〉 음률 영역의 교구와 자료

구분	교구와 자료
기본 교구	녹음기, 헤드폰, 다양한 음악 CD, 악보, 악기 관련 사진, 동영상 자료 등
전통악기 및 서양악기	장구, 소고, 북, 꽹과리, 탬버린, 캐스터네츠, 트라이앵글, 실로폰, 피아노 등
생활 속 악기	냄비 뚜껑, 깡통, 제작한 마라카스 등
기타	리본, 스카프, 음악 연주회나 춤 공연에서 사용된 도구 등

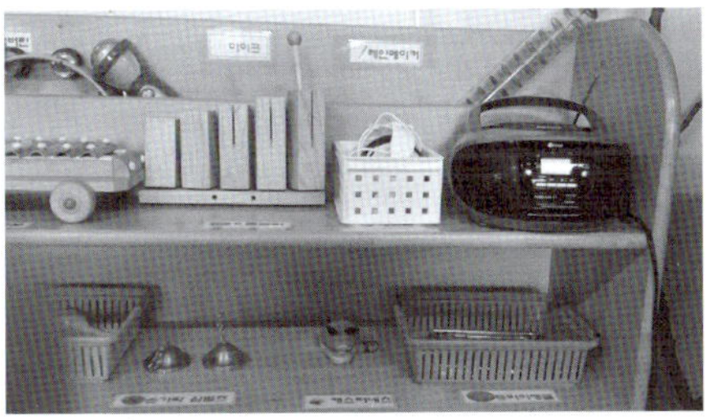
〈음률 영역〉

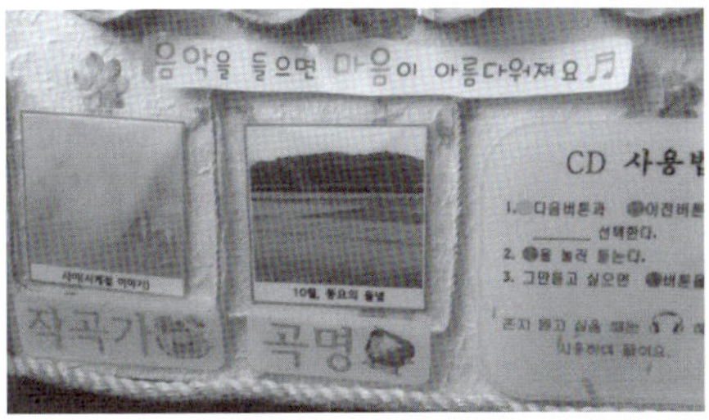

〈음악감상〉

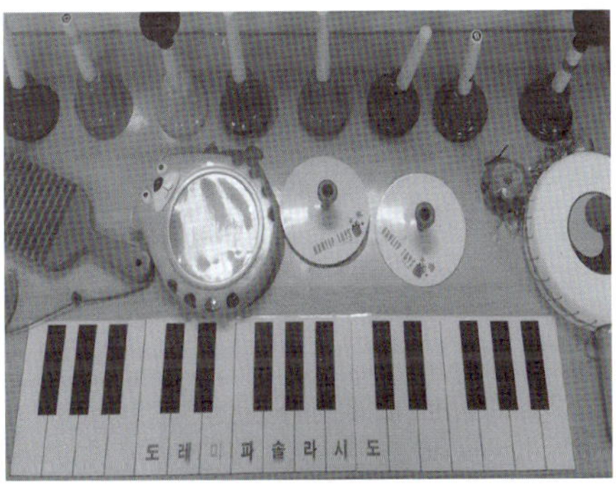

〈악기〉

〈재활용품을 활용한 악기〉

CHAPTER 10

포괄적 보육과정 운영

1 부모의 지원과 협력을 위한 가정연계

영유아가 속해 있는 가정, 기관, 지역사회 등은 모두 교육과정의 주체이므로, 상호 연계하고 협력해야 한다(교육부 · 보건복지부, 2020). 어린이집과 가정은 공동양육자 또는 동반자 관계라고 할 수 있다. 동반자로서의 관계는 서로 동등한 입장에서 상호유대관계를 맺고, 효율적인 영유아 보육 및 발달을 위해 함께 노력하는 관계이다. 영유아의 건강한 발달을 위해서는 어린이집과 가정이 마음을 열어 서로를 이해하고, 상대 입장을 고려한 협력 관계를 만들고 유지하는 것이 무엇보다 중요하다.

4차 표준보육과정의 영유아 · 놀이 중심 보육과정을 운영하기 위해서는 무엇보다 부모의 역할이 중요하다. 부모는 유아의 놀 권리와 즐겁게 놀이하며 배우는 놀이의 가치를 이해하여 교사와 함께 가정에서 유아의 놀이를 지원해야 한다(교육부 · 보건복지부, 2020). 이를 위해 어린이집은 다양한 관련 지식과 정보를 제공하여 학부모가 올바른 역할을 수행할 수 있도록 가정을 도울 수 있어야 한다. 영유아를 키우는 부모는 양육에 대한 고민이 많고, 특히 핵가족 내에서 영유아를 키우는 일은 스트레스가 높기 때문에 어린이집이 이를 지원해 준다면 어린이집의 부모참여 활동에 대한 관심이 높아질 수 있다. 교사가 어린이집 운영의 협력자로서 부모가 반드시 필요하다는 점을 인식시킨다면, 부모들은 자신을 더 가치 있게 느끼면서 어린이집의 활동에 적극적으로 참여할 것이다. 또한 부모 참여, 간담회, 워크숍, 상담 등 다양한 기회를 마련하여 부모의 역할을 지원하여 영유아가 행복하고 건강하게 자랄 수 있도록 해야 할 것이다.

1) 가정연계의 의미와 중요성

우리 사회는 맞벌이 가정과 1가구 1자녀가 늘어나면서 평일의 경우 영유아는 가정에서보다 어린이집에 머무는 시간이 더 길고, 엄마 아빠와 놀이를 할 수 있는 시간보다 교사와 일상생활 및 놀이를 할 수 있는 시간이 더 많은 실정이다. 이러한 상황은 자녀의 양육과 교육에 있어 부모의 양육 책임은 상대적으로 줄어든 반면, 기관에 대한 부모의 요구는 더욱 커지는 요인이 되었다.

가정연계란 가정과 어린이집이 협력적 관계를 바탕으로 연계된 교육을 실시함으로써 교육적 효과를 높이고 보육의 질을 향상시키기 위해 노력하는 것을 말한다(강문희, 2002; 정경희, 2017 재인용). 즉, 영유아가 가정과 어린이집에서 일관된 양육 및 보육환경을 경험할 수 있도록, 어린이집이 가정과 긴밀한 협력적 관계를 유지하며, 부모를 지원할 뿐 아니라 부모도 다양한 형태의 참여를 통해 보육 및 교육활동에 기여하도록 유도하는 것을 의미한다. 따라서 어린이집과 가정과의 연계 활동은 영유아의 정서적 안정과 적응을 돕고, 영유아가 자신이 경험한 활동에 대해 지속적인 흥미를 가지고 탐구할 수 있도록 격려할 수 있다.

가정연계를 통해 교사는 부모의 관심과 지원으로 교육활동을 원활하게 수행할 수 있는 여건을 마련하게 되며, 부모는 어린이집을 신뢰하게 되어 교육의 효과 및 영유아의 성장과 발달을 지속시킬 수 있게 된다.

부모는 어린이집에서 실시하는 다양한 부모교육 프로그램에 참여함으로써 어린이집의 철학, 아동발달에 관한 지식, 교수 방법 등에 관한 정보를 얻을 수 있고 가정과 어린이집에서 일관성 있는 교육을 실시할 수 있게 되어 자녀교육의 효과를 극대화할 수 있다(김진영 · 김정원 · 전선옥, 2011). 한편 현대 부모들은 육아전문 블로그나 인터넷 카페, 전문가, 전문서적을 통해 자녀에 관한 육아나 교육에 대한 정보를 얻는 경우도 많다. 그래서 자녀를 어린이집에 보내는 부모들이 기대하는 많은 요구들을 충족시키고, 질 높은 보육과 교육을 위해 부모라는 자원을 이끌어 낼 수 있는 대안 중 하나는 부모와 직접적으로 연결되는 가정연계를 활성화하는 것이다(정경희, 2017). 최근 COVID-19로 가정에서 머무는 시간이 많은 영유아를 위해 어린이집에서는 다양한 놀이 콘텐츠를 개발하여 QR코드화하여 참여의 기회를 제공하는 등 다각적인 노력을 하고 있다. 어린이집은 부모에게 기관을 개방하고, 부모와 영유아의 생활에 대한 의견을 상호 교환할 수 있도록 다양한 부모참여의 기회를 제공하도록 한다.

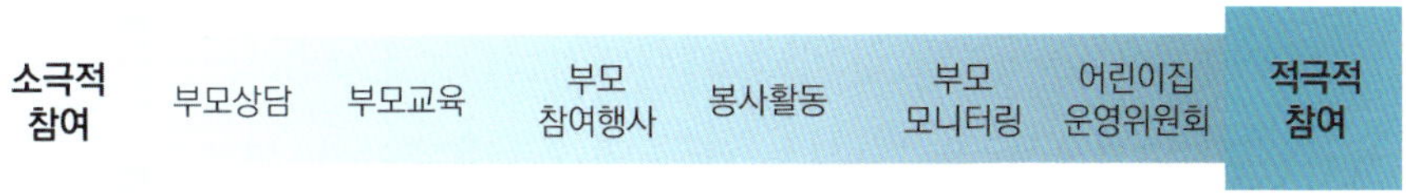

[그림 10-1] 어린이집 부모참여 유형

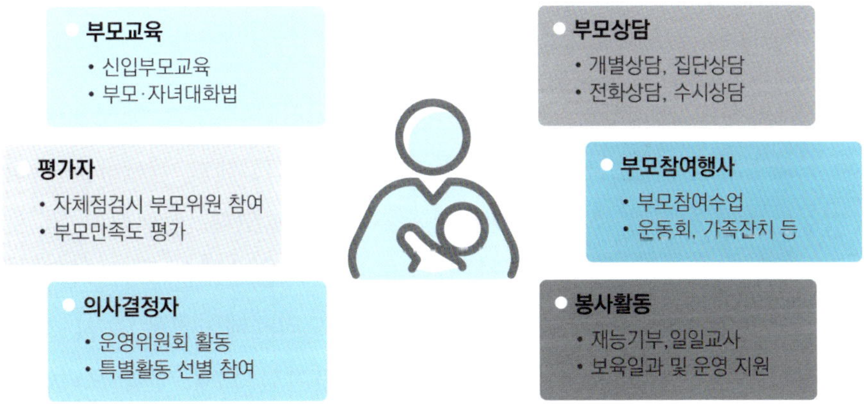

[그림 10-2] 어린이집에서 부모참여 활동

출처: 보건복지부(2020). 2020 열린 어린이집 가이드라인(부모용).

2) 가정연계 유형

(1) 부모교육

부모교육이란 부모와 어린이집과의 직·간접적인 협력을 바탕으로 한 상호 존중의 관계 속에서 자녀에 대한 이해를 증진시키고 자녀와의 긍정적인 상호작용에 도움을 주는 정보를 제공해 줌으로써 부모의 역할을 더 바람직하게 수행할 수 있도록 도와주는 것을 목표로 하는 교육활동을 의미한다. 어린이집에서의 부모교육은 영유아를 이해하기 위한 지식 및 양육 기술을 제공할 뿐만 아니라, 어린이집 운영에 관한 정보를 제공함으로써 가정과 어린이집의 상호협력과 신뢰 도모, 가정과 어린이집 간의 동일한 보육목표 및 방법 등을 유지하게 한다(정옥분 외, 2008/2019 재인용). 부모교육을 위한 방법으로 가정통신문, 학부모 오리엔테이션, 워크숍, 강연회, 인터넷을 활용한 교육 등이 있다.

① 신입원아 부모 오리엔테이션

신입원아 부모 오리엔테이션의 목적은 어린이집과 부모가 함께 어린이집의 보육철학을 포함한 운영 전반에 대해 소통하고 상호 이해하는 기회를 가짐으로써 친밀감 조성 및 협력관계를 맺는 데 있다. 실행시기 및 횟수로는 3월 신학기가 시작되기 전, 대부분 어린이집에서는 매년 2월경에 시행한다. 중간 입소원아가 있을 경우, 부모 오리엔테이션은 수시 개별 진행된다. 최근에는 감염병 확산으로 인해 어린이집 소개, 신입 오리엔테이션 등의 내용을 각 어린이집의 특색을 반영하여 QR코드화하여 배포하거나, 동영상 제작으로 가정에서 안내 받아 볼 수 있는 방안 및 온라인을 통한 실시간 참여 프로그램으로 안전하게 이루어지고 있다.

② 가정통신문

가정통신문은 부모에게 어린이집의 운영계획과 월별, 주별, 일별 교육활동과 준비물, 부모교육의 계획과 운영, 육아에 관한 정보 등의 제공은 물론 대부분의 부모가 관심을 갖는 자녀지도의 문제 등을 알리기 위해서도 활용된다. 가정통신문은 가정과 교육기관간의 연계를 촉진시키는 주요 매체의 역할을 하기 때문에, 부모역할에 관한 지식과 기술의 제공은 물론 자녀와 부모의 대화에 필요한 상호작용 능력을 촉진시키는 데 도움을 줄 수 있다(채경란, 2007).

③ 강연회

전문가나 관련 인사를 초빙하여 많은 수의 부모를 대상으로 일정한 주제에 대하여 특정한 정보나 지식을 전달하는 방법이다. 부모들이 공통적으로 관심을 두는 문제를 다룰 때 많이 활용된다. 적합한 주제로는 '자녀교육과 양육방법, 놀이의 중요성과 놀이 이해, 바람직한 부모의 역할, 부모-자녀 대화기법, 초등학교에 가면' 등이 있다.

④ 워크숍

부모가 실제로 활동에 참여하는 것으로 부모들이 교육활동에 필요한 자료-교수 등을 직접 만들어 보거나 영유아의 놀이 · 노래 · 게임 · 손유희 배우기, 효과적인 동화 읽어주기 등이 있다. 학부모는 이러한 활동을 통해 보육활동에 대한 이해를 도모하고 도움을 받으며, 성취감을 가질 수 있다(김정원 외, 2013/2017).

⑤ 심포지움

심포지움은 어떤 주제, 문제, 사건에 대한 전반적 이해를 얻기 위해 몇 사람의 전문가로부터 각각 다른 견해를 듣는 방법이다. 적절한 주제와 관련 전문가로는 '영유아의 행동치료(소아정신과의사, 상담사, 치료사 등)', '유아경제교육(경제학자, 금융전문가, 유아전문가 등)', '가정 및 기관에서의 안전(의사, 응급처치 요원, 간호사 등)' 등이 있다.

⑥ 인터넷을 활용한 교육

어린이집 홈페이지 활용, 카페나 블로그 등 웹 기반을 활용하는 것으로 인터넷을 통해 어린이집과 가정, 교사와 부모 간의 정보교환 및 교육활동을 공유하는 것이다. 인터넷을 활용한 부모교육은 어린이집 측면에서 보면 부모의 요구사항을 보다 신속하게 반영하고, 가정에서는 시간과 공간에 구애받지 않고 정보를 수집하고 의견을 제시할 수 있는 장점이 있다.

〈예시 1〉 부모교육 사전준비 및 실행

◑ 사전준비

구분	내용 및 방법
부모교육 계획	• 교육주제, 시기, 장소, 강사 섭외, 강사료 기준, 교육자료 준비, 안내방법, 간식, 환경구성, 업무담당 등의 세부내용 계획 • 부모 대상으로 사전에 부모가 희망하는 부모교육 주제와 시기를 조사하거나 어린이집 운영위원회, 보육교직원 회의 등을 통해 의견을 수렴하여 반영함 • 부모교육 주제 선정 후 적합한 교육방법(대집단 강의, 워크숍, 영유아 동반교육 여부, 어린이집 자체 교육 또는 외부 교육 등)을 정하고, 강사 섭외하기
부모교육 안내	• 가정통신문, 홈페이지, SNS, 리플렛 등을 통한 안내
부모교육 자료준비	• 외부 강사 섭외 시 부모교육 원고(동영상, PPT자료 등)를 받아 교육자료로 제작하고 당일 부모에게 배포, 부모만족도 조사 설문지 제작 및 안내하기

◑ 실행

구분	내용 및 방법
부모 맞이하기	• 부모를 원장 또는 담당교사가 부모교육 장소로 안내 • 교육자료 및 다과 제공 • 함께 참여한 부모들 간 인사 나눌 수 있도록 안내
부모교육 진행	• 원장 인사말: 부모교육에 참석한 부모에 대한 감사 표현, 부모 교육 주제 선정 과정 및 기대효과에 대한 안내, 강사소개 • 부모교육 강의 진행: 일방적 전달 형식보다는 부모와 신뢰 · 공감대를 형성하면서 워크숍 또는 토론식으로 진행하는 것이 효과적임 • 질의응답: 자녀양육과 관련한 질의응답 시간을 충분히 가지도록 함 • 마무리 및 평가: 부모교육 만족도 조사를 위한 설문지 작성 요청 및 추후 부모교육 등 어린이집 행사 관련 안내 후 마무리
기타 안내	• 부모참여의 중요성 및 부모참여 활동 안내, 부모로서의 협조사항 안내, 추후 부모교육 주제나 시기 등에 대한 의견 교류
마무리 및 평가	• 행사 보고서 또는 운영일지에 부모교육 관련 기록과 평가하기, 사진 등을 첨부하여 추후 계획에 반영함(예: 일시, 장소, 참석자, 진행순서, 질의 및 답변 내용, 평가 등)

출처: 보건복지부(2020). 2020 열린 어린이집 가이드라인(어린이집용).

(2) 부모상담

유아교육기관에서의 부모상담은 유아의 문제를 해결 및 예방하고 성장을 돕기 위해 부모를 대상으로 유아교육기관에서 이루어지는 상담으로, 교사와 부모가 일대일 또는 일대 소수로 유아의 문제를 두고 함께 해결하기 위해 노력하는 과정이다(천성문 외, 2009; 하수연 · 정재은 · 김명지 · 김연옥 · 김보경, 2017). 부모상담은 교사와 부모가 나눌 수 있는 가장 적극적인 의사소통의 방법 중의 하나로(교육과학기술부, 2009) 부모 상담을 통하여 교사는 부모로부터 유아가 가정에서 보여주는 일상적인 생활태도, 가정환경, 부부 관계 및 부모와 자녀 관계 등에 대한 정보를 얻을 수 있고, 부모는 교사로부터 기관에서의 생활습관 및 태도, 친구 관계 등에 대해 알 수 있는 좋은 기회가 된다(임경심, 2018; 안영진 외, 2020 재인용). 부모상담의 형태는 크게 집단상담과 개별상담이 있다.

① 부모상담의 형태

• 개별상담

어린이집에서 개별상담은 연 1~2회 정도 실시할 수 있으며, 교사가 영유아의 부모와 그 자녀에 대해 상담하는 시간이므로 교사가 모든 영유아와 충분히 상호작용하고 영유아를 충분히 관찰한 이후여야 한다. 개별상담은 대체적으로 1학기, 2학기에 1회씩 하게 된다.

• 집단상담

집단상담은 교사와 여러 부모가 함께 영유아 지도에 대하여 의견을 나누는 것이다. 부모가 자녀교육에서 느끼는 어려움을 공감하고 서로의 다른 지도방법에 대해 공유하며, 먼저 경험한 부모의 의견을 듣고 문제점과 해결책을 얻을 수 있다. 교사는 부모로부터 어린이집의 운영 및 교육에 대한 기대, 영유아의 발달과 행동에 대한 이해 등 다양한 정보를 얻을 수 있다. 집단상담은 교사가 영유아를 처음 접하여 아직 각각의 영유아에 대한 정보가 부족한 학기초에 실시할 때 효과적이며, 연 1~2회 정도 실시한다.

② 부모상담을 위한 기본원리[1)]

• 동반자적 관계로 부모를 인정하고 존중하기

유아교육에 있어 전문가로서 교사는 부모를 존중하는 마음을 갖고, 유아의 바람직한 성장·발달을 돕기 위한 조력자로서, 동반자적 관계로 존중할 수 있어야 한다.

1) 하수연 외(2017). 265-267

• 부모와 친밀한 관계 맺기

어린이집에 부모가 가장 바라고, 궁금해 하는 것은 교사가 '내 아이에게 관심이 있는가? 교사가 엄마만큼 내 아이를 사랑하고, 잘 아는가?' 하는 것이다. 그러므로 교사는 유아에 대한 관심과 사랑을 평소에 유아에게뿐만 아니라 부모에게도 표현하여 친밀한 관계를 맺음으로써 상담시 서로 신뢰를 바탕으로 진정한 상담이 이루어질 수 있도록 한다.

• 부모의 마음을 공감해 주기

부모는 상담을 통해 교사로부터 내 자녀에 대한 부정적인 말을 들을까봐 불안·초조해하기도 하고, 수치심과 죄책감까지 갖게 될 수 있다. 교사의 부정적인 말은 부모를 방어적으로 만들거나 상담을 회피하게 할 수 있기 때문에 그러한 부모의 마음을 헤아리고 공감적으로 부모가 자녀를 양육함에 있어 어려움을 이해하는 데 초점을 맞추도록 한다.

• 양방향의 주고받는 대화하기

부모상담의 진행과정에 있어 교사는 일방적으로 기관의 생활을 설명하기보다 자녀에 대해 부모와 서로의 생각과 느낌을 주고 받을 수 있도록 '주고 받는 대화'를 해야 한다. 부모와의 대화에 있어 교사는 부모의 언어적 표현은 물론, 비언어적인 표현까지도 민감하게 살피며 부모의 다양한 욕구와 생각을 읽어내려 노력해야 한다.

〈표 10-1〉 부모와의 의사소통을 위한 긍정언어 연습하기

적절하지 않거나 부정적인 표현		좀 더 전문적이거나 긍정적인 언어표현
아이가 넘 순해요	⇒	아이가 순한 기질의 특성이 보여요
하루 종일 움직여요	⇒	매우 활동적이에요
가만히 있지 않아요	⇒	호기심과 탐색으로 분주합니다
하루 종일 말이 없어요	⇒	아직은 행동언어를 사용하지만, 안정적입니다
이것 저것 볼 게 많은가 봐요	⇒	여기저기 주변을 살피며 환경을 탐색해요
고집이 세요	⇒	자신의 의지를 강하게 표현하곤 해요
하고 싶은 건 다 하려고 해요	⇒	하고자 하는 것을 이루려는 욕구가 강해요
아무렇게나 막 해요	⇒	자유롭게 표현해요
하고 싶은 게 있을 때도 말을 안 하고 제 손을 잡아 끌어요	⇒	원하는 것이 있을 경우 저의 손을 잡는 등의 행동언어를 통해 도움을 요청하기도 합니다
자꾸 해 달래요	⇒	활동을 할 때마다 도움을 요청합니다
자꾸 울어요	⇒	울음으로 자신의 감정을 표현하고 있어요

출처: (사)한국보육교사교육연합회(2019). 영아보육. p.413. 경기: 양성원.

(3) 부모참여

부모참여란 부모가 어린이집에서 제공하는 특정 프로그램의 구성 및 운영에 직접 참여하는 것으로 부모와 교사가 동반자로서 동등한 입장에서 상호 유대관계를 가지는 보다 포괄적이고 적극적인 개념이다(김영옥, 2007; 심성경 외, 2013/2017). 부모가 어린이집에서 자녀의 활동을 공유하게 함으로써 보육활동에 대한 이해, 부모와 자녀 간의 관계 향상, 부모와 어린이집과의 유대 강화 등을 도모할 수 있다.

① 부모참여의 유형

- 자원으로서의 부모: 부모참여 수업(어머니 참여수업, 아버지 참여수업), 부모 자원 인사(특정한 재능이나 전문적인 직업 또는 특기가 있는 부모가 보육활동에 참여하는 방법)
- 자원봉사자로서의 부모: 도우미 부모(교사), 부모자원 활용(대청소, 놀잇감 세척, 모래장 세척, 책 읽어주는 도우미, 행사 도우미, 도서보수 도우미 등)(부건복지부, 2020. 2020 열린어린이집 가이드라인 어린이집용).

병원 놀이: '산신령보다 용한 내과'

가정연계: 시장 놀이

사진출처: 경기도 구리시 제자어린이집.

▣ **자원봉사자로서의 부모**

- 어린이집에서 하는 다양한 행사(예: 알뜰시장, 아나바다 행사, 크리스마스 행사, 생일잔치 등)나 수업 또는 영유아들이 단체로 외출할 때(현장학습, 산책, 소풍 등) 자원봉사자로 참여함
- 부모는 보육활동에 매우 유용한 인적 자원으로 도움을 줄 뿐만 아니라, 자원봉사자로서의 참여 경험을 통해 부모교육의 효과까지도 얻을 수 있다는 장점을 가짐

- 간식 및 식사 준비 및 지도와 같은 소집단활동
- 영유아의 놀이 지도를 보조하고 위험으로부터 보호나 안전지도
- 보육실에서 이루어지는 교구를 활용한 소집단 보육활동
- 보육실의 환경 정리 및 교구 제작
- 현장학습, 소풍, 운동회 등의 어린이집 행사에 보조자 역할 담당
- 전문 지식을 가진 부모의 경우, 특강 형식으로 어린이집 수업에 참여하여 직접 영유아 지도

〈주의〉 부모가 자원봉사자로 참여할 때에는 반드시 적절한 사전교육을 실시하여 부모가 미리 준비할 수 있도록 함. 또한 부모로 하여금 현장에서 자신의 자녀와 다른 영유아를 차별하는 태도를 취하지 않도록 하며, 보육에 실제 참여할 때는 사전에 교사와 함께 보육내용에 대한 협의를 하도록 함

- 의사결정자로서의 부모: 어린이집 운영위원회 부모위원, 안심보육 모니터링, 식단 자문가 등

▣ 의사결정자로서의 부모: 어린이집운영위원회

- 영유아보육법 제25조에 따라 어린이집 운영의 자율성과 투명성을 높이고 지역 실정과 어린이집 특성에 맞는 바람직한 보육을 실시하기 위하여 원장, 보육교사 대표, 부모 대표, 지역사회인사 등을 운영위원으로 하는 **어린이집 운영위원회**를 구성 및 운영함
- 실행시기 및 횟수: 연 4회 이상(분기별 1회)
- 구성: 어린이집의 장, 보육교사 대표, 학부모 대표 및 지역사회 인사를 포함한 5인 이상 10인 이내, 학부모 대표가 1/2 이상
- 회의 진행절차
- 심의: **다음의 사항을 심의**한다.
  1. 어린이집 운영규정 제·개정에 관한 사항
  2. 어린이집의 예산 및 결산의 보고에 관한 사항

3. 영유아의 건강 · 영양, 안전 및 학대 예방에 관한 사항
4. 보육시간 · 보육과정의 운영방법 등 어린이집의 운영에 관한 사항
5. 보육교직원의 근무환경 개선에 관한 사항
6. 영유아의 보육환경 개선에 관한 사항
7. 어린이집과 지역사회의 협력에 관한 사항
8. 보육료 외의 필요경비를 받는 경우, 영유아보육법 제38조에 따른 범위에서 그 수납액 결정에 관한 사항
9. 그 밖에 부모모니터링단의 모니터링 결과 등 어린이집 운영에 대한 제안 및 건의사항

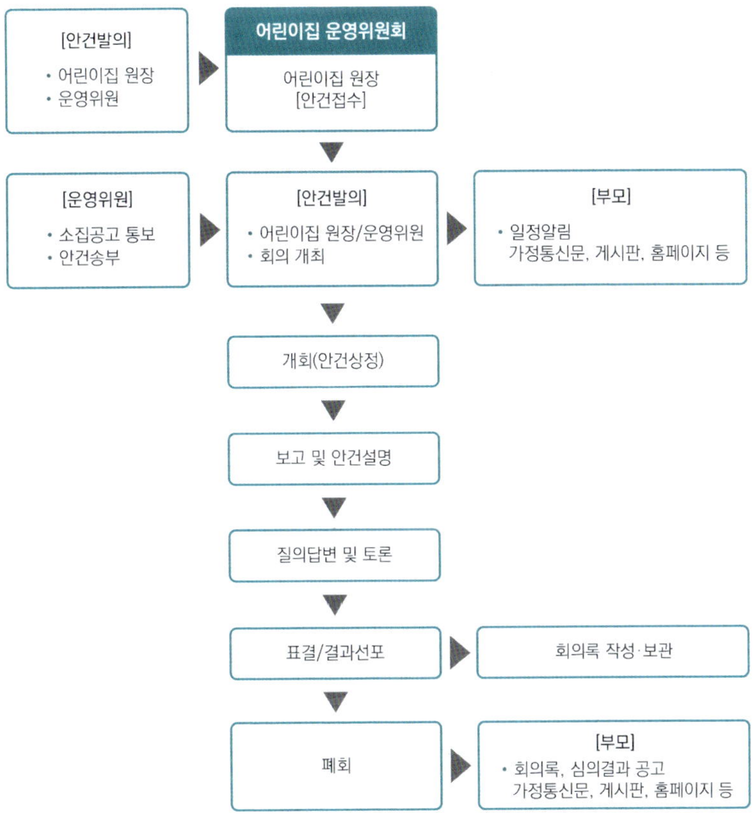

〈예시 2〉 부모참여 행사계획, 진행, 평가

행 사 계 획 안

결재	담당	원장

활동명	부모님과 함께 하는 어린이날 축하잔치	대상	전체 원아
목표	• 가족과 함께 즐거운 시간을 가지며 다양한 활동에 참여한다. • 원 생활을 학부모에게 안내하고 경험하게 한다.		
일시	20○○년 ○월 ○일 ○요일 10:00-11:00	장소	별솔반, 새솔반, 아리솔반
비고	• 요리활동 진행 - CJ 프레시웨이 쉐프 • 신체활동 진행 - 체육교사		

1. 활동내용 및 준비물

구분		주요 활동	준비물	업무 분담
	등원 ~10:20	• 보호자와 함께 등원하여 각 반 교실에 모이기	이름표	• 이름표 배부
아리솔	요리 10:30 ~11:00	• **개구리 샌드위치 만들기** • 요리활동 소개 • 보호자와 요리활동 진행하기 • 포장 상자에 넣고 부모님께 감사인사하기	책상, 포장상자(라벨붙여두기), 요리재료, 쓰레기 정리용 비닐, 네임펜, 손소독제, 물티슈	• 포장상자세팅 • 요리재료세팅
아리솔	정리 및 이동 11:00~11:10			• 교실 정리 • 인솔
아리솔	신체 11:10 ~11:40	• **신체 놀이** • 율동 및 짝체조 • 거북알 놀이 • 보호자의 도움받아 장애물 지나가기 - 평균대 걷기, 징검다리, 허들 넘기, 터널 지나가기	평균대, 징검다리, 허들, 터널	• 안전지도
새솔	신체 10:30 ~11:00	• **신체 놀이** • 율동 및 짝체조 • 거북알 놀이 • 보호자의 도움받아 장애물 지나가기 - 평균대 걷기, 징검다리, 허들 넘기, 터널 지나가기	평균대, 징검다리, 허들, 터널	• 안전지도

<table>
<tr><th colspan="2">구분</th><th>주요 활동</th><th>준비물</th><th>업무 분담</th></tr>
<tr><td rowspan="2">새솔</td><td colspan="3">정리 및 이동 11:00~11:10</td><td>• 교실 정리
• 인솔</td></tr>
<tr><td>요리
11:10
~11:40</td><td>• 개구리 샌드위치 만들기
• 요리활동 소개
• 보호자와 요리활동 진행하기
• 포장 상자에 넣고 부모님께 감사인사하기</td><td>책상, 포장상자 (라벨붙여두기), 요리재료, 쓰레기 정리용 비닐, 네임펜, 손소독제, 물티슈</td><td>• 포장상자세팅
• 요리재료세팅</td></tr>
<tr><td rowspan="4">별솔</td><td>등원
~10:50</td><td>• 보호자와 함께 등원하여 각 반 교실에 모이기</td><td>이름표</td><td>• 이름표 배부</td></tr>
<tr><td rowspan="3">요리,
신체
10:50
~11:50</td><td>• 개구리 샌드위치 만들기
• 요리활동 소개
• 보호자와 요리활동 진행하기
• 포장 상자에 넣고 부모님께 감사인사하기</td><td>책상, 포장상자 (라벨붙여두기), 요리재료, 쓰레기 정리용 비닐, 네임펜, 손소독제, 물티슈</td><td>• 포장상자세팅
• 요리재료세팅</td></tr>
<tr><td colspan="2">정리</td><td></td></tr>
<tr><td>• 신체 놀이
• 율동
• 파라슈트 놀이</td><td>볼풀공, 파라슈트</td><td></td></tr>
<tr><td colspan="2">비고</td><td colspan="3">• 원복 포장, 벽면 환경 구성
• 행사 후 배부되는 물품: 쇼핑백(원복, 캐리커쳐), 영아가 준비한 어버이날 카드, 개구리 샌드위치
• 활동 후 남는 영아 명단 확인하기
- 에어컨 청소가 예정되어 있으므로 통합보육 진행하는 반 정하기</td></tr>
<tr><th colspan="4">준비사항</th><th>업무분담</th></tr>
<tr><td colspan="4">• 현관 세팅
- 영아, 보호자 이름표 - 책상 세팅
- 선물 세팅(원복, 캐리커쳐) - 현수막 붙이기</td><td>교사A</td></tr>
<tr><td colspan="4">• 개구리 샌드위치 만들기(아리솔반)
- 책상 세팅 - 요리재료 준비
- 포장 상자 미리 준비(라벨 붙여놓기)
- 행사 당일 요리재료 세팅
(각 가정당 하나씩 준비해 주심. 테이블 하나에 보호자, 영아 앉아서 진행)</td><td>교사B
교사C</td></tr>
<tr><td colspan="4">• 신체활동(새솔반)
- 책상 정리 - 체육교사 안내</td><td>교사D</td></tr>
<tr><td colspan="4">• 활동 준비(별솔반)
- 요리 활동 재료 미리 준비해놓기 - 파라슈트, 볼풀공 준비</td><td>교사E
교사F</td></tr>
</table>

2. 활동사진

△ 복도 환경
(새솔, 아리솔반 캐리커쳐 선물, 원복, 어버이날카드)

△ 방명록 세팅

△ 현관 풍선 데코

△ 별솔반 창문

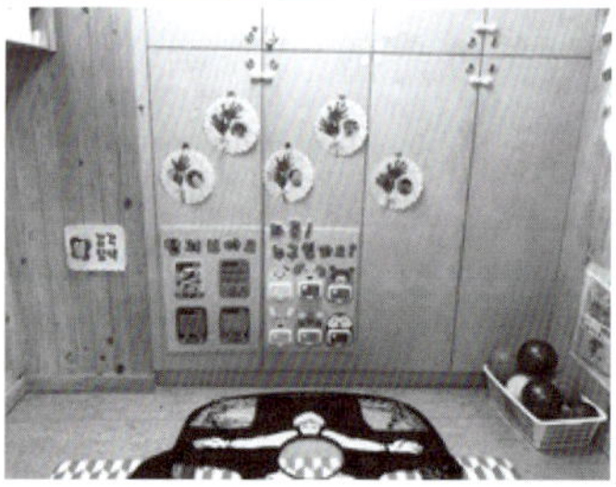

△ 별솔반 벽면(카네이션 게시)

△ 별솔반(활동자료 준비)

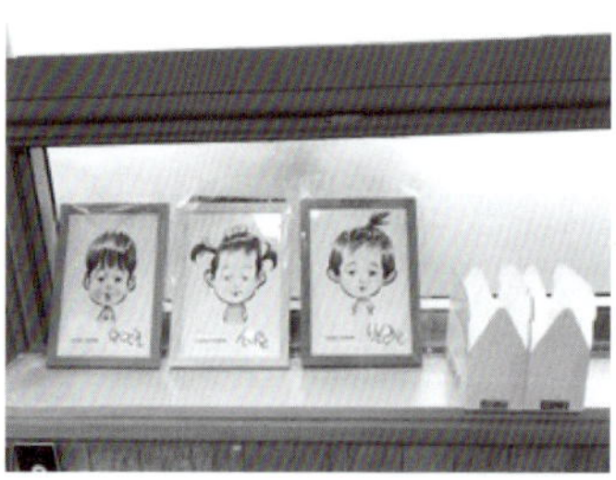

△ 별솔반(액자, 샌드위치 상자준비)

△ 새솔반 창문 환경

△ 새솔반 환경

△ 현수막

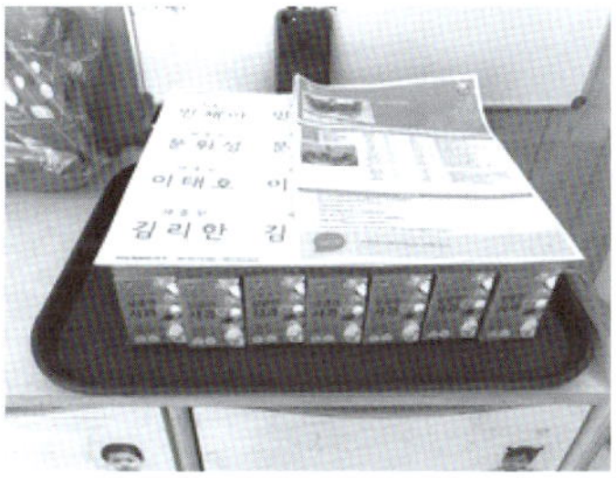

△ 간식 및 라벨지 이름표 세팅

△ 아리솔반 벽면(캐리커쳐 게시)

△ 아리솔반 창문
(환경 및 새솔반 상자준비)

△ 아리솔반 벽면2(어버이날 카드 세팅)

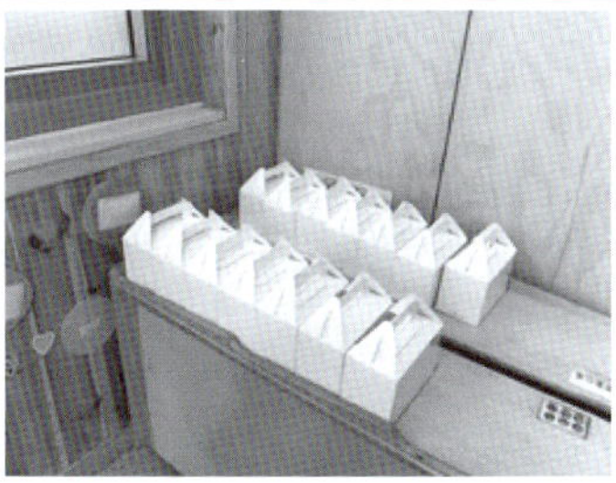

△ 아리솔반 샌드위치 상자준비

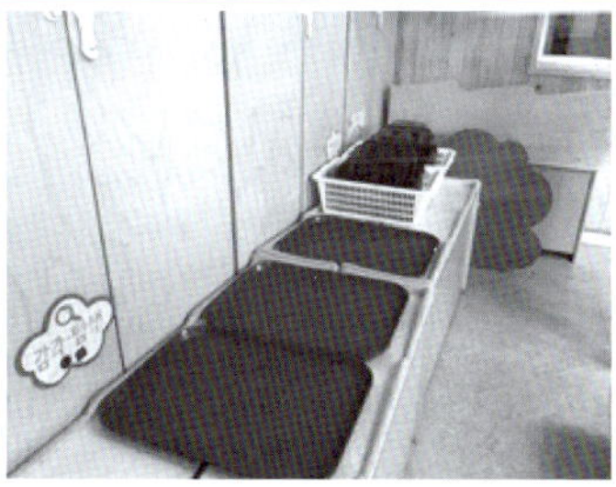

△ 이동 시 필요한 쟁반 및 쓰레기 정리 바구니

 △ 간식 세팅	 △ 요리(개구리 샌드위치) 활동
 △ 원장님 인사	 △ 신체 활동
 △ 신체 활동2	

3. 활동평가

• 교사A

- 활동하는 동안 실내온도가 높아 더웠음.
- 장소가 협소해서 아쉬웠음.

• 교사B

- 새솔반 학부모님들께서 적극적으로 참여해 주신 반면, 임신 중인 어머님들이 많이 계셔서 교사의 참여가 적극 이루어짐.
- 신체활동: 준비된 것이 많아서 두 번째 활동은 충분히 탐색하지 못하고 급하게 마무리 되어 아쉬웠음.
- 요리활동: 영아들이 안정적으로 잘 참여하여 진행이 원활했음. 세팅이 미리 되어 있어서 중간에 준비하는 것이 수월했음.
- 요리활동 전 보호자와 손을 씻는 시간이 있어서 준비하는 데 도움이 됨.

• 교사C

- 요리활동: 손 씻는 시간이 있어서 요리활동을 준비하는 데 도움이 됨.
- 신체활동: 공간이 협소해서 아쉬웠음.

• 교사D

- 별솔반 가정의 참여가 없어서 활동을 진행하지 못함.

• 교사E

- 업체와 컨택하는 부분에 있어서 연락하는 담당자가 여럿이어서 중복하여 준비하는 부분이 많이 있었음.
- 업체 관계자들의 활동 준비 시간이 더 빨리 이루어져야 할 듯 함.
- 부모님들의 적극적인 참여로 활동 진행이 안정적으로 이루어짐.
- 영아들이 즐겁게 활동할 수 있어서 좋았음.
  쓰레기 정리 바구니에는 비닐을 깔아서 준비.
  현수막은 새솔반 위에 달면 떨어짐. 새솔반 장에 달아 고정시킴.

• 교사F

- 복도에 학부모님 가방자리를 마련해두면 활동 공간을 조금 더 넓힐 수 있었을 듯 함.
- 중간에 요리세팅 할 수 있는 시간을 확보하여 활동이 원활하게 진행될 수 있었음.
- 행사 당일에는 모든 교사가 일찍 와서 함께 준비하면 더 좋을 것 같음.

출처: 서울시 구립 서울숲더샵 어린이집.

2 지역사회의 지원과 협력을 위한 지역사회 연계

지역사회와 지역사회 자원은 영유아의 성장과 발달 그리고 교육과 학습을 위한 중요한 자원이며, 가정과 어린이집에서는 배울 수 없는 부분들에 대한 경험까지도 가능하게 한다. 유아는 지역사회의 구성원으로서 자신의 세계를 차츰 넓혀 나가는데 지역사회는 유아가 속한 공간이며 환경이고, 유아가 사회화되어 가는 과정에 직간접적인 요인이 되기 때문에 중요하다(지성애 외, 2018). 따라서 교사는 지역사회와 자원을 활용한 보육 활동의 교육적 의미를 알고, 보육과정을 운영함에 있어 주제에 적합한 좋은 자원을 찾고 연계할 수 있도록 해야 한다.

1) 지역사회 자원의 종류

영유아보육기관은 지역사회 내에 위치하고 있고 교사가 협력할 수 있는 지역사회의 종류는 자연적 자원, 인적 자원, 물적 자원, 문화적 자원이 있다.

(1) 자연적 자원(Natural Resources)

영유아가 속한 지역사회에서 생활 속에 자연스럽게 활용할 수 있는 자원으로 슈퍼, 쇼핑센터, 지하철이나 버스, 공원과 놀이터, 문화센터 등이 이에 속한다. 이와 같은 자원들은 영유아에게 다양한 측면에서 교육적 경험을 제공해 줄 수 있다.

(2) 물적 자원(Material Resources)

영유아가 속한 지역사회에는 미용실, 병원, 약국, 자동차 정비소 등 다양한 기관이 있다. 생활주제에 관련한 지역사회 기관을 방문하여 궁금한 점을 물어보고 알아볼 수 있는 기회를 제공할 수 있다. 따라서 교사는 지역에 속한 각종 기관들에 대한 정보를 조사하고 관리하여 생활주제에 적합한 기관들을 활용할 수 있도록 해야 한다.

(3) 인적 자원(Human Resources)

영유아가 속한 지역사회에는 다양한 특성을 가진 사람들이 살고 있다. 지역사회에 위치한 다양한 기관과 장소의 인적 자원은 의사와 간호사, 소방관, 플로리스트, 교사 등이 있다. 뿐만 아니라 교사는 어린이집에 자녀를 보내고 있는 가족들 중 다양한 특성을 가진 가정을 조사하여 적극적으로 활용할 수 있다.

(4) 문화적 자원(Cultural Resources)

영유아가 속한 지역사회에서 주최하는 각종 행사, 문화공연, 플리마켓 등이 있다. 어린이 사생대회, 야간 벚꽃축제, 아나바다 차원의 바자회가 이에 속한다. 영유아들이 지역사회의 특색 문화를 경험할 수 있도록 보육과정에 반영할 수 있다.

2) 지역사회자원의 협력방안

어린이집에서는 보다 체계적인 지역사회와 협력하기 위해 긴밀한 협조체계를 구축하여 연계성 있는 활동을 계획하는 것이 바람직하다. 이를 위해 어린이집에서는 다음과 같은 지역사회연계 연간 활동계획안을 작성할 수 있다.

〈표 10-2〉 **지역사회연계 연간 활동계획안**

월	지역사회연계	활동내용
3월	00구 육아종합지원 센터	육아종합지원센터 내에 있는 실내놀이터에서 다양한 대근육 놀이기구를 체험한다.
4월	00구 보건소	보건소는 어떤 곳인지 직접 눈으로 보고 체험을 통해 알아본다.
	00구 다문화 가족지원센터	중국, 필리핀, 캄보디아 등 동남아 문화에 관심을 갖고 관련된 미술활동이나 전통놀이를 한다.
5월	000 어린이집	어린이들의 조부모님을 초청하여 노래 선물과 카네이션을 달아 드리고, 간단한 미술활동을 한다.
	00구 구민회관 질병관리본부	00구 구민회관에서 「꼬마약사 약돌이」 인형극 관람을 통해 약물오남용에 대해 올바른 인식을 갖는다.
	000 어린이집	장애우 친구들과 함께 어울려 활동하는 경험을 갖고 이해하는 마음을 갖는다.
6월	00노인 종합복지관 '시니어 동화 배달'	할머니들께서 들려주시는 동화를 듣는다.
7월	00소방서 '소방 동요대회'	소방 동요와 퍼포먼스 연습을 통해 화재예방의 중요성을 알고, 무대에 서보는 경험을 갖는다.
8월	00노인 종합복지관 '예절 지킴이'	예절교육과 식사예절에 대해 알아본다.

월	지역사회연계	활동내용
9월	000 어린이집 (창포원)	장애우 친구들과 함께 어울려 활동하는 경험을 갖고 이해하는 마음을 갖는다.
	00노인 종합복지관 '돌북돌북'	할머니, 할아버지께서 보여주시는 인형극을 감상한다.
10월	00노인 종합복지관 '예절 지킴이'	차 마시는 예절 알아보기
	00구 구민회관 '얘들아 놀자'	다양한 체험활동 (과학, 음악, 인형극 관람 등)
11월	00구 육아종합지원 센터 '신나는 놀이방'	육아종합지원센터 내에 있는 실내놀이터에서 다양한 대근육 놀이기구를 체험한다.
12월	'군인 아저씨께 카드 쓰기'	군인 아저씨께 카드를 써서 전달한다.
1월	00구청 '사랑의 저금통'	저금통을 수거하여 구청에 전달한다.
2월	00초등학교 견학	초등학교에 입학하기 전 미리 둘러보며 알아본다.

(1) 자연적 자원의 활용과 협력방안

일상생활 중에 지역사회의 자연적 자원을 활용할 수 있도록 계획할 수 있다. 날씨가 좋을 때 어린이집 주변을 산책하면서 계절의 변화를 경험할 수 있고 지역사회에 구비된 놀이터 및 모래놀이터를 이용하여 대근육 발달을 도모할 수 있다. 구체적인 사례는 〈표 10-3〉과 같다.

〈표 10-3〉 **자연적 자원의 활용 사례**

<table>
<tr><td>활동명</td><td>어린이집 주변 산책</td></tr>
<tr><td>일시</td><td>○○○○ 년 ○ 월 ○ 일</td></tr>
<tr><td>장소</td><td>어린이집 주변 동네</td></tr>
<tr><td>목적</td><td>• 어린이집 주변에 있는 다양한 시설에 관심을 갖고, 지역사회에 소속감을 느낀다.
• 지역사회의 소중함을 경험한다.</td></tr>
<tr><td>활동내용</td><td>• 어린이집 주변을 산책해요

- 어린이집 주변을 산책하면서 각종 봄 식물에 대해 알고 직접 물을 주는 경험을 한다.

• 산책 활동 후 봄꽃들의 특징을 말해 보고 특징에 적합하게 별명도 지어본다.
<table>
<tr><td></td><td></td><td></td><td>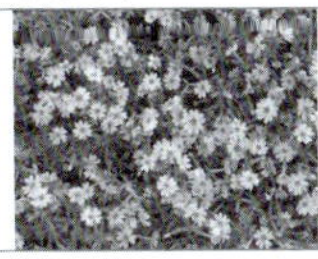</td></tr>
<tr><td>이 꽃은 별처럼
생겼어요
"별꽃"</td><td>나무에 앉아있는
하얀나비 같이
생겼어요
"하얀나비꽃"</td><td>민들레는 햇님이
비추는 모양으로
생겼어요
"해꽃"</td><td>키도 작고 꽃도
작아요
"작은난장이 꽃"</td></tr>
</table></td></tr>
<tr><td>활동평가</td><td>어린이집 주변을 둘러보고 봄 날씨를 만끽하면서 봄꽃의 특징을 경험할 수 있어 좋았다. 직접 식물에 물을 주는 경험을 통해 식물의 소중함을 깨달을 수 있는 시간이었다.</td></tr>
</table>

(2) 물적 자원의 활용과 협력방안

지역사회에 위치한 물적 자원을 활용하는 방법은 주로 견학이다. 견학은 생활주제에 적합한 장소를 방문하여 현재 진행되고 있는 활동에 대한 심화 학습이 가능하다. 견학지에 방문하여 영유아가 직접 궁금한 내용을 질문하면서 경험의 폭을 넓혀줄 수 있다. 생활주제가 '건강과 안전'일 때 지역사회에 위치한 교통안전교육장 방문한 활동의 예시는 〈표 10-4〉와 같다.

〈표 10-4〉 **물적 자원의 활용 사례**

활동명	보건소가 어떤 곳인지 알아보아요.
일시	○○○○ 년 ○ 월 ○ 일
장소	00보건소
목표	* 치아를 깨끗하게 관리해야 하는 이유를 알고 바르게 양치하는 습관을 기를 수 있다. * 보건소에서는 어떤 일을 할 수 있는지 알 수 있다.
활동	내용
활동 방법	* 사전 활동 • 사전 활동으로 유아들과 보건소 사이트에 들어가서 사진을 보며 이야기를 나누어 본다. * 활동: 보건소가 어떤 곳인지 알아보아요. 1) 각 반별로 차량에 탑승한다. 2) 1층부터 보건소, 인솔교사의 이야기를 듣는다. • 블루터치 카페, 예방 접종실, 치과, 물리치료실, 재활의학과 3) 치과에서 치위생사 선생님께 구강교육을 받는다. • 치아의 중요성에 대해 시청각 자료를 보며 이야기를 나눈다. • 치아에 좋은 음식과 나쁜 음식에 대해 시청각 자료를 보며 알아본다. • 칫솔질 교육 • 치위생사 선생님의 모형 치아를 통한 시범을 보며 올바른 칫솔질을 따라해 본다. 4) 반별로 모여 보건소 앞에서 단체사진을 찍고 어린이집으로 돌아온다. * 사후 활동 • 보건소가 어떤 곳인지 이야기를 나누어 본다. • 보건소에서 받은 팸플릿을 보며 친구와 함께 이야기해 본다.
활동평가	아이들과 직접 보건소를 방문하여 구강의 구조와 치아의 형태, 구강을 청결하게 해야 하는 이유, 올바른 칫솔질 방법을 체계적으로 익힐 수 있는 유익한 시간이었다. 보건소에서 하는 다양한 일을 볼 수 있어 유아들에게 즐거운 시간이었다.

활동명	교통안전교육장 견학
일시	○○○○ 년 ○ 월 ○ 일
장소	교퉁안전교육장
목적	• 지역사회에 위치한 교통안전교육장 견학을 통해 교통안전에 대해 이해한다.
활동내용	• 교통안전교육장 견학  
활동평가	교통안전교육장에 방문하여 교통 안전방법에 대해 이야기를 듣고 경험할 수 있어서 안전교육 측면에서 도움이 되었다.

(3) 인적 자원의 활용과 협력방안

지역사회에 속한 의사, 간호사, 플로리스트, 도서관 사서 등 인적 자원은 어린이집에 방문하여 보육과정 운영에 도움을 줄 수 있다. 예를 들어, 영유아들이 교실에서 운영되고 있는 책대여 프로그램에 많은 관심을 보인다면 이 시기에 지역사회에 속한 도서관 사서를 어린이집에 초대하여 도서관 활용방법, 다양한 책에 관한 소개를 헤 준다면 인적 사원은 자신의 전문분야에 대해 정확하고 풍부한 정보를 제공할 수 있으며, 영아들은 흥미와 관심이 확장되고 심화될 수 있다.

(4) 문화적 자원의 활용과 협력방안

영유아가 속한 지역사회에서 주최하는 각종 행사, 문화공연, 플리마켓 등에 영유아가 직접 참여하여 즐겁고 의미 있는 시간을 보낼 수 있다. 예를 들어, 지역사회에서 마련한 아나바다 운동에 참여하기 위해 어린이집 활동 시간에 팔 수 있는 물건들을 직접 만들기도 하고 작아져서 못 입는 신발이나 옷, 장난감을 나누어 쓸 수 있는 경험을 할 수 있다.

〈표 10-5〉 **문화적 자원의 활용 사례**

활동명	아나바다
일시	○○○○ 년 ○ 월 ○ 일
장소	해당 구청 내
목적	• 지역사회에서 주최하는 아나바다에 참여함으로써 경제교육의 개념을 익힐 수 있다.
활동내용	• 직접 제작한 액자 및 뻥튀기 과자  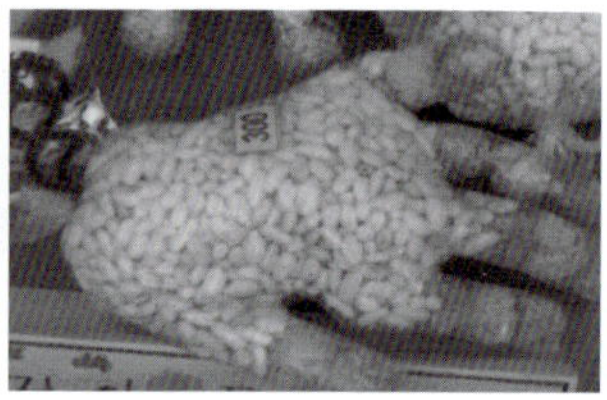 • 장난감 및 인형 나눠 쓰기   • 신발 및 옷 나눠 쓰기  
활동평가	직접 아나바다에 참여해 봄으로써 보람을 느끼고 경제교육에도 도움이 되었다.

3) 영유아와 그 가족을 위한 전문가의 협조

어린이집에서는 영유아의 발달적 특성이나 보호를 필요로 하는 영유아의 특수한 문제를 도와줄 수 있는 지역사회 내 전문기관에 대한 정보를 조사하여 정리해 둘 필요가 있다. 필요할 경우에는 전문기관을 가정에 안내해 문제를 해결할 수 있도록 해야 할 것이다.

〈표 10-6〉 **지역사회 전문기관 및 전문가**

대상	연계기관	전문가	내용	관련홈페이지
장애아	장애인복지관	상담원, 치료사	• 부모교육 및 상담 • 음악치료, 물리치료, 언어치료 • 교육진단, 개별수업, 그룹수업 • 표준화 검사	
영유아	아동상담센터	상담원, 치료사	• 놀이치료 • 부적응행동 완화 및 사회 적응력을 키워줌 • 심리적 안정감, 의사소통능력, 사회성 증진	한국아동상담센터 www.adongclinc.co.kr
학대 영유아	아동학대예방센터	아동학대전문 상담원	• 아동학대 사례를 해당 지역 아동보호전문기관으로 조사의뢰 • 의료기관, 상담치료기관, 복지시설과의 연계 유도	중앙아동보호전문기관 www.korea1391.co.kr
가족 전체	가족상담센터	상담전문가	• 심리검사 • 무료상담 • 가족치유세미나, 부부사랑세미나	한국가족상담센터 www.familykorea.org
	사회복지관	사회복지사, 상담원, 치료사	• 가족폭력 상담 • 장애아가족을 위한 상담 및 서비스 • 기초생활지원서비스 • 밑반찬지원서비스 • 경제지원서비스	한국사회복지관협회 www.kaswc.co.kr
	보건소	보건진료원 직원	• 각종 진료 및 예방접종 • 방문보건사업 • 선천성대사이상 검사, 발달검사 • 성교육 및 모자보건	
	동사무소	사회 · 가정 복지 담당직원	• 경감대상, 장애인복지카드 신청 • 기초생활지원서비스	
	구청	사회복지 담당, 장애인복지	• 장애인지원, 장애인 편의시설 장애인 복지관 관리	

대상	연계기관	전문가	내용	관련홈페이지
		담당, 보건지도과	• 수급권자 책정 및 지원 • 자활지원사업 • 영 · 유아지도 상담 및 평가 • 정신보건, 노인보건	

출처: 서영숙 외(2018). 보육과정. p.213. 경기: 공동체.

CHAPTER 11

교수 · 학습 방법

보육과정은 보육과정의 목적 및 목표, 설정된 목표달성을 위한 보육내용의 선정 및 조직, 그리고 가장 효율적으로 가르칠 수 있는 교수 · 학습 방법을 구체적으로 계획하는 일이다. 교수 · 학습 방법은 기본적으로 영유아가 학습에 대한 동기를 가질 수 있도록 해야 한다. 따라서 선정된 보육내용을 잘 가르치기 위한 교수 · 학습 방법을 모색할 필요가 있다. 본 장에서 교수 · 학습의 의미에 대해 살펴보고 영유아의 학습의 기본전제, 교수 · 학습 방법 원리, 교수 · 학습 방법에 대해 살펴보고자 한다.

1 영유아 학습

영유아의 학습은 어떻게 발달해 가는지 살펴볼 필요성이 있는데 NAEYC (1991)에서 제시하고 있는 교수학습과정에 대한 기본 전제는 다음과 같다 (NAEYC, 1991).

- 영유아는 신체적 욕구가 충족되고 심리적으로 안전하다고 느낄 때 가장 잘 학습한다.

  영유아는 식사, 배변, 낮잠 등의 기본적인 욕구가 충족되고 신체적 움직임을 충분히 했을 때 활동에 몰입하여 즐겁게 참여할 수 있다. 또한 영유아를 둘러싼 인적 및 물적 환경이 충분히 안정적이고 안전하다고 느낄 때 잘 가장 잘 학습한다.

- 영유아는 환경과의 능동적인 상호작용을 통해 스스로 지식을 구성하는 능동적인 학습자이다.

  영유아는 알고 싶어 하는 마음을 갖고 주변을 탐색하며 스스로 문제를 해결해 나가면서 자신이 지니고 있는 생각이나 지식을 수정하거나 첨가하는 과정을 거치면서 학습한다. 즉, 영유아는 풍부하게 조성된 환경 속에서 다양한 경험을 통해 능동적인 상호작용을 하며 스스로 지식을 구성한다.

- 영유아는 성인 및 다른 영유아들과 사회적 상호작용을 통해 학습한다.
  영유아는 교실의 또래 및 교사들과 사회적 상호작용을 통해 학습한다. 예를 들어, 쌓기 영역에서 다양한 블록을 가지고 근사한 쌓기 놀이를 하고 있을 때 또래 친구가 "야, 이번엔 우리 빨간, 파란색 블록만 가지고 쌓아보자" 한다면 영유아는 새롭게 놀이를 시도할 수 있고 그 과정에서 학습이 일어날 수 있다.

- 영유아는 놀이를 통해 학습한다.

- 영유아의 흥미와 '알고자 하는 요구'는 학습의 동기를 부여한다.

- 영유아의 학습과 발달은 영유아 개개인에 따라 다양하다.
  영유아는 개개인마다 발달에 있어 차이가 나기 때문에 수준을 고려한 활동을 준비해서 학습이 일어나도록 한다.

2 교수 · 학습 원리

영유아보육과정의 교수 · 학습 방법은 다양하지만 적절한 교수 · 학습의 원리는 다음과 같다(신화식 외, 2015; 서영숙 외, 2018).

1) 놀이중심의 원리

영유아가 자발적으로 학습할 수 있도록 놀이를 중심으로 활동을 구성하는 것이다. 영유아에게 놀이는 즐거움과 재미를 선사한다. 영유아에게 있어 놀이가 재미있으려면 교실에서 전개되고 있는 생활주제에 적합하고 구성된 활동의 난이도가 영유아 수준에 적합해야 한다. 영유아에게 놀이시간이 끝나고 놀이 활동을 평가할 때 보면 "오늘 놀이는 보통이었어요, 혹은 재미없었어요." 하는 경우가 있다. 이유를 물어보면 "놀이 활동(교구 및 교재)이 너무 시시했어요." 또는 "너무 복잡해서 어렵고 재미가 없었어요." 하고 대답하는 경우를 경험할 수 있다. 영유아에게 주어진 활동이 너무 어렵거나 복잡하면 놀이에 흥미가 없어지고 결국 재미없어진다. 아무리 영유아에게 놀이중심이 중요하다고 해도 결국 영유아의 성장과 학습이 일어날 수 있도록 하기 위해서는 영유아 수준에 적합한 놀이를 다양하게 준비해 주어 재미와 즐거움을 느껴 활동에 몰입할 수 있도록 해야 한다.

2) 생활중심의 원리

영유아의 학습은 별도의 시간을 마련해서 하도록 하는 것이 아니라 일상생활 속 경험을 통해 이루어지도록 하는 것을 말한다. 간식시간에 간식 접시에 먹고 싶은 크래커 개수를 올려놓고 야쿠르트 1개를 먹으면서 자연스럽게 수 개념을 형성할 수 있고, 또 벚꽃이 만개한 화창한 봄날 야외학습 시 떨어지는 벚꽃 잎을 관찰하면서 색, 꽃잎 수, 모양 등을 학습할 수 있으며, 벚꽃 떨어지는 모습을 신체로 표현하는 것도 가능하다. 이와 같이 일상생활경험 속에서 자연스럽게 학습이 이루어질 수 있도록 해야 한다.

3) 구체성의 원리

영유아의 학습은 구체적인 학습에서부터 시작해서 추상적인 학습으로 진전될 수 있도록 한다. 가장 효과적인 구체적인 경험은 실물 자료를 이용하는 것이다. 실물자료 다음으로 유사한 그림 및 사진을 활용할 수 있

다. 예를 들어 목련꽃과 벚꽃이 만개한 봄날 봄꽃 중 '목련과 벚꽃의 공통점과 차이점'이 주제라고 가정해 보자. 교사는 등원하면서 영유아들이 보았던 목련꽃과 벚꽃을 그려보라고 할 수 있다. 아무리 집 주변이나 아파트 정원에서 봄꽃들을 보았다 하더라도 영유아는 다소 추상적으로 표현할 수도 있을 것이다. '구체성의 원리'를 고려하여 생각해보면 교실에는 목련 나무에 목련꽃 봉오리가 생기는 사진, 봉오리에서 꽃이 나오는 사진, 꽃이 피기 시작하는 사진, 만개한 사진, 목련 나무 사진 등 아주 구체적인 사진을 게시할 수 있고, 과학 영역에 목련꽃과 벚꽃을 놓아둠으로써 구체적으로 관찰하여 학습이 이루어지도록 할 수 있다.

4) 다양성 및 융통성의 원리

영유아는 다양한 교수자료가 있을 때 더욱 효과적으로 학습을 할 수 있다. 연령에 따라 개인차에 따라 교수내용도 융통성이 있어야 한다. 예를 들어, '(가족)액자 만들기'를 한다면 교사가 획일적으로 미리 만들어 둔 액자 샘플을 보여주는 것이 아니라 액자를 다양하게 만들 수 있는 재료를 준비해 줄 수 있다. 이를테면, 부직포나 나뭇가지를 붙여 액자 만들기를 할 수 있으며 재활용 케이크 상자를 모두 펼쳐 가운데를 뚫어 액자를 만들 수도 있고 색종이를 활용해 부메랑 접기를 통한 액자를 만들 수도 있다. 영유아에게 다양한 경험을 제공하기 위해서 흥미영역에 다양성을 반영한 재료 및 교구들이 비치되도록 한다.

5) 능동적 선택성의 원리

앞서 설명한 다양성 및 융통성의 원리에 입각해 환경을 준비해 준다면 액자 만들기의 다양한 재료(케이크상자, 부직포, 색종이, 나뭇가지 등) 중에서 영유아 스스로 만들고 싶은 재료를 능동적으로 선택할 수 있을 것이다.

NAEYC는 이러한 관점에서 다음 네 가지를 제안하고 있다(Bredekamp, 1996; 신화식 외, 2015 재인용).

- 선택할 수 있는 다양한 활동과 교구를 준비한다.
- 소집단 활동이나 개별 활동에 참여하도록 유아에게 선택권을 준다.
- 스스로 쉽게 활동을 선택할 수 없는 유아를 도와준다.
- 자기 스스로 선택한 활동을 통해서 유아가 주도하고 실험해 보는 경험을 준다.

6) 통합성의 원리

'통합'의 정의는 둘 이상의 요소들을 하나로 합치거나 하나의 전체를 이루도록 하는 것이다. 영유아보육에서 통합의 유형에는 발달영역의 통합, 흥미영역의 통합, 교과간의 통합이 있다. 예를 들면, 읽기와 쓰기를 독립적으로 지도하기보다는 교실의 흥미영역 표시판에 이름을 써본다거나 역할 놀이에 필요한 다양한 안내판, 소품들에 이름을 써보고 읽어보는 활동으로 전개하면서 자연스럽게 읽기와 쓰기를 통합할 수 있다. 또 다른 예로 영유아 입장에서는 하나의 활동을 하지만 그 활동 속에 여러 교과의 학습이 통합적으로 이루어질 수 있다. 동극활동을 하기 위해서는 동극에 필요한 배경판 및 소품 만들기, 역할 정하고 대본 숙지하기, 등장인물 등장순서 정하기 등이 필요하다. 이때 동극에 필요한 다양한 소품들과 배경판, 지켜야 할 규칙들을 만들면서 읽기와 쓰기의 학습이 일어나고 등장인물, 등장순서를 정해 보면서 순서의 개념들을 습득할 수 있다. 뿐만 아니라 서로 협력과 배려를 통한 성공적인 공연을 위해 사회성 개념도 학습할 수 있다. 따라서 영유아의 교수 · 학습은 어느 한 쪽으로 치우치지 않고 통합적으로 계획하여 영유아의 전인발달이 이루어질 수 있도록 해야 한다.

7) 활동의 균형성의 원리

하루 일과 중 배치되는 활동에 있어 동적인 활동/정적인 활동, 대 · 소집단 활동/개별 활동, 실내 활동/실외 활동, 교사 선택활동/영유아 선택활동 간이 균형적으로 배치되어야 한다는 원리이다.

8) 개별화의 원리

영유아의 고유한 개별적인 특성을 파악하고 이해하여 각 영유아가 지닌 개성과 강점의 역량을 키울 수 있도록 해야 한다. 특히, 영아의 경우 개인차가 많이 나기 때문에 각 영아의 개별성을 인정한 민감한 교수 · 학습이 요구된다. 따라서 교사는 영유아의 각기 서로 다른 흥미와 능력을 지원하는 다양한 환경을 마련해 주고 개별 영유아의 요구대로 선택할 수 있도록 환경을 제공해야 한다.

3 교수 · 학습 방법

교수 · 학습 방법이란 교육목표 설정에 따른 교육내용이 선정되고 조직화되면 가장 효율적으로 전달할 수 있는 방법, 즉 '어떻게 가르칠 것인가'에 대한 방법적인 측면의 개념이다. 영유아의 학습의 효과성을 극대화하기 위한 다양한 교수 · 학습 방법으로 설명법, 탐구학습법, 발견적 교수법, 과정중심 교수법, 협동학습, 토의학습, 역할 놀이 등이 있다.

1) 설명법

교사가 영유아를 대상으로 교육하고자 하는 내용을 일방적인 설명에 의해 전달하는 방법이다. 영유아는 구체적인 경험 없이 교사가 전달하는 내용을 이해해야 하기 때문에 추상적으로 전달되기 쉽다. 따라서 교사가 교육내용에 있어 설명할 방법을 선택할 때 영유아의 이해를 도모하기 위한 구체적인 실물, 사진, 정확한 어휘 및 용어 사용을 통해 교육내용을 잘 이해하여 학습될 수 있도록 해야 한다.

2) 탐구학습법

탐구학습은 교사가 교육에 대한 정보를 일방적으로 전달하는 것이 아니라 영유아의 관심사에 따라 궁금한 질문을 선정하고 스스로 답을 찾아가면서 문제를 해결하는 방법이다. 영유아에게 능동적인 탐구학습의 기회를 제공하기에 영유아가 알고 싶은 내용을 스스로 발견해 볼 수 있는 경험이 가능하다. 그 과정에서 개념을 형성하고 탐구능력을 습득할 수 있다. 따라서 보육현장에서는 직접적인 탐구활동을 할 수 있는 반응적인 환경이 조성되어야 하며 학습의 주도권을 영유아에게 주어야 한다. 또한 영유아가 가지고 있는 특정 개념에 대한 사전지식이 적절히 재구성될 수 있도록 교사의 질문, 또래와의 토의, 직접적 조작과정의 탐구 등의 기회를 제공하도록 한다.

3) 발견적 교수법

발견적 교수법은 영유아가 문제해결과정에서 직접적인 관찰과 환경의 조작을 통해 스스로 배우는 과정을 강조하여 과정중심의 교수 · 학습 방법이다. 사실이나 문제의 파악, 가설설정, 가설검증과 확인, 실제에 적용 등의 과정을 통해 영유아 스스로 지식을 발견해 나가는 과정이다. 따라서 교사는 영유아가 스스로 개념 간의 관계를 발견할 수 있도록 다양한 도구와 자료를 제공해야 하고 충분한 시간을 제공해 주어야 한다. 영유아 스스로 무언가를 발견할 수 있는 데 많은 시간이 걸리고 교사는 발견과정에서 지속적으로 적기에 필요한 자료와 적절한 상호작용을 해 주어야 하는 어려움이 있다. 예를 들어, 영유아가 실외 놀이를 하면서 애벌레를 가져와 교실에서 관찰하고 싶어 한다면 관찰도구, 기록지, 채집통 등을 준비해 주어 교실에서 관찰할 수 있도록 기회를 제공할 수 있다. 또한 주제에 관련된 서적 및 그림책 등을 구비해 준다면 학습에 더욱 효과적이다. 발견학습의 과정에 대해 김진영 등(2002)은 5단계로 제시하고, 윤지혜(2013)는 4단계로 제시하여 설명하였는데 이를 정리하여 4단계로 설명하고자 한다.

(1) 1단계: 과제의 파악

영유아가 발견할 과제를 명확하게 파악하는 단계로 교사가 준비한 자료를 영유아들은 주의 깊게 관찰하고 과제와 관련된 경험을 이야기하면서 문제의 장면을 고찰한다. 교사는 영유아의 학습에 대한 흥미와 문제 제기된 내용에 관련된 자료나 사실에 대해 적극적으로 관찰할 수 있도록 자료를 준비해 주어야 한다. 즉, 영유아의 입장에서는 관찰의 단계라 할 수 있다.

(2) 2단계: 가설 설정

앞선 단계에서 관찰한 내용을 바탕으로 제시된 자료와 추가 자료를 수집하여 개념을 유도하는 기회를 마련하도록 하는 단계이다.

(3) 3단계: 추리단계

교사는 영유아가 관찰한 사실 간의 일정한 형식을 찾아 기술하도록 하여 원리를 발견하고 추리를 얻어낸다.

(4) 4단계: 정리단계 및 적용단계

한 개념에 대한 여러 가지 표현을 하나로 정리하는 단계로 습득한 개념에 대해 정리하여 요약된 개념을 만든다. 그리고 난 후 이 개념을 여러 경우에 적용함으로써 개념을 명확하게 이해할 수 있다.

4) 과정중심 교수법

과정중심 교수법은 일반적으로 과학 활동 시 관찰, 토론, 분류, 예측, 실험 등의 과학적 방법을 적용하여 탐구능력을 기를 때 학습된다고 본다.

이러한 과정을 통해 문제해결력이 향상될 수 있다. 예를 들어, "고구마를 가지고 우리가 무엇을 할 수 있을 것 같니?"라고 물어본 후 "싹이 나도록 해 봐요."라는 유아들의 반응에 고구마를 놓을 장소, 잘 자라도록 하기 위해 필요한 것들을 토의하고, 유아들이 원하는 곳에 놓은 후 어떻게 될 것 같은지를 예측하고 관찰해 보도록 할 수 있다. 햇빛이 들지 않은 곳에 계속 두었을 때 어떻게 될 것 같은지에 대해 추론해 보도록 도울 수 있다 (유은영 · 조형숙, 2018).

5) 협동학습

협동학습이란 몇몇의 영유아가 주어진 과제나 활동의 목표를 공동으로 협력하여 달성하는 것이다. 비고츠키(Vygotsky)가 말한 근접발달영역(ZPD)의 개념은 영유아의 현재 수준에서 주변 또래나 교사의 도움으로 잠재적인 발달영역까지의 영역이다. 이때 영유아는 자신보다 좀 더 유능한 또래와 협동하여 과제를 수행하는 경우 발달이 이루어질 수 있기 때문에 협동학습이 효과적이다. 복잡한 퍼즐을 함께 맞추어보기, 협동하여 공동의 작품 완성하기 등이 있다.

6) 토의학습

영유아를 3~4명씩 그룹을 구성하여 주제에 대해 토의할 수 있다. 영유아의 개인차를 고려하여 그룹을 구성할 수 있기 때문에 개인의 흥미와 능력에 따른 욕구 충족이 가능하다. 또한 영유아들끼리 상호작용이 활발히 일어나기 때문에 소속감이 형성될 수 있다.

▣ 토의주제: 우리반의 용돈

- 용돈의 대한 개념을 함께 이야기해 보고 우리가 어린이집에서 누구에게서 용돈을 받을 수 있을지에 대해 이야기했습니다. 그리고 우리가 용돈을 받기 위해서 할 수 있는 행동에 대해 토의했습니다.

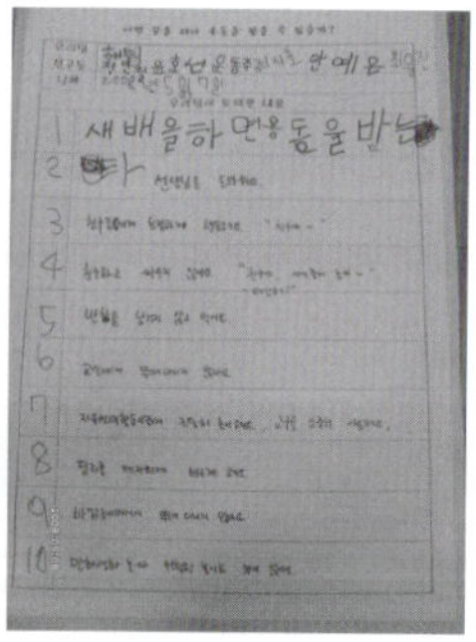

- 선생님을 도와줘요
- 친구들에게 친절하게 이야기해요
- 친구들하고 싸우지 않아요
- 반찬을 남기지 않아요
- 교실에서 뛰어 다니지 않아요
- 놀이시간에 조용히 하고 교구를 소중하게 다뤄요
- 정리를 잘해요
- 바깥놀이터에서 뛰지 않고 만화영화 놀이나 위험한 놀이를 하지 않아요

7) 역할 놀이

영유아는 엄마, 아빠 등과 같은 역할들을 경험해 봄으로써 타인의 마음을 잘 이해할 수 있고 구체적인 문제 상황을 잘 파악할 수 있다.

이와 같이 교수 · 학습 방법은 다양하다. 교사는 주제에 대한 활동의 목표, 선정된 내용을 가장 효과적으로 학습하기 위한 교수법을 선택하는 것이 중요하다. 앞에서 설명한 다양한 교수 · 학습 방법을 실현해 내기 위해 교사는 영유아를 중심에 두고, 교사는 영유아의 활동과 과정에 대해 지원해 주는 역할, 안내자의 역할, 촉진자의 역할을 해 주어야 한다. 이와 관련하여 교사의 교수 유형에 대해 다음의 8가지로 구분하여 살펴보자 (Bredekamp & Rosegrant, 1992).

유형	내용	예시
인정하기 (Acknowledge)	교사가 영유아의 활동을 관찰하고 활동에 집중하여 지속될 수 있도록 긍정적으로 격려하는 것을 말한다.	미술 영역에서 영유아가 우유갑을 사용해 동물을 만들고 있을 때 영유아를 바라보며 눈을 맞추고 "열심히 하고 있구나." 하면서 인정해 주고 관심 갖고 있음을 나타냄
모델보이기 (Modcling)	교사가 영유아를 대상으로 직접 모델을 보임으로써 행동을 할 수 있도록 구체적으로 보여주는 것을 말한다.	역할 놀이 영역에서 영유아들이 의사의 역할에 대해 소극적일 때 교사가 직접 청진기를 가지고 "(청진기를 영유아 가슴에 대면서) 기침을 많이 하세요? 한 번 숨을 크게 쉬어보세요."와 같이 의사의 역할에 대해 직접 모델을 보임
조성하기 (Facilitate)	영유아가 놀이 할 때 다음의 단계로 진행해 나갈 수 있도록 필요한 상황에 따라 다양한 도움을 제공하는 것이다.	대근육 활동 시간에 영유아가 평균대를 균형을 잘 잡고 걸을 수 있도록 교사는 영유아의 한 손을 잡아줄 수 있고, 어느 정도 균형을 잡게 되면 교사는 스스로 균형을 잡을 수 있도록 서서히 잡았던 손을 놓아줌
지지하기 (Support)	조성하기와 비슷하지만 영유아와 교사가 함께 활동의 시작과 끝을 결정하는 상황을 말한다.	평균대 걷기 활동 시 균형을 잘 잡을 수 있도록 언제 도움을 줄건지 그리고 또 언제 도움을 철회할 것인지를 영유아와 결정하고 행동함

유형	내용	예시
비계 설정하기 (Scaffolding)	교사는 영유아의 잠재적 발달수준에 이를 수 있도록 발판의 역할을 제공하는 전략이다.	영유아가 발달수준보다 다소 어려운 퍼즐을 맞추면서 어려워하는 상황이라면 교사는 "○○ 친구야, 우리 비슷한 색깔이 있는 퍼즐 조각을 모아보자. 그리고 색깔끼리 친구가 될 수 있도록 맞춰보자"와 같이 과제를 해결해 나갈 수 있도록 도움을 주고, 그 이상은 조절해감
함께 구성하기 (Co-construct)	교사와 영유아와 함께 활동에 참여하는 상황이다.	쌓기 놀이 영역에서 경복궁 쌓기를 해 본다면 교사가 함께 참여해서 경복궁 쌓기를 완성할 수 있도록 함
시범 보이기 (Demonstrate)	교사는 영유아를 대상으로 직접 활동을 하고 영유아가 관찰을 하는 형태이다. 주로 위험한 상황의 활동이나 내용을 학습할 때 사용한다.	과학활동 시간에 위험한 불을 사용해야 하는 경우나 약품을 사용해서 활동해야 할 경우에는 교사가 직접 활동을 진행하면서 시범을 보이면서 학습을 촉진시킬 수 있음
지시하기 (Direct)	교사가 영유아가 특정한 방법으로 활동을 하도록 지시하는 경우이다.	색종이 접기 활동의 경우에는 순서대로 접기 활동을 하지 않으면 작품이 완성되기 어려우므로 순서대로 접을 수 있도록 지시할 수 있음

CHAPTER 12

보육과정평가

1 보육과정평가 목적

보육과정평가의 목적은 영유아에게 적합한 교육목표를 설정하고 설정한 교육목표달성을 위한 교육내용이 잘 조직되었는지, 그리고 가장 효율적으로 잘 가르쳤는가를 평가하여 그 결과를 반영하기 위함이다. 따라서 보육과정평가는 보다 양질의 높은 보육을 실현하기 위해 필요하다.

평가의 기능에 대해 살펴보면 다음과 같다(황해익 · 임재택, 2005).

- 보육목표달성도를 파악하는 기능을 한다. 계획한 보육목표의 달성을 위해 전개된 보육활동을 통해 얻어진 보육성과를 평가하는 데 있다.
- 영유아를 지도하는 교사의 교수 · 학습 방법을 개선하는 기능을 한다. 객관적이고 타당한 영유아의 평가결과는 영유아의 수준에 적합한 교수 · 학습 방법을 개선하는 자료가 된다.
- 영유아를 이해하기 위한 기초자료를 수집하는 기능을 한다. 평가는 영유아의 생활지도와 학습지도에 있어서 기초가 되는 자료를 제공하는 역할을 한다. 관찰 및 여러 가지 검사를 통한 평가는 영유아의 문제를 조기에 발견하고 이들의 성장과 발달을 이해하고 효과적으로 지도하도록 하는 데 기초자료로 활용된다.
- 부모에게 영유아를 이해하기 위한 자료를 제공하는 기능을 한다. 자녀들의 보육성과를 부모에게 전달하여 부모로 하여금 영유아에 대한 이해를 높이고, 가정에서도 영유아를 효과적으로 양육하고 지도할 수 있도록 한다. 부모에게 전달되는 자료는 부모와의 면담자료로 사용되고 영유아의 전인발달을 이해하기 위한 보조 자료로서의 역할이 되는 것이 바람직하다.

- 영유아의 보육활동의 개선방안을 모색하는 기능을 한다. 영유아보육의 목표가 얼마나 성취되었는가의 여부를 밝혀 보육활동의 전반적인 과정을 개선하기 위해, 영유아의 개인차에 따른 결과를 분석하여 후속활동을 계획하고 학습활동의 개선방안을 모색하기 위해 평가한다.

2 보육과정평가 대상

보육과정평가의 대상은 영유아평가, 보육과정평가로 구분된다.

1) 영유아평가

영유아의 발달을 평가하는 것은 영유아의 흥미, 발달수준, 강점을 발견하여 학습경험의 확장을 도모하고 영유아에게 적합한 보육과정을 계획하고 운영하기 위함이다. 영유아의 성장과 발달변화를 관찰하고 평가하는 것은 영유아교사에게 계획한 보육과정이 설정한 목표달성 여부, 만약 달성하지 못했다면 그 원인은 무엇인지 찾아보고 그 내용을 보육과정에 반영하기 위한 근거를 제공해 주기 때문에 중요하다. 또한 영유아 발달에 대한 평가는 부모에게는 자녀의 발달상황에 대한 정보를 제공해 주어 자녀의 성장과 발달을 이해할 수 있도록 해 준다.

2) 보육과정평가

보육과정평가는 보육목표, 보육내용, 교수·학습 방법, 보육평가에 대해 평가하는 것이다. 설정한 보육목표는 타당하게 설정되었는지, 목표달성을 위해 보육내용이 선정되고 조직되었는지, 교수·학습 방법은 보육목표와 보육내용을 효과적으로 가르쳤는가에 대해 평가하는 것이다. 또한 보육과정평가는 평가의 내용이나 방법이 신뢰성을 바탕으로 얼마나 객관적으로 평가되었는지를 평가하는 것이다.

이러한 보육과정평가 결과는 교사의 교수 전략과 교수 방법을 점검하는 계기가 되어 어린이집 교사의 전문성 계발에 도움을 주며 차기년도 보육과정을 계획하는 데 반영될 수 있어야 한다.

3 보육과정평가 방법

1) 영유아평가 방법

영유아의 발달을 평가하는 방법은 매우 다양하다. 교사는 영유아평가 방법을 잘 숙지하여 발달상황에 맞는 방법을 선택해서 사용해야 한다.

(1) 관찰법

관찰의 가장 궁극적인 목적은 영유아의 전인발달을 도모, 어린이집 기관의 교육목표달성도 파악, 교사수업의 질적인 향상, 부모에게 필요한 이해를 제공하는 것으로 순환적이고 상호적인 관계이다. 관찰에는 장면의 통제 여부에 따라 자연적 관찰, 통제적 관찰로 구분할 수 있으며, 관찰자의 관찰참여 여부에 따라 참여관찰과 비참여관찰로 구분한다.

무엇보다 중요한 것은 영유아의 행동 그 자체에 대해 있는 그대로 객관적으로 관찰하여 기록하는 것이 중요하다. 관찰방법에는 일화기록법, 시간표집법, 사건표집법, 행동목록법(체크리스트), 평정척도법, 포트폴리오가 있다.

① 일화기록법

일화기록법은 영유아에게 나타나는 한 가지 행동이나 상황에 초점을 맞추어 관찰하여 간단하고 간결한 형태로 기록하는 것이다. 영유아교육현장에서 가장 쉽고 간단하게 사용할 수 있는 방법으로 특별한 준비 사항 없이 관찰자에게 중요하거나 의미 있다고 판단되는 행동이나 사건에 대해 바로 그 자리에서 기록할 수 있다. 관찰한 행동이나 사건을 바로 기록하는 것이 바람직하지만 상황이 여의치 않다면 간단하게 언제, 어디서, 누가, 어떤 일을, 왜, 어떻게 했는지 메모해 두고 영유아들이 모두 귀가한 후 교사의 기억 속에서 사라지기 전에 바로 기록해 두어야 한다. 또한 교사는 주머니 속에서 작은 수첩이나 메모지 등을 준비하여 즉각적으로 관찰한 내용을 메모할 수 있도록 준비해야 한다.

〈일화기록의 유의점〉

- 교사는 후광효과에 의해 영유아를 잘못 판단할 여지를 방지해야 한다. 영유아의 배경이나 영유아에 대한 자신의 느낌이나 태도에 편견이 작용할 수 있으므로 관찰할 때 다양한 주변의 요소가 배제될 수 있도록 해야 한다.
- 영유아에게 일어난 행동이나 사건을 기록할 때에는 사건이 일어난 순서대로 기록한다. 사건에 대한 기록을 할 때는 영유아가 했던 말과 행동을 구별해서 기록하고, 정확한 의미를 파악하기 위해서는 영유아가 했던 말 그대로를 직접화법으로 기록한다.

- 관찰날짜, 시간, 장면, 진행 중인 활동뿐만 아니라 영유아의 이름, 생년월일, 성별 등과 같은 기본적인 자료를 기록해야 한다.
- 전인발달 또는 보육과정 영역 중 관찰한 내용의 중요한 포인트가 되는 영역을 기록한다.

〈표 12-1〉 **일화기록의 예**

관찰대상: ◯◯◯ 관찰자 : ◯◯◯ 관찰장면: 자유 놀이 시간(미술 영역)	생년월일: 20◯◯년 5월 3일 (여)(　　년　　개월) 관 찰 일: 20◯◯년 5월 14일 관찰시간: 오전 9시 20분~9시 30분(10분)
기　　록: 자유 놀이 시간에 역할 놀이 영역에 있던 지유가 자기의 이름표를 떼어서 미술 영역으로 가져가 붙인다. 그림을 그리고 있는 혜정이와 다연이를 팔짱을 낀 채 서서 쳐다본다. 지나가던 선생님이 혜정이의 그림을 오른손으로 가리키며 "와, 정말 잘 그렸네, 꽃을 참 예쁘게 그렸구나, 우리 혜정이가"라고 말한다. 지유는 선생님을 한 번 올려다보고 혜정이의 그림을 쳐다본다. 선생님은 쌓기 놀이 영역으로 이동하고, 지유는 혜정이의 맞은편에 앉는다. 잠시 후, 지유는 "엄혜정, 너 그림 안 예뻐!"라고 이야기한다. 옆에 있던 다연이가 "야! 한지유, 친구에게 그렇게 말하면 안 돼. 그건 나쁜 거야."라고 이야기한다. 지유가 다연이를 흘겨보며 "네 것도 하나도 안 예뻐. 엄혜정도 엄청 이상해. 바보 같아."라고 말한 후에, 지유는 자기 이름표를 역할 놀이 영역에서 떼고 쌓기 놀이 영역으로 걸어간다. **발달영역(교육과정 영역)**: 사회성, 공격성(사회관계 영역)	
요약 • 고의적으로 친구에게 상처를 주는 언어적 공격성이 나타났다. • 자유 놀이 시간에 한 영역에 들어가서 놀이를 하는 것이 아니라, 영역을 돌아다니면서 친구들의 활동을 지켜보기만 한다. • 교사의 행동과 말에 관심이 많으며, 자유 놀이활동 시간에 교사를 따라다닌다. **교수전략** • 친구에게 상처를 주는 말을 하면 왜 안 되는지, 자신의 말로 인해 친구가 어떤 감정을 갖는지 이해할 수 있도록 기회를 지유에게 제공하여, 이러한 행동을 고쳐나갈 수 있도록 지도할 필요가 있다. • 적절한 지도방향을 정하기 위해서 지유가 왜 그런 행동을 하게 되었는지 원인을 알아볼 필요가 있다. 즉, 지유가 친구들과 어울리고 싶지만 적절한 상호작용 방법을 모르는 것인지, 아니면 선생님에게 관심을 받고 싶어 하는 마음에서 그런 행동을 한 것인지 관찰해야 한다. 또한 지유 부모님의 양육태도는 어떠한지, 집에서도 언어적 공격성이 나타나는지 등에 대해서도 살펴볼 필요가 있을 것이다.	

출처: 황해익 외(2015). 아동관찰 및 행동연구. p.66.

② 시간표집법

시간표집법은 관찰대상 및 행동을 미리 선정하고 정해진 시간 동안 일정 간격을 두며 반복적으로 관찰하는 방법이다. 관찰대상의 특정 행동이 정해진 시간 내에 얼마나 자주 일어나는지에 대한 행동 출현 빈도를 수집하는 것이다.

〈시간표집법의 유의점〉

- 영유아에게 자주 보이는 행동, 관찰하기 쉬운 행동에 한하여 사용되어야 한다.
- 시간표집법은 누구든지 관찰이 가능하도록 관찰절차가 명료하게 명시되어 있어야 한다.
- 영유아의 관찰하려는 행동에 대해 구체적인 정의를 명료하게 내려야 한다.

예) 손가락 빨기 행동-어떤 손가락이든 3초 이상 입안에 넣고 빠는 행동
유아가 장난감을 가지고 노는 장면-놀면서 교사에게 하는
구체적인 행동(교사를 바라본다. 교사에게 손을 뻗는다.
교사에게 다가간다).

〈표 12-2〉 시간표집법의 예: 손가락 빨기 행동

관찰대상: ○○○ 관 찰 자: ○○○ 관찰시간: 10:00~10:10(10분간) 관찰행동: 손가락 빨기 행동	생년월일: 20○○년 5월 3일 (여) 관 찰 일: 20○○년 5월 14일 관찰일 현재 유아의 연령: 2년 7개월	
※ **손가락 빨기 행동**: 어떤 손가락이든 3초 이상 입안에 넣고 빠는 행동		
시간	**관찰 횟수**	**빈도수**
1 ~ 5분	//	2
5 ~ 10분	/////	5
10 ~ 15분	////	4
15 ~ 20분	///	3
총계(20분)		14

출처: 박찬옥 외(2017). 보육과정. p.125.

③ 사건표집법

영유아의 특정한 행동이나 사건이 발생하기를 기다렸다가 관심을 갖고 있는 행동이나 사건이 발생하면 일정한 형식에 따라 행동의 순서를 자세히 기술하는 방법이다. 즉, 영유아가 보인 행동 전 후의 사건을 서술하여 행동의 원인을 밝히는 데 적합하다. 대표적으로 ABC 서술식 사건표집법이 있다.

〈사건표집법의 유의점〉

- 관찰하고자 하는 행동이나 사건을 명확히 하고 언제, 어디서 그러한 행동이나 사건을 관찰할 것인지를 정한다.
- 행동특성을 자세하게 기록할 필요가 있기 때문에 녹음기나 비디오 등의 영상기록매체를 활용하면 좋다.

〈표 12-3〉 **사건표집법의 예**

관찰대상: ○○○
관 찰 자: ○○○ 생년월일: 20○○년 5월 3일 (여)(년 개월)
관찰행동: 자유놀이 시간 수 · 조작 영역에서 보이는 공격행동 및 부정적 행동 관 찰 일: 20○○년 5월 14일

시간	사건 전	사건	사건 후
9:20	놀이계획 시 수 · 조작 영역을 선택하여 수 · 조작 영역으로 들어간다.	자석이 내장된 모양로드(맥포머스)로 혼자 집 만들기를 한다.	"선생님, 제가 자석로드로 집을 만들었어요. 멋지죠."라고 자랑한다.
9:25	수 · 조작 영역에서 함께 놀고 있던 준서가 자석로드로 집과 길을 만들어 로드를 연결한다.	정인이가 준서가 만든 길을 망가뜨리고 자석로드를 마음대로 가져간다.	미소를 지으며 준서를 바라본 후 같이 옆에서 놀고 있는 도연이에게 다가가자 준서가 "내꺼 줘."라고 말하며 쫓아온다.
9:30	그런 다음 정인이가 다시 자석로드로 공주가 사는 예쁜 성이라며 자석로드를 높이 연결하자 도연이가 함께 성을 만든다.	갑자기 "내가 괴물이야, 히히히~ 공주가 살고 있는 성에 괴물이 나타났어"라고 말하며 자석로드로 만든 성을 한번에 와르르 무너뜨리고 "무너졌다."라며 소리를 지른다.	함께 성을 만든 도연이는 아무말도 하지 못하고 정인이를 물끄러미 바라본다.
9:35	캐이넥스로 팽이를 만들어 놀고 있는 은서를 발견하고 다가간다.	은서에게 다가가 "팽이 줘." 라고 말한다. 은서가 "싫어. 내가 만든거야"라고 말하자 "내가 놀거야 빨리줘 ~ 빨리줘~"라고 소리를 지르며 팽이를 빼앗으려 한다.	은서가 팽이를 빼앗기지 않자 다시 책상으로 돌아가 자석로드의 반원모양을 연결하여 둥글게 팽이모양으로 로드를 연결한다.
9:40	옆에 있는 도연이에게 "도연아, 이거 내 꺼야. 너 가져가면 안돼"라고 말한다. 도연이는 손으로 자석로드의 반원모양을 만지작거린다.	"야 내가 가져가지 말라고 했잖아"라고 말하며 자석로드를 만지고 있는 도연이의 손등을 뾰족한 세모모양의 자석로드로 세 번 찌른다.	도연이는 손등이 아파서 울며 선생님에게 다가와 "선생님 정인이가 뾰족한 걸로 여기 찔렀어요."라고 말한다.
9:45	도연이가 수 · 조작 영역으로 다시 들어가 정인이 옆에 앉는다.	"선생님이 사이좋게 같이 놀래. 그러니까 같이 해."라고 말하자 정인이는 "싫어."라고 소리치며 자석로드를 모두 자기 앞으로 끌어모은다.	도연이를 등지고 앉는다. 도연이는 말없이 정인이를 바라본다.

요약
- 정인이는 자신이 자석로드로 만든 집을 선생님께 자랑하고 싶어한다.
- 정인이는 다른 친구가 만든 것이 재미있어 보이면 빼앗으려고 한다.
- 정인이는 자석로드를 혼자 가지고 놀고자 하고 다른 친구가 노는 것을 방해하기도 한다.
- 자기물건이 아니라고 자석로드를 함부로 다룬다.

- 친구가 자신이 놀이하는 자석로드를 만지면 친구에게 상해를 입히기도 한다.
- 다른 친구의 놀이권유를 거절하기도 한다.

교수전략

- 정인이는 선생님의 관심과 인정을 필요로 하고 있으므로 칭찬과 격려를 적절히 해 줄 필요가 있다.
- 정인이가 친구들과 적절하게 어울리는 방법에 대해 모를 수도 있으므로 다른 친구들과 놀이를 할 때 상호작용기술에 대해 구체적으로 중재할 필요가 있다.
- 여러 명이 함께 쓰는 물건은 어떻게 사용해야 하는지 알려준다.
- 정인이가 다른 친구의 물건을 빼앗을 때 친구의 감정이 어떨지 알려준다.
- 친구에게 상해를 입힐 경우 위험할 수 있음을 알려준다.
- 혼자 놀이하는 것보다 친구와 함께 놀이할 때의 좋은 점들에 대해 활동으로 중재할 필요가 있다.

출처: 황해익 외(2015). 아동관찰 및 행동연구. pp.69-70.

④ 행동목록법(체크리스트)

행동목록법은 영유아의 관찰하고자 하는 특정 행동에 대한 목록을 미리 정해 두고, 그 행동의 출현 여부를 관찰하여 기록하는 방법이다. 이와 같은 영유아의 행동에 대한 목록을 학기 초와 학기 말에 반복해서 기록한다면 영유아의 발달 상황이 어느 정도 변화되었는지 알 수 있다.

〈행동목록법의 유의점〉

- 행동에 대한 문항은 구체적 행동으로 기술되어 관찰이 가능한 것이어야 한다.
- 행동에 대한 문항을 배열할 때 순서나 위치를 논리적으로 조직하여 관찰자가 행동관찰결과를 보다 쉽게 기록이 가능하도록 해야 한다.
- 행동에 대한 문항의 내용은 모호하지 않고 명료해야 한다.

〈표 12-4〉 행동목록법의 예

기본생활습관 발달 체크리스트			
관찰 유아:	생년월일: (남 · 여)		
관 찰 자:			

내용	1회 (월 일)	2회 (월 일)	3회 (월 일)
1. 대 소변을 가린다.			
2. 잠을 자는 동안 오줌을 싸지 않는다.			
3. 복도에서 천천히 걷는다.			
4. 잠을 잘 잔다.			
5. 교사에게 존댓말을 쓴다.			
6. 양치질을 혼자 잘한다.			
7. 음식을 골고루 잘 먹는다.			
8. 계절이나 상황에 어울리는 옷을 입는다.			
9. 옷이나 신발을 혼자서 잘 입고 신는다.			
10. 손을 잘 씻는다.			
11. 자기 물건을 잘 관리한다.			
12. 고마워, 미안해, 괜찮아 등의 말을 적절하게 사용한다.			

⑤ 평정척도법

평정척도법은 사전에 준비된 범주에 따라 특정 행동을 관찰하고, 이 행동의 특성, 특질, 혹은 성격을 몇 등급으로 구분하여 기록하는 방법이다(황해익 외, 2015). 영유아의 특정 행동의 출현유무를 기록(단순히 '예'/'아니오'에 체크하는)하는 것을 넘어 행동의 질적인 특성을 알아보기 위해 연속성이 있는 단계로 수량화된 점수가 부여된 기록하는 방법이다. 평정척도법에는 기술평정척도, 숫자평정척도, 도식평정척도가 있는데 일반적으로 숫자평정척도를 사용한다.

〈평정척도법의 유의점〉

- 평정척도에 포함될 문항은 명확하고 간결하게 표현되어야 한다.
- 평정의 단계는 일반적으로 3단계 척도부터 7단계 척도까지 사용되는데 평정대상이 되는 특성, 평정이 이루어지는 상황이나 조건, 평정자의 훈련 여부에 따라 단계를 결정할 수 있다.
- 평정하기 어려운 상황이 발생했을 때 관찰자의 편견이 들어갈 수 있는 평가를 할 수 있다. 이런 경우에 잠시 판단을 보류했다가 나중에 다시 시도하는 것이 좋다. 예를 들어, '영유아는 교실의 규칙들을 잘 지키는가?' 라는 평정내용에 영유아가 가끔 지키는지, 때론 교사의 지시가 있을 때만 지키는지 확실히 평정하기 어려울 때가 있다.

〈표 12-5〉 **평정척도법의 예: 기본생활습관 평정척도의 일부 예**

관찰대상: ○○○ 관 찰 자: ○○○			생년월일: 20○○년 5월 3일 (여)(년 개월) 관 찰 일: 20○○년 5월 14일			
※ 각 문항에 맞는 영유아의 기술수준에 √ 표시를 하시오.						
평가항목						
		1	2	3	4	5
1	몸을 깨끗이 하기	스스로 손과 얼굴을 씻지 못한다.		스스로 손과 얼굴을 씻으려는 시도를 한다.		스스로 손과 얼굴을 씻는다.

⑥ 포트폴리오

포트폴리오는 일정기간 동안 영유아를 둘러싼 모든 광범위한 맥락에서 수집된 영유아의 발달상황을 기록하여 모아놓은 것이다. 수집된 자료와 정보는 요약하고 정리한 후 그 내용을 분석하여 종합적인 평가를 내리는 데 사용된다. 포트폴리오 평가의 목적은 영유아의 발달상황이나 진보한 영역을 알아보고 학급 전체의 현재 상태를 이해하기 위함이다. 포트폴리오는 단순히 영유아의 결과물을 수집하는 것에 그치는 것이 아니라 자료 수집부터 시작하여 조직 그리고 해석의 단계를 거쳐 체계적으로 평가되어야 한다. 포트폴리오 자료 수집을 위한 영역별 작업표본의 예시는 다음과 같다.

〈포트폴리오 자료 수집〉

〈표 12-6〉 **포트폴리오 자료 수집을 위한 영역별 작업표본의 예**

구분	내용
신체 및 표현	• 율동, 실외놀이, 게임 등의 시간에 유아의 움직임을 체계적으로 관찰한 기록 • 유아들이 제일 좋아하는 게임, 운동 등의 실외활동에 대한 자기보고 • 노래나 영상들을 보면서 율동이나 손유희 등을 따라하는 것을 기록한 것 • 손유희, 점토, 조작놀이, 쓰기도구 등을 사용할 때 체계적으로 관찰한 기록 • 유아가 가위질한 여러 가지 샘플들 • 끼적이기, 글자나 숫자를 쓴 것의 예 • 실 끼우기, 바느질한 것의 샘플들 • 학기 초와 학기 말에 각각 자기를 그린 자화상 • 신발끈, 단추나 지퍼 잠그기 등을 관찰한 것 • 책상 위에서 만든 레고 · 패턴 블록 등의 작품의 예를 사진이나 비디오로 녹화한 자료들 • 평소와 다르거나 독특하게 만든 쌓기물이나 프로젝트 기록물 • 신체를 이용하여 다양한 모양의 창의적 동작으로 표현한 것들
탐구	• 도표나 그림으로 정보를 표현할 수 있는 유아의 능력을 보여주는 작품의 예 • 유아가 활동한 여러 가지의 퍼즐, 해결된 문제들, 그리고 어떻게 해결했는가를 보여주는 예나 체계적인 관찰기록 • 분류, 패턴, 서열, 상징부호의 사용, 순서, 수 개념 등의 기본적인 사고과정을 수행하는 유아들이 능력을 보여주는 예들 • 프로젝트 접근법으로 얻어진 보고서, 전시한 것, 그림, 모델 등의 결과물들 • 유아가 가장 좋아하는 게임이나 퍼즐 등의 예 • 유아가 문제를 해결할 때 조언을 해 준 힌트들의 예 • 유아활동을 할 때 요리재료를 재거나 세기를 할 때 사진 • 사물의 변화 혹은 일이 진행되는 순서에 대한 이해를 나타내는 자기보고나 유도된 반응들 • 유아들이 교실이나 놀이터에서 기록해 놓은 차트들(물주기, 햇빛의 길이 등) • 수학적 탐구, 적용활동에 대한 보고서나 공동 혹은 개인 프로젝트 등에 대한 글쓰기

구분	내용
	• 과학이나 수 영역의 참여 정도 등에 대한 기록 • 이야기 나누기나 관련활동에서 모방이나 독특한 생각을 제시한 기록들
언어	• 유아의 의사소통능력을 보여주는 증거에 대한 교사의 체계적인 관찰기록 • 유아의 이해력, 개념, 어휘에 대한 증거 • 유아가 책을 읽거나 보는 데 보내는 시간 • 집이나 학교에서 유아가 읽은 동화책의 목록 • 유아가 선호하는 도서의 목록 • 인쇄물의 기능에 대한 유아들의 이해(지도, 글자, 신문, 목록, 책 등) • 유아의 책읽기 · 동극 · 이야기 나누기, 주말지낸 이야기 발표 등의 사진이나 영상으로 남겨 놓은 것 • 유아들이 자기 자신의 일이나 활동에 대하여 쓴 글이나 코멘트 • 동화나 음악을 듣고 그린 그림이나 묘사들, 다양한 언어활동을 한 것들 • 유아들이 쓰거나 혹은 받아쓰기를 한 동화를 읽은 것을 녹음한 영상물 • 역할 놀이(병원놀이, 우체국놀이)에서 유아들의 문자언어활동 샘플들
사회성	• 또래와 상호작용하는 것에 대한 체계적인 관찰기록 • 유아의 긍정적 또는 부정적 친구관계에 대한 교사의 관찰과 기록 • 소집단 프로젝트를 할 때 협동을 잘하는지 여부 • 중요한 사회적 활동이나 놀이에 참여하고 있는 유아의 사진 • 또래와 다양한 활동참여에서 요구되는 기여도와 참여도에 대한 견본 • 유아의 독특함, 개별적 스타일, 성격, 흉내, 성향에 대한 증거 • 사회적 문제를 해결하는 능력 • 다른 사람과의 관계에서 주도권을 쥐는지 혹은 주로 추종자의 역할을 하는지의 여부 • 자아개념에 대한 유아의 자기보고와 표현에 대한 견본 • 다양한 형태의 활동을 하는 동안 나타나는 유아의 동기단계에 대한 자기보고와 조직적인 관찰 • 부모면담을 통해 얻은 자료 • 사회성의 특정한 발달과 사회생활 주제영역에 대한 지식과 기술

출처: 황해익(2009). 유아교육평가의 이해.

〈포트폴리오 조직〉

포트폴리오를 조직할 때 고려할 점에 대해 이정환과 박은혜(2009)는 다음과 같이 제시하고 있다.

- 포트폴리오를 조직하는 기준을 정한다. 예로, 보육과제의 영역별, 활동종류별 등과 같은 기준을 정할 수 있다.

- 포트폴리오에 들어가는 내용마다 날짜를 기록한다.
- 각 유아마다 똑같은 포트폴리오를 가지는지 파악한다.
- 내용물을 넣을 장소 혹은 도구로 적합한 것(파일, 상자 등)을 결정한다.
- 교사가 당장 할 수 있는 자신있는 것부터 시작한다. 즉, 복잡한 계획으로 시작하지 않으며, 일단 한두가지 평가방법이나 발달영역에서 익숙해지면 그 다음으로 넘어간다.
- 평가가 하루생활의 정규적인 일부가 되도록 한다. 즉, 정보의 수집은 자주 규칙적으로 해서 모든 유아들이 이에 익숙해지도록 하며, 유아의 행동이나 대화를 방해하지 않도록 주의해야 한다.
- 중요한 유아의 작품을 학기 초부터 수집해놓는 습관을 들인다.

〈포트폴리오 해석〉

포트폴리오 자료수집과 조직한 내용을 토대로 포트폴리오를 해석하기 위해 개별 영유아의 교육과정 영역(0-2세 표준보육과정이 영역, 누리과정의 영역), 발달 영역, 누리과정 영역 등으로 편집하여 시간의 흐름에 따라 진보된 점에 초점을 맞추어 요약한다. 이후 개별 영유아의 개별 포트폴리오를 전시하고 싶은 작품을 선정하여 전시회도 개최할 수 있다.

2) 보육과정에 대한 평가

보육과정의 질적인 향상을 도모하기 위해 보육목표, 보육내용 선정 및 조직, 교수·학습과정, 평가에 대한 평가이다. 보육과정의 구성요소에 대한 구체적인 평가내용은 다음과 같다.

〈표 12-7〉 보육과정 구성요소에 따른 평가내용

평가항목	내용
보육목표	• 기본적인 보육에 대한 철학을 잘 반영하고 있는가? • 영유아의 필요와 요구에 잘 맞는 목표인가? • 영유아의 발달영역별 목표가 균형 있게 반영되어 있는가? • 성취 가능한 목표인가?
보육과정 계획	• 보육목표에서 제시한 내용을 전개할 수 있도록 계획되어 있는가? • 쉽게 이해할 수 있도록 제시되어 있는가? • 질차, 방법, 자료의 계획이 상호 밀접한 관련이 있는가? • 영유아의 발달적 · 심리적 수준을 고려하여 연속성 있게 조직되었는가? • 교사에게도 적합한가?
교수-학습과정	• 주제의 내용이 영유아의 발달적 수준과 흥미, 요구 등을 고려하였는가? • 교수-학습 과정에서 영유아의 참여도는 어떠한가? • 동적인 활동과 정적인 활동, 실내 활동과 실외활동, 대소집단 활동, 교사주도 활동과 영유아의 주도 활동 등 균형 있게 제공되었는가? • 영유아와 교사, 영유아와 또래, 영유아와 교구 간의 상호작용이 원활하게 이루어지도록 고려되었는가? • 교수 · 학습 방법이 영유아의 발달, 흥미, 안전, 그리고 교육과정의 특성에 맞게 적용되었는가? • 교육환경 및 교육 자료가 활동주제와 연계성, 개인차, 심미성, 공간구성의 적절성 등을 고려하여 구성되었는가?
보육평가	• 평가계획은 보육목표의 모든 내용을 고려하고 있는가? • 평가의 목표에는 포함되어 있지 않았지만 영유아에게 중요한 변화를 일으킨 보육과정은 무엇인가? • 평가의 내용과 방법이 타당하고 신뢰성이 있었는가? • 평가의 결과에서 시사하는 바를 새로운 보육과정의 수립에 어떻게 반영할 것인가?

출처: 서영숙 외(2018). 보육과정. p.106. 경기: 공동체.

PART

IV

영유아 보육프로그램

CHAPTER 13

영유아 보육프로그램

1 배변훈련 프로그램[2)]

영아기의 발달과업 중 배변훈련은 신체건강은 물론 정신건강에도 중요한 역할을 한다. 영아의 배변 훈련은 영유아 자신은 물론, 부모나 교사 모두에게 어려운 문제이다. 영아는 자신의 배설 욕구를 적절하게 표현할 수 없기 때문에 자주 실수를 하곤 한다. 프로이트(Freud)의 발달 단계를 통해 알 수 있듯이 성적 에너지인 리비도(libido)의 집중에 따른 욕구충족의 내용을 생각해 본다면, 영아는 배설하는 데서 오는 쾌감을 배변 훈련을 통해 배설 욕구를 적절하게 조절하는 것보다 더 즐겁게 생각할 수도 있을 것이다. 영아가 신체 근육 중 괄약근을 조절하고, 배변훈련을 성공적으로 수행할 수 있도록 하기 위해서는 어린이집에서의 교사뿐만 아니라 가정에서의 부모가 함께 좋은 습관을 위한 많은 시간과 지속적인 노력을 해야 할 것이다. 배변훈련이 시작된다면, 교사나 부모는 영아를 긴장하게 하거나 억압적인 분위기를 만들어 영아가 배변에 대하여 부정적인 자세를 갖지 않도록 유의해야 한다.

1) 배변훈련이 적절한 시기

① 영아는 동일한 단계를 통해 배변을 가릴 수 있게 되지만, 그 시기는 영아에 따라 개인차가 크다. 배변훈련은 생리적으로 방광과 대장을 조절할 수 있는 나이가 되기 전까지는 사실상 불가능하기 때문에 생리적인 성숙이 이루어지기 전에는 시작하기 어렵다.

2) 출처: 보건복지부(2013). 어린이집 표준보육과정에 기초한 영아보육프로그램 운영의 이해의 내용을 재구성함

② 배변훈련은 영아 혼자서 설 수 있어야 하고, 자신의 요구를 표현하기 위해 한두 마디 말을 하거나 내적 요구를 알려 줄 수 있는 표현을 할 수 있을 때야 가능하므로 그때까지 자연스럽게 두는 것이 좋다. 배변 훈련 시기는 영아가 방광과 항문의 괄약근을 통제할 수 있는 생리적인 능력이 생길 때인 약 18~24개월 사이에 시작하는 것이 좋다. 영아의 배설기관 조절 능력 발달은 〈표 13-1〉을 통해 살펴보도록 하자.

〈표 13-1〉 영아 배설기관 조절 능력 발달

장 조절(배변조절)		방광 조절(배뇨조절)	
6개월	장 움직임의 조절 시작	15~16개월	방광조절 시작
18개월	장의 움직임이 있다는 것을 지각	18~24개월	소변을 보고자 하는 신호를 보임
18~24개월	움직임이 다가온다는 신호를 보임	2~2년 6개월	소변을 보고자 혼자 변기로 감. 흥분, 피로, 병 또는 어떤 활동에 몰두한 탓으로 실수를 할 때를 제외하고는 낮 동안 배뇨 통제 능력이 생김
2년	흥분, 피로, 병으로 인해 실수하는 경우를 제외하고는 조절 능력이 생김		
2~2년 6개월	대변을 보고자 혼자 변기로 감	3~3년 6개월	이따금 실수하지만 밤에도 통제력이 생김

출처: 김혜경 외(2002). 효과적인 영아보육을 위한 지침서: 제2권. 영아반 운영의 실제.

2) 발달 단계에 따른 영아의 배변 행동과 교사의 역할

발달에 따른 영아의 배변 행동 변화와 교사의 역할에 대해 살펴보자(김혜경 외, 2002).

① 15개월 이전 시기: 기저귀에 전적으로 의존하는 시기이다. 영아는 자신의 대변이나 소변이 나올 것이라고 예측하지 못하므로 배변훈련을 아직 할 수 없다. 대개 15개월이 가까워지면서 배변횟수가 줄어들고 배변시간도 일정해진다.

▶ 교사는 각 영아의 배변행동 리듬을 미리 파악하여 필요한 상황에 맞추어 기저귀를 갈아주는 노력이 필요하다. 배변행동의 횟수나 양, 상태 등은 영아의 건강 상태와 밀접한 관련이 있으므로 기저귀를 갈아줄 때마다 영아의 배변상태에 관심을 갖고 관찰하고 그 결과를 기록하는 습관을 갖도록 한다. 이러한 관찰은 영아의 상태를 파악하는 데 도움을 주게 되고, 이후의 배변훈련을 예측하고 준비하는 것으로 연결되도록 돕는다.

② 15~24개월: 배변훈련이 가능해지는 시기이지만 영아마다 개인차가 크고 기관 자체가 심리적인 어려움을 갖게 할 수 있는 요인이 되기도 한다. 영아가 준비되어 있지 않은 상태에서 강요를 하는 것은 영아에게 반항할 기회를 주게 될 수도 있다. 영아는 어린이집에서 다른 친구들이 화장실이나 변기를 사용하는 것을 보게 되면 가르치지 않아도 자연스럽게 알게 된다. 평범하게 강요 없이 배변훈련을 한 영아는 몇 주일 정도면 의례 변기를 사용할 수 있게 된다. 대변에 대한 변의를 느끼기 시작할 무렵 영아는 소변을 보고 싶다는 감각도 느끼지만, 소변의 경우는 보고 싶다는 말이 끝나기도 전에 이미 소변을 보는 경우가 많기 때문에 소변 가리기를 가르칠 시기는 나오려는 오줌을 잠시라도 참을 수 있을 때 하도록 한다.

▶ 교사는 일괄적으로 특정 월령은 정해 배변훈련을 지도하려고 하면 안 된다. 가능하다면 비슷한 월령의 다른 친구의 대소변 가리

기 모습을 자연스럽게 보게 하면서 영아 스스로 변기에 앉으려는 의도를 보일 때 시도하도록 한다. 대개 대변은 15개월, 소변은 20개월 정도가 되어야 가릴 수 있게 된다. 기저귀를 채우지 않는 상태에서 주의 깊게 살피거나 일정 시간에 누이고, 특히 잠자기 전과 후에는 반드시 배변 습관을 가질 수 있도록 한다. 18개월이 지나면서 교사는 관찰을 통해 영아의 배변 의사를 파악하고, "쉬할까?", "응가했구나" 등의 말로 표현해 준다. 대변의 경우는 일정한 시간에 변의를 느끼며 실제 변을 보기까지 약간의 시간이 필요하므로 조금만 도와주면 변기에 앉힐 수 있다. 그러나 싫다고 할 때는 강요해서는 안 된다. 변을 본 후에는 그저 평범하게 잘 했다고 말해 주는 것이 좋다. 잘하면 착하고 못하면 나쁘다는 등의 도덕적 의미를 부여하지 않도록 조심한다. 배변훈련의 시작 시기는 배변 후 그 사실을 표현하거나 2시간 이상 기저귀를 적시지 않고 배변이 규칙적인 경우, 또 변이 묻은 기저귀를 싫어하여 변기를 사용하고 싶어 하는 경우 등의 행동을 통해 결정하도록 한다.

③ 24~29개월: 영아는 24개월 전후를 기점으로 대소변을 가리게 된다. 기저귀를 차지 않을 경우 자주 실수를 하는 시기이므로 지도교사의 민감한 관찰과 너그러운 태도가 요구된다. 영아는 놀이에 몰두하다 보면 대소변 신호를 놓치고 실수를 하는 경우가 자주 있게 된다.

▶ 교사는 영아가 기저귀를 차지 않은 상태에서 옷을 자주 적시므로 반드시 여벌옷을 준비해야 한다. 여벌옷은 배변훈련 기간 동안 어린이집에 넉넉히 비치해 둘 수 있도록 하고, 계절이 변할 때마다 가정에 도움을 받아 여벌옷을 준비할 수 있도록 한다. 영아가 실수를 했을 때 지적하지 않고 자연스럽게 넘기는 교사의

태도가 바람직하다. 평소대로 닦아 낸 후 따뜻한 태도로 기저귀를 채워주거나 옷을 갈아입혀 준다. 영아의 표정이나 행동을 통해 배변의사가 파악되면 화장실로 데려가 변기에 앉히는 연습을 시작할 수 있다. 영아가 싫어하면 바로 일으켜 주고 5분만에 변을 보지 않으면 다음에 다시 시도한다. 일과에서 화장실 가는 시간을 계획하여 규칙적으로 대소변 가리는 연습을 반복한다. 영아는 성인이 좋아하고 싫어하는 것에 민감하므로 제대로 가릴 때는 격려와 칭찬을 아끼지 말아야 한다.

④ 30~36개월: 영아는 배설 전에 '쉬', '응가' 라는 말로 표현할 수 있다. 소변을 보다가 멈출 수 있을 만큼 방광의 조절 능력이 발달하고 70% 정도가 낮에는 소변을 통제할 수 있다.

▶ 영아가 배변을 개인적 상황으로 생각하여 화장실 문을 닫고 혼자서 용변보기를 원한다. 이때 교사는 혼자 있으려는 영아의 욕구를 존중해 주어 뒤처리만 도와주는 것이 바람직하다. 영아는 일시적으로 실수할 수 있으므로 놀리거나 야단을 치지 않고 너그럽게 대해주어 수치심을 갖지 않도록 해야 한다. 영아가 실수하는 경우는 지나치게 피곤하거나 흥분하였을 때, 긴장하거나 놀이에 열중하였을 때, 가정이나 기관에 환경 변화가 있을 때, 혼사서 옷을 입고 벗기가 어려울 경우, 벨트나 멜빵 등의 사용이 어렵거나 복잡한 옷을 입었을 때이다.

3) 배변훈련 준비와 방법

① 영아에게 적합한 변기를 사용한다. 영아가 앉았을 때 편안하고, 앉은 상태에서 움직여도 쉽게 넘어지지 않을 정도로 튼튼하고 씻어내기 쉬운 것으로 선택한다. 남자 변기는 소변이 밖으로 나오지 않도록 막이 달린 것을 고른다.

② 변기가 무엇인지 먼저 가르친다. 영아에게 아기용 변기를 보여주고 사용에 대해 설명해 준다. 배변영역을 보육실의 일정한 하나의 영역에 둘 수 있다. 단, 놀잇감이 아니라는 것은 분명히 설명해 준다. 영아는 장난감 인형을 변기 위에 앉혀 보기도 하고, 스스로 의자에 앉는 것처럼 걸터 앉아 보기도 하면서 변기에 관심을 갖게 될 수 있다.

③ 기저귀를 빼고 앉히는 시기를 판단한다. 영아가 대소변을 보기 전에 변의를 느끼고 있음을 어떤 식으로 표현하는가를 관찰한다. 특히 대변을 보기 직전에는 몸이 굳어지면서 얼굴이 빨개지는 등 금방 알 수 있다. 이때 영아가 교사를 쳐다보거나 말로 표현할 경우 변기에 앉혀 보도록 한다.

④ 대변은 소변보다 가리기가 훨씬 쉽다. 우선 하루에 한두 번밖에 보지 않고, 지나치게 압박을 가하지 않는 한 거의 일정 시간에 대변을 본다. 영아가 변기를 사용할 준비가 되었다면 변의가 느껴질 때 영아에게 변기에 앉아보라고 권해 볼 수 있다.

⑤ 지나친 반응은 금물이다. 변기에 변을 보아도 평범하게 대하도록 한다. 지나친 좋고, 실망하는 등의 반응은 영아에게 스트레스로 남을 수 있다. 또한 영아가 기저귀에 싸 버려도 야단을 치지 않도록 한다. 변기 사용은 지금 막 영아가 배우는 과정에 있는 새로운 기술이라는 것을 잊지 않는다.

⑥ 아무리 급해도 서두르지 않는다. 배변훈련은 영아가 원할 때만 가능하다. 얼굴이 빨개지면서 금방이라도 변을 볼 것 같다가도 싫다고 하면 야단을 하여서라도 변기에 앉히려고 하지 않는다. 교사가 신경을 쓰며 시키려고 할수록 영아는 변기를 사용하고 싶은 마음이 없어질 수 있다.

⑦ 영아 스스로 하도록 도와준다. 배변훈련 중인 영아는 혼자서 옷 입고 벗기를 좋아한다. 옷 입고 벗기 등을 스스로 할 수 있을 때 영아는 변기 사용에 적극성을 보이게 된다.

⑧ 화장실 사용 순서를 익히게 한다. 영아가 화장실에서 어떻게 옷을 입고 벗으며 용변을 볼 것인지 그림으로 붙여 주어 익숙하게 혼자서도 잘 할 수 있도록 한다.

⑨ 일정한 시간에 배변훈련을 하도록 한다. 어느 정도 시기가 되면 영아의 배변 시간이 규칙적이 된다. 보통 아침에 일어나서, 낮잠 전후, 식사 전후, 밤에 잠자기 전에 소변을 보게 되므로 이러한 시간들을 활용하도록 한다.

2 영아 적응 프로그램[3)]

새로운 학기가 시작되고 나서 3월 한 달 영아반 풍경은 저멀리 어린이집이 보이기 시작하면서 울면서 오는 아이, 등원하면서 엄마 손을 잡고 다시 집으로 돌아가자고 떼를 쓰는 아이, 말도 않고 가만히 서서 어린이집에 들어오기를 거부하는 아이 등 다양한 모습으로 나름대로의 적응시간을 필요로 한다. 어느날, 아이들이 우는 소리에 곰곰이 생각해 본 적이 있다. 저 아이들은 지금 어떤 마음일까? 태어나서 그 아이의 평생인 몇 개월, 또는 몇 년 안 되는 시간 동안 가족과 엄마 품에서만 자란 아이들에게 어린이집은, 그리고 각각의 교실에 함께 있는 낯선 친구들은, 또 처음 보는 어른인 담임교사는 영아들에게 반갑고, 친절한 모습으로 비춰지기보다는 낯설고, 두렵고, 절제되는 상황일 수 있을 것이다. 함께 낯선 환경에서 우는 친구들을 바라보면서 불안하고, 두려울 것이고, 엄마가 아닌 낯선 어른이 웃으면서 건네는 교사의 한마디 한마디에 아이들은 혼란스러울 수도 있을 것 같다.

영아반의 학기 초 적응의 목표는 어린이집이라는 새로운 환경에 영아가 익숙해짐으로써, 점차 어린이집을 안전하고 편안한 장소로 여기도록 돕는 것이다. 영아에게 있어 어린이집에 등원하는 것은 익숙하지 않은 낯선 환경에서 주양육자와 하루 종일 떨어져 지내는 것이기 때문에 매우 힘든 일이 아닐 수 없다. 영아는 두려울 것이고, 불안할 것이다. 그래서 울거나 몸부림치고, 주양육자를 쫓아다니는 등의 행동을 통해 자신의 감

3) 출처: 보건복지부 (2013). 어린이집 표준보육과정에 기초한 영아보육프로그램 운영의 이해의 내용을 재구성함

정을 온몸으로 표현한다. 적응에 대한 어려움은 어린이집에서 먹고, 자고, 노는 등의 일상적인 생활을 유지하는 데 어려움으로 이어진다. 일반적으로 영아에게 있어 어린이집에서의 적응이란, 울지 않고 주양육자와 헤어지며 급·간식과 배변, 낮잠 등의 일상적 양육과 보육활동에 무리 없이 참여하는 것을 의미한다.

학기 초 적응 프로그램은 주양육자와의 분리와 어린이집 적응의 두 단계에 걸쳐 이루어진다. 시기는 최소 1주일에서 1~2개월까지의 여유를 두고 실행하게 되고, 연령이 어릴수록 더욱 여유를 가지고 적응기간을 준비하고 시행하도록 한다(보건복지부, 2013). 〈표 13-2〉와 〈표 13-3〉은 1-2주간의 적응기간에 대한 진행과정이다.

〈표 13-2〉 **영아 적응과정의 예**

기간	내용	적응정도에 따른 보육시간	
1~2주	• 짧게 방문하기 • 보호자와 함께 놀이하기 • 오전 간식 먹기	적응 시	10:00~12:00
		부적응 시	10:00~11:00
	• 오전 놀이와 점심식사	적응 시	10:00~식사 후 13:00
		부적응 시	10:00~12:00 이전
	• 보호자와 잘 헤어지기 • 선생님과 놀이하기	적응 시	10:00~식사 후 13:00
		부적응 시	10:00~12:00 이전
	• 보호자와 웃으며 인녕하기 • 낮잠 자 보기	적응 시	09:30~낮잠 진 후 15:30
		부적응 시	09:30~식사 후 13:00
	• 친구들과 함께 놀이하기 • 편안한 마음으로 낮잠 자기	적응 시	09:30~낮잠 잔 후 17:00
		부적응 시	09:30~식사 후 14:00
	• 하루 종일 지내기	적응 시	09:30~낮잠 잔 후 18:00
		부적응 시	보호자와 상담 후 귀가시간 조정

출처: 보건복지부(2013). 어린이집 표준보육과정에 기초한 영아보육프로그램 운영의 이해. p.148.

〈표 13-3〉 적응기간 진행과정

구분	부모	영아의 예상 반응	교사역할
1일	**〈짧게 방문하기〉** • 영아와 함께 인사하기	• 부모의 영역에서 보육실 탐색 • 약1시간 방문	**〈거리감 두기〉** • 눈인사 • 영아관찰 **〈부모에게 적응 역할 소개하기〉** • 부모와 이야기하기
2일	• 교사, 영아와 함께 놀이하기 (교사와 영아가 친해지도록 협조) **〈파트너십 형성하기〉** • 교사와 영아에 대해 이야기하기	• 놀잇감을 통한 주변인과의 접촉 • 약2~3시간	**〈간접적 접촉 시도〉** **〈실마리 읽기〉** • 영아와 인사 • 놀잇감 소개 • 함께 놀이하기 **〈파트너십 형성하기〉**
3-4일	**〈잘 헤어지기〉** • 영아와 인사하기 **〈영아와 특별한 시간 갖기〉**	• 울기 • 익숙한 놀잇감으로 안정하기 • 오전 프로그램에 참여 후 귀가	**〈직접적 접촉 시도〉** **〈영아 이해 및 표현〉** • 안기 · 달래기 • 엄마와 인사하기 • 안아주며 이야기 나누기
5-6일	• 영아와 인사하기 • 교사와 지속적인 관계 형성하기	• 울기 • 교사와 의사소통하기 • 일과에 적응하기 • 점심 식사하고 귀가	**〈스킨십으로 접근하기〉** • 잦은 스킨십 제공하기 • 영아의 감정을 언어로 표현해 주기 **〈짧게 방문하기〉** • 교실과 원 소개하기
7-8일	**〈적응행동 격려하기〉**	• 일과에 적응하기 • 친구와 사귀기 • 낮잠 후 귀가	• 일과에 적응시키기 • 친구와 놀잇감 소개하기 • 영아의 적응행동 칭찬하기
9-10일	• 영아의 적응 상태를 보아 시간을 조절함	• 일과에 적응하기 • 친구와 사귀기	**〈적응행동 격려〉** • 영아의 적응행동 칭찬하기 • 일과 진행
적응 후	**〈지속적인 애정 표현하기〉**	• 일과에 적응하기 • 친구와 사귀기	**〈영아가 또래와 사귀도록 돕기〉** • 관찰을 통해 영아의 상태 체크

출처: 김혜경 외(2002). 효과적인 영아 보육을 위한 지침서.

1) 0세아의 적응

0세아는 전적으로 교사에 의존하여 어린이집 생활을 한다. 특히, 교사와의 신뢰감은 어린이집이라는 낯선 공간에서 살아갈 수 있도록 하는 바탕이 되기 때문에 교사와의 안정적 애착을 형성한 후에 어린이집 생활에 적응할 수 있도록 한다. 0세아에게 있어 보육환경인 교사 역시 탐색하고 적응해야 할 대상이 된다. 이때 교사는 영아에게 성급하게 다가가지 않고 적절한 거리를 두고 접근하도록 한다. 0세아가 교사와 안정애착을 형성할 때까지 보호자와 함께 등원하고, 점차 보호자와의 시간은 줄여 안정적인 분리가 이루어질 수 있도록 하는 것이 좋다. 영아의 적응 과정 중 적응의 중요 기준은 보호자와 분리되어서도 '울지 않는 것'이다. 교사와의 안정적인 애착을 형성하기 위해 영아는 교사의 얼굴과 친숙해지며 교사의 목소리, 냄새, 손길 등을 감각적으로 느낄 수 있는 경험을 자주 하도록 한다. 교사는 일과에서 여러 가지 활동을 할 때 영아와 얼굴을 가까이 마주보고 다양한 표정을 지으며, 익숙한 목소리와 일관된 반응양식을 가짐으로써 영아에게 교사에 대한 이해를 형성하고, 친근감을 통해 보육실 내 안정된 생활을 할 수 있도록 돕는다.

0세아의 적응과정			
보호자와 함께 어린이집 탐색	적절한 거리 두고 접근하기	보육교사와 안정애착 형성하기	보호자와 안정적인 분리

출처: 보건복지부(2013). 어린이집 표준보육과정에 기초한 영아보육프로그램 운영의 이해. p.151.

0세아는 분리불안이 극대화되는 시기이기도 하다. 어린이집, 보육실, 교사, 또래 등은 영아에게 있어 낯선 환경으로 불쾌감과 불안감을 줄 수 있기 때문에 영아에게는 이러한 환경에 적응할 수 있는 충분한 시간이 필요하다. 교사는 적극적으로 영아의 요구에 반응하고, 영아가 그 속에서 안전함을 느끼고 신뢰할 만한 공간이라는 것을 알 수 있도록 한다.

▣ 낯선 환경에 안정감을 느낄 수 있도록 지원하기

① 영아의 애착 담요나 푹신한 인형, 베개 등으로 가정과 유사한 안락한 공간 마련
② 영아에게 친근한 물건이나 호기심을 유발시킬 수 있는 놀잇감 배치
③ 영아의 가족사진 전시

2) 1세아의 적응

1세아는 자신에게 안전기반을 제공하고 자신이 일상생활과 놀이 활동을 하는 데 도움을 줄 성인을 필요로 하기 때문에 보육교사가 이와 관련한 역할을 할 수 있어야 한다. 1세는 걷기를 시작으로 움직임이 활발해지는 시기로, 신체발달을 통해 움직임에 대한 유능함의 획득과 스트레스의 해소, 기질에 따른 에너지의 발산과 축적, 공간에서 자신이 할 수 있는 것과 할 수 없는 것을 구분할 수 있게 된다. 1세의 발달 특성을 고려하여 교사는 영아의 탐색과 활동적인 행동에 대해 이해하고, 안전한 환경을 제공할 수 있어야 한다. 일반적으로 1세는 보호자와 함께 보육실 공간을 둘러보며 보호자를 안전기반으로 낯선 보육실 공간을 탐색하고 익숙해지기 시작한다. 영아는 보호자와 분리된 이후 교사의 민감하고 반응적인 상호작용을 통해 편안한 일상생활을 보내고 즐겁게 놀이하면서 이후 보호자와 안정적으로 헤어질 수 있게 된다.

1세아 발달특징을 고려하여 감각적인 활동과 움직임의 욕구 실현을 도

울 수 있는 환경구성과 교사의 상호작용이 필요하다. 영아가 감각을 이용하여 탐색할 수 있도록 다양한 자료와 사물을 비치해 주고, 다양한 지각적 체험을 제공하도록 하며 교사와의 유대를 유지할 수 있도록 한다. 1세아는 반복되는 일과를 통해 다음에 일어날 일이나 활동을 이해하게 되고, 예측할 수 있게 하여 불확실성에서 오는 불안감을 줄일 수 있게 된다. 그렇기 때문에 적응 초기에는 변화보다는 일관성 있는 일과를 통해 영아의 안정감을 유지할 수 있도록 돕는다.

1세아의 적응과정					
보호자와 함께 어린이집 탐색	보육교사와 안정애착 형성하기	보호자와의 분리	보육교사의 도움으로 일상생활 및 놀이하기	보육교사와 안정적으로 일상생활 및 놀이하기	보호자와 안정적으로 헤어지기

출처: 보건복지부(2013). 어린이집 표준보육과정에 기초한 영아보육프로그램 운영의 이해. p.154.

1세아는 신체·움직임을 통해 환경을 탐색하며 자신의 신체 움직임에 대해 시도해 보고, 도전해 보며, 자신이 할 수 있는 능력을 확인하고 싶어 하는 특징이 있다. 이에 1세아가 안전한 환경에서 마음껏 신체 활동을 시도해 볼 수 있도록 환경을 구성하도록 한다.

▣ 1세아의 적응을 돕기 위해 지원하기

① 쿠션, 담요, 인형 등으로 안락하고 쉴 수 있는 공간 마련
② 넓은 보육실 공간
③ 교구장을 벽쪽에 배치하고 신체활동을 충분히 할 수 있는 공간
④ 충분한 수의 놀잇감 배치
⑤ 영아들의 수준차를 고려한 놀잇감 배치를 통해 영아가 유능감과 만족감을 느낄 수 있는 환경 구성

3) 2세아의 적응

2세 이후 분리불안이 극복되는데, 0세, 1세와 달리 보육실을 구성하는 교사, 또래, 놀이 등 다양한 요인들과 관계를 맺음으로써 어린이집에 적응하게 된다. 그렇기 때문에 교사는 영아의 개별적인 적응 특성과 적응과정을 이해하고 영아가 개별적인 적응방식에 따라 적응할 수 있도록 지원할 수 있어야 한다.

2세아의 적응과정					
보호자와 함께 어린이집 탐색	보호자와의 점진적 분리	교사와 관계맺기	또래와 관계맺기	놀이 즐기기	하루일과 적응하기 (급 · 간식, 낮잠, 배변 등)

출처: 보건복지부(2013). 어린이집 표준보육과정에 기초한 영아보육프로그램 운영의 이해. p.157.

2세아는 개별적으로 다양한 방식의 적응과정을 거치기 때문에 교사는 또래, 놀잇감 등에 대한 개별적인 적응과정과 속도, 방식에 맞춰 적응할 수 있도록 돕는다. 예를 들어, 보육실을 구성하는 여러 가지 활동과 놀잇감, 구성원들에 대한 정보를 알려주고, 영아가 자율적으로 자신의 패턴대로 활동하고 적응할 수 있는 일과로 구성하도록 한다. 그리고 영아의 개인적인 공간이 마련되어 영아에게 자아를 확인할 수 있는 기회를 제공할 수 있다.

▣ 2세아의 적응을 위한 환경구성

① 조용히 쉴 수 있는 개별적인 공간
② 조용한 활동/움직임이 활발한 활동을 위한 공간
③ 구조화된 움직임을 유도하는 공간/자유로운 움직임을 할 수 있는 공간
④ 먹고, 씻고, 잘 수 있는 일상적인 욕구를 해소하는 공간

4) 신입원아, 수시 입소 신입원아 및 재원아의 적응

3월에 다른 신입원아와 함께 적응과정을 진행해야 하는 신입원아, 연중 단독으로 적응 과정에 참여하는 수시 입소 원아, 이전 연령반에서 1년간 보육활동을 마치고 상위반으로의 재원아에 따라 적응과정에 차이가 나타난다.

(1) 신입원아

같은 해 3월, 많은 영아가 함께 적응기간을 거치게 되므로 많은 수의 또래가 나타내는 부적응행동과 불안정한 보육실 분위기에 영향을 받아 불편해 한다. 그렇기 때문에 적응기간 동안 같은 시간대에 많은 수의 신입원아가 한꺼번에 적응 프로그램에 참여하지 않도록 시간대를 달리하여 여러 집단으로 나누어 최소 일주일에서 4주 정도의 적응 프로그램을 운영하도록 한다.

(2) 수시 입소 신입원아

함께 같은 기간에 적응을 하게 되는 신입원아와는 달리 수시 입소 신입원아는 또래들이 이미 초기 적응기간을 끝냈기 때문에 이전보다 부적응행동을 보이는 빈도가 낮을 수 있나. 또한 보다 안정된 보육실 분위기가 유지되는 환경에서 적응을 시작하기 때문에 비교적 적응이 수월해질 수 있다. 최소 일주일을 기준으로 적응 프로그램을 운영한다.

(3) 재원아

같은 어린이집에서 길게는 이전해 1년간 생활한 영아이기 때문에 어린이집에 적응이 끝난 것 같지만, 연령이 바뀌고, 보육실 공간이 바뀌며, 교사 대 비율의 증가, 이전 보육교사와 동일하지 않은 교사일 수 있기 때문에 신입원아와 마찬가지로 적응에 문제를 갖을 수 있다. 그렇기 때문에 재원아 또한 새로운 보육실 공간을 탐색하여 익숙해질 수 있도록 하고, 현재 보육교사와 더불어 새로 담당할 보육교사와도 일상생활과 놀이를 해 보는 경험을 갖도록 한다. 이러한 과정을 통해 새로운 보육실에 적응하고 새로운 보육교사와 안정적인 애착을 형성할 수 있다.

3 야간 보육 프로그램

1) 야간 보육 프로그램

(1) 운영목표

증가하고 있는 맞벌이 부부와 그 가정의 보육문제를 해결하고자 정규 보육시간을 연장하여 보육 활동을 운영하는 '야간 보육'은 다양한 교육 프로그램을 통해 유아들의 신체적 · 정서적인 발달을 도모하며 유아의 성장과 발달을 돕는 질적인 보호와 교육을 실행하고 영유아에게 적합한 경험 및 학습을 촉진할 수 있는 다양한 활동을 통합적으로 운영함을 목표로 한다.

(2) 운영방법

- 소극적인 보호 위주의 시간 연장형 보육프로그램 운영에서 벗어나 영

유아의 안전, 건강, 행복을 지원할 수 있는 구체적인 운영방안 마련, 야간 보육 운영 프로그램의 운영 활성화에 조력

- 주간 보육과의 연계는 물론 야간 보육의 주요한 요소인 안전하고, 건강한 보육, 그리고 영유아의 심리적·발달적 요구를 충분히 반영하도록 프로그램 계획 및 실행, 평가
- 우리 어린이집의 상황과 영유아의 관점을 고려한 상황주제 혹은 생활주제 프로그램으로 운영
- 장시간 어린이집에 머무는 영유아에게 편안함과 행복감을 줄 수 있도록 운영

(3) 야간반 일과운영

시간	주요 활동 내용	
19:20~19:30	가방정리 및 식사준비 (손 씻기, 화장실 가기)	- 야간반으로 이동한다. - 스스로 자기가방과 옷 정리를 한다. - 화장실에서 질서를 지켜 깨끗하게 손 씻기를 한다.
19:30~20:00	저녁식사	- 자리에 바르게 앉아 식사를 한다. - 아이들이 음식을 골고루 섭취하여 영양소의 균형을 이룰 수 있도록 지도한다.
20:00~20:20	이 닦기 및 휴식	- 화장실에서 질서를 지켜 이 닦기를 한다. - 개인 소지품은 정리하고 머리와 옷을 단정히 한다.
20:20~21:00	자유 놀이 및 야간반 특색활동	- 준비된 자유 놀이 영역에서 스스로 놀이를 선택하여 활동한다. - 야간반 특색활동을 진행한다.
21:00~21:30	정리 및 휴식 귀가준비, 개별귀가	- 교구를 제자리에 정리한다. - 책을 보며 휴식을 취할 수 있도록 한다. - 부모님이 오시면 개별적으로 귀가한다.
21:30~22:00	교실정리 및 마무리	- 교실정리 및 안전점검 (교사)

(4) 야간반 연간 운영 계획

생활 및 상황중심 주제	세부 활동
새로운 가족이 되었어요	• 한 가족이 되었어요 • 서로 서로 챙겨줘요 • 우리만의 비밀 공간을 만들어요 • 재미있게 놀았어요 • 우리 가족을 소개해요 • 가족이 보고 싶을 때가 있어요 • 가족에게 하고 싶은 말이 있어요 • 가족 신문 만들기를 계획해요 • 우리 가족 신문을 만들어요
저녁 풍경이 궁금해요	• 저녁에 되면 무엇이 달라질까? • 어린이집 저녁 풍경 • 빛을 가지고 놀아요 • 그림자 놀이 • 색 그림자 만들기 • 빛으로 만든 공간에서 놀아요 • 우리 동네 저녁 풍경 • 우리가 꾸민 저녁 풍경
뒹굴 뒹굴 놀아요	• 나는 이렇게 놀아요 • 나는 이렇게 놀고 싶어요 • 뒹굴뒹굴 공간을 만들어요 • 책 읽으며 뒹굴뒹굴 • 장난감 가지고 뒹굴뒹굴 • 노래 부르며 뒹굴뒹굴 • 무대도 만들어요 • 즐겁게 노래하고 춤춰요 • 함께 놀이한 우리의 모습을 다시 봐요 • 다 같이 놀자, 뒹굴뒹굴
글자, 숫자 놀이해요	• 글자와 숫자는 어디에 있을까? • 만약 글자와 숫자가 없다면... • 그림이나 몸으로만 전달해봐요 • 한글의 탄생 • 몸으로 만든 글자 • 글자 까나페 • 글자처럼, 숫자처럼 생겼어요 • 자음, 모음으로 디자인 하기
저녁 식사 준비 같이해요	• 소꿉놀이하는 내 모습을 다시 봐요 • 요리는 즐거워요 • 저녁 식사 초대를 준비해요

생활 및 상황중심 주제	세부 활동
	• 장보러 가요 • 음식 만들어 함께 식사해요 • 나는 요리사: 과일 야채 샐러드 만들기 • 나는 요리사: 고기 완자 만들기 • 나는 요리사: 쌀강정 만들기 • 우리가 만든 음식을 자랑해요
내 마음을 알아주세요	• 난 이렇게 느껴요 • 내 마음을 전하고 싶어요 • 내 마음을 그림과 글로 표현해요 • 내 마음을 노래로 표현해요 • 내 마음을 얼굴 표정 사진 찍기를 통해 표현해요 • 다양한 방법으로 내 얼굴을 표현해요 • 역할 놀이에서 마음을 나누어요 • 선생님이 읽어주는 마음 • 우리의 마음을 담은 감정 book

4 생태학적 관점에서의 자연친화교육

최근 생태계의 문제나 환경파괴, 기상이변의 문제를 해결하기 위해서는 자연의 순리에 순응하고 자연과 다른 생명들의 존재와 평형을 유지하며 조화된 삶의 살아야 한다. 자연이란 결코 근대인이 생각했던 것처럼 정복해야 할 대상이 아니라 오히려 인간과 자연은 한 몸이다. 따라서 우리가 인간은 자연세계 안에서 그리고 자연의 도움으로 살아간다는 사실을 재발견하지 않고는 환경문제는 결코 해결할 수 없다. 자연이 소중한 것은 인간을 위한 자원을 제공하기 때문이 아니라, 그 자체의 내재적인 가치를 지니고 있다는 이유 때문이다(박영란, 2010 재인용). 인간과 자연의 생태학적 관계란 인간과 자연의 관계가 상호의존적인 특성을 지니며, 인간과 자연은 서로 나눔과 보살핌의 문화를 보유한 조화로운 공동체로서 함께 생존을 영위하는 관계로 나아감을 의미한다. 이와 같은 생태학적 관점에서의 자연관에 대한 다양한 논의는 유아교육에서의 생태학적 자연친화교육의 등장을 가져오게 되었다(박성혜 · 조현숙, 2008 재인용).

유아교육에서 생태학적인 교육철학을 실천하는 자연친화교육은 생태계의 파괴와 환경오염이라는 협의의 내용만이 아닌 인간과 자연의 공생적인 관계를 강조한 교육으로 2000년 이후 우리나라 유아교육계에서 관심이 급증하였고, 현장에서도 자연친화 교육이 적극적으로 실시되고 있다(지옥정, 2007). 유아기는 발달상 주변 환경과의 자발적이고 능동적인 상호작용을 통해 전인적인 성장과 발달이 이루어지는 시기이다. 또한 발달 특성상 그들 세계에 대해 호기심이 많고 탐험하기를 즐기며 무엇인가를 추구하는 마음을 가지고 있고, 즉각적으로 변하는 주변 세계에 대해 많은 질문거리를 가지고 있다(김은지, 2009). 발달상의 특성을 고려해 볼 때, 유아기는 자연관을 형성해야 할 적기라고 볼 수 있다(홍은주, 2003).

1) 생태학적 관점에서의 자연친화교육의 의미

새롭게 등장한 생태학적 관점에서의 자연친화교육이란

① 유아기 때부터 자연과 함께 살면서 자연과 친해지고 자연을 보호하고 사랑하면서 자연생태계를 보존하는 것은 물론, 하찮은 풀 한 포기에도 생명이 있음을 깨닫고 배우는 교육이다(박영란, 2010).

② 산업화, 도시화된 생활공간에서 '자연', '놀이', '아이다움'을 잃어버리고 살아가는 유아들에게 이를 되찾아 주는 데 역점을 둠으로써 인간과 자연생태계가 공존하는 생태중심 또는 생명중심의 교육이다(오복희, 2000).

③ 자연과의 조화를 이루고 자연과의 관계 맺음을 통하여 사람과 사람의 관계로 이어져 인간과 서로 다른 존재의 이해와 수용의 태도를 길러지게 하며 감성의 풍부함뿐만 아니라 인지적·육체적·정신적으로도 여유롭고 풍부해지는 전인교육임을 의미한다.

④ 자연과의 직접적인 체험은 자기 주도적인 학습 경험이며, 활동을 통해서 배우는 것을 의미한다(김은지, 2009).

〈표 13-4〉 주제중심, 생태 프로그램의 비교

	주제중심 프로그램	생태 프로그램
교육원리	• 전통교육사상: 도덕적 인간양성, 효사상, 자연과 이웃사랑 실천 • 개인사고력: 학습자의 동기반영 • 전인교육을 교육이념으로 삼고 생활주제 선정 • 진보주의-유아가 주도적으로 학습활동하도록 풍부한 학습 환경 제공 • 언어발달의 중요성과 집단 대화의 교육적 가치 인식, 또래들과의 언어적 상호작용을 통해 의사소통 능력 기르고 사회적 지식 구성을 말함	• 인간과 자연이 공존해 나가야 된다는 생태학원리가 적용·실현되는 교육원리 • 상호의존성의 원리: 교사, 유아, 학부모의 교육공동체의 구성원들은 상호 의존적 관계 • 모든 교육공동체 구성원들은 다양성을 존중하면서도 개인 차이를 인정하고, 조화를 이루도록 "대화" 강조 • 경쟁보다는 상호작용과 다양한 협력으로 공동체 유지에 기여함
교육목표	유아의 전인적 성장으로 건전한 민주시민 육성	몸과 마음과 영혼이 건강한 신명나는 어린이, 머리, 가슴, 손이 조화된 전인적 유아
상호작용형태	유아-유아, 유아-교사, 유아-교구의 세 가지 상호작용 강조	유아-교사, 유아-자연(교구) 유아-유아 상호작용 강조
구조화	유아주도, 교사주도	유아주도, 교사주도
교육내용 및 활동	• 언어 영역 • 역할 놀이 영역 • 쌓기 놀이 영역 • 조작 놀이 영역 • 조형 영역 • 음률 영역 • 과학 영역 • 컴퓨터 영역 • 실외 놀이 영역	• 체험교육 • 자연친화교육 • 평화교육, 평등교육 • 공동체교육, 민주시민교육 • 전통문화와 다원문화교육 • 표현교육

출처: 박성혜·조현숙(2008).

2) 생태학적 관점에서의 자연친화적 유아교육의 중요성

유아에게 있어 자연은 유아가 자라나야 할 환경이며 유아의 정신세계와 가까운 특성을 지닌다. 즉, 유아는 자연환경 속에서 자연을 접하며 경험하게 될 때 가장 자연스러운 본성을 나타낼 수 있을 것이다. 유아교육에 있어서 자연친화교육의 중요성은 다음과 같다(김은지, 2009).

① 자연에서의 체험은 유아의 적응행동을 돕는다. 적응행동이란 유아가 자신이 속한 환경 안에서 독립적으로 적응하고 활동할 수 있는 능력을 말하며 자연환경은 다양성을 제공하고 도전하게 하며 유아에게 동기부여를 해 준다. 자연 학습 상황에서 길러줄 수 있는 적용기술의 예로는 도움 요청하기, 균형 유지하기, 일상적인 환경이 다른 곳에서 독립적으로 식사하기 등이 있다.

② 자연 체험을 통해 심미감이 발달된다. 심미감은 자연이나 예술 속에 있는 아름다움에 대해 민감해지는 것이다. 아름다움에 대한 민감성은 아름다움에 대해 말로 설명해서 길러지기보다는 다양한 종류의 경험을 통해서 길러주며 푸른 소나무 위에 쌓인 눈을 보면서, 비 온 뒤 땅에서 나는 흙냄새를 맡으며, 나뭇잎과 풀 냄새를 맡으면서, 새 소리를 들으면서 유아는 자연의 아름다움을 느낀다.

(어떻게 하면 불이 생기지?)

(바람 소리를 듣는 것, 바람을 느끼는 것)

③ 자연 체험은 인지발달을 도울 수 있는 많은 기회를 제공한다. 자연을 탐색하면서 유아는 자연 세계의 물리적 특성을 배운다. 돌의 단단함, 나무의 든든한 뿌리, 깨지기 쉬운 새알이나 망가지기 쉬운 거미줄의 연약함, 사과 껍질의 매끈함 등을 직접 만져 보고 조작해 보면서 이러한 사물들의 물리적 특성을 배운다.

④ 자연 체험은 의사소통 기술을 발달시켜 준다. 자연은 무궁무진하게 대화의 주제를 제공한다.

⑤ 자연 체험은 감각운동 발달에 도움이 된다. 유아는 감각과 운동을 동반한 활동에 몰두하면서 감각 운동적 학습을 한다.

(저쪽에 다람쥐가 있어요)

(동굴 속에는 무엇이 있을까?
무슨 소리를 들을 수 있을까?)

⑥ 자연 체험은 사회, 정서 발달을 돕는다. 인간은 자신 이외의 야생동물과 그들의 속성에 대한 진정한 관심을 통해 개인의 삶에 대한 만족감과 타인에 대한 배려의 욕구를 충족시켜 줄 수 있다.

⑦ 자연에서의 경험은 긍정적인 자아개념을 증진시켜주며 실외의 환경은 개인적 탐색의 기회를 넓혀주어 발견을 통한 학습을 돕게 된다. 자연에서의 경험을 통해 유아들은 자기 정서 인식 및 표현을 잘 하

고 자신의 감정 표현, 정서 조절 등을 잘 하는 것으로 나타나 감성 지능 발달에 효과가 있다고 하였다(한혜영, 2007).

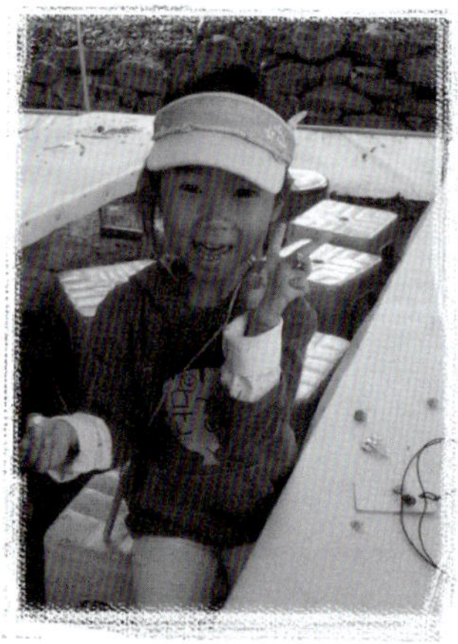

내가 도토리를 주워 목걸이를 만들었어요. 다람쥐가 먹어야 하니까 집에 가져가면 안 된대요

3) 자연친화교육의 교수 방법

① 자연과 만나기: 평상시에 유아의 생활 주변에서 멀리 있거나, 가까이 있어도 관심을 두지 않아서 인식하지 못했던, 자연물의 존재를 확인하고 지각할 수 있도록 하는 과정이다. 자연물의 존재를 인식하기, 자연으로 나가서 조사하기, 그림이나 자연물 보고 실물과 비교해 보기, 관심갖기, 자연물의 물리적 특성 발견하기 등

② 자연을 탐구하기: 자연물을 의인화하거나 감정 이입을 하여 적극적인 교감을 나누는 활동이다. 자연에 대해 알기 단계에서 인식한 자연물과의 특성을 고려하여 정신적으로 교류하는 과정으로 특정 대상이나 현상에 대해 갖고 있는 의문을 해결하기 위해 다양한 자연

과의 행동 방식을 활용한다. 탐구하는 과정은 관찰, 조사, 실험하기 등이 있다. 이 단계에서는 자연물에 대한 전문적인 지식을 얻을 수 있는 과정으로 전개할 수 있다.

③ 자연과 함께하기: 자연 세계에 대한 인식과 놀라움을 자극하고 민감하고 신중하게 자연을 지각할 수 있게 하며, 인간이 자연에 대해 '보살핌'이나 '관계짓기'를 통해 생태학적 조망 및 수용을 하는 것이다. 인간이 자연을 위해 할 수 있는 일들을 생각해 보는 과정이다. 보이지 않는 세계에 접근하는 길은 원인과 분석을 통해서가 아니라, 자연과 공감함을 강조하는 것이다(Nakagaw, 2000).

4) 자연친화 프로그램 사례

▣ 사례 1. 산과 들에서 배우는 감각 교육: 여우처럼 걸어라

영역	교육내용
감각 일깨우기	몸과 마음을 풀기
	눈으로 보기
	귀로 듣기
	손으로 만지기
	맛보기와 냄새 맡기
	한 번에 여러 가지 보기
	시야를 넓게 가지기
	날마다 보는 것도 처음 보는 것처럼 보기

영역	교육내용
감각을 깨우기 위한 놀이	들키지 않고 깃발 빼앗아 오기
	눈 가리고 북소리 따라 가기
	밤에 들리는 여러 가지 소리 가려 내기
	시냇물에 떠 있기
자연에서 움직이기	동물에게 들키지 않고 뒤를 밟아 보기
추적하기	발자국과 흔적으로 동물 추적하기
자연을 집으로 가져오기	새 모이통 만들기
	아이들과 함께 새집 만들기
환경교육	땅을 파냈다가 그대로 되돌려놓을 수 있을까?
	나뭇잎 찢어 보기
	기름으로 오염된 물
	쓰레기 더미가 있는 들판 여행

출처: 톰브라운 · 주디브라운(2006). 산과 들에서 배우는 감각 교육 길잡이: 여우처럼 걸어라. 경기: 보리.

새 둥지를 만들어 줘요. 새가 먹을 수 있는 먹이는 무엇이 있을까?

▣ 사례 2. '숲놀이와 인성교육'

자연 속에서 아이들은 자연의 본성과 원래의 모습이 갖는 가치를 인식하게 된다. 또한 자연 속에서 아이들은 자신이 좋아하는 것에 집중하고 접근하며 자발적인 행위를 즐기는 가운데 자유로움을 얻는다. 결국 유아에게 물리적 환경으로써의 자연을 체험하는 기회를 줌으로써 유아는 물리적 자연물을 경험하고 이해하는 것과 함께 '자연'이라는 말이 갖는 본성, 순수, 모성, 자발성과 자유 등의 개념에 친화되고, 이를 심상화할 수 있는 기회를 갖게 된다. 이러한 의미에 기초하면, 자연친화교육은 자연과의 교류와 체험을 일상화하는 교육적 접근을 통해 자연의 가치를 인식하고 인간과 자연, 자연 개체물 간의 관계를 이해함으로써 공존적 삶의 태도와 실천 능력을 기르는 인성교육을 근간으로 하는 통합교육이다.

◑ 숲 놀이 활동과 인성 프로그램

회기	활동주제	인성덕목	활동목표	비고
1	숲에서 놀자	배려, 존중	새로운 숲을 탐색해 보고 놀이 영역에 대한 공간을 인식할 수 있다.	
2	숲속 소리 듣기	존중, 나눔	1. 주변에서 나는 소리에 관심을 가진다. 2. 주변의 소리를 들으며 소리에 집중해 본다.	
3	숲속 식물과 만나기	배려, 존중	1. 숲에는 여러 종류의 식물이 있음을 알고 탐색하며 탐색 과정을 즐긴다. 2. 식물의 생김새와 특징을 그림으로 표현해 본다.	
4	강아지풀의 변신	협동, 배려	1. 다양한 시각에서 사물을 관찰할 수 있다. 2. 친구와 서로 도와주면서 협동심을 기른다.	
5	개미 찾으러 갑시다	존중, 나눔	1. 개미의 생김새와 특징에 대해 안다. 2. 개미를 찾아보고, 생명을 소중하게 여긴다.	
6	나무를 만나요	존중, 협동	1. 나무를 아끼고 사랑하는 방법을 알 수 있다. 2. 나무를 소중히 다루는 법을 실천한다.	
7	진흙 놀이	배려, 존중	1. 비오는 날 숲의 변화에 대해 느낄 수 있다. 2. 진흙의 질감을 느껴보고 자유롭게 놀이할 수 있다.	

회기	활동주제	인성덕목	활동목표	비고
8	자연물 염색하기	배려, 존중	1. 자연물을 이용하여 손수건에 염색하면서 예술 표현이 가능하다. 2. 자연물의 색과 형태의 변화를 관찰할 수 있다.	
9	색깔 찾기	협동, 나눔	1. 주의를 집중할 수 있고, 시각으로 자연을 관찰할 수 있다. 2. 식물의 보호색을 알 수 있고, 다양한 색에 대해 느낀 점을 이야기할 수 있다.	
10	자연물 이용하여 곤충 만들기	협동, 나눔	1. 또래들과 서로 도우며 활동에 참여한다. 2. 다른 사람의 의견에 존중하는 태도를 가진다.	
11	숲 놀이터 지도	배려, 나눔	1. 위치와 방향에 대해 이해하고 적절하게 표현할 수 있다. 2. 숲속에 처음 찾아오는 사람을 배려한다.	
12	숲속 보물 찾기	존중, 협력	1. 주변을 관찰하는 태도를 기른다. 2. 비슷한 모양과 색을 찾으면서 주의 집중을 할 수 있다.	
13	뱀의 눈으로 관찰해요	존중, 협력	1. 다양한 시각에서 사물을 관찰할 수 있다. 2. 친구와 서로 도와주면서 협동심을 기른다.	
14	나뭇잎 가위, 바위, 보!	나눔, 존중	1. 자발적으로 신체 활동에 참여할 수 있다. 2. 나뭇잎을 이용해 가위, 바위, 보 놀이를 할 수 있다.	
15	산새와 대화하기	나눔, 존중	1. 다양한 새들의 소리와 움직임에 관심을 갖는다. 2. 새들의 의사소통 방법에 대해 안다.	
16	씩씩한 정글춤	배려, 협동	1. 모험심을 기르고 친구들과 함께 놀이하는 방법을 안다.	
17	숲을 아끼고 보호해요	나눔, 협동	1. 숲을 아끼고 보호해야 하는 이유에 대해 안다. 2. 숲을 보호하기 위해 포스터를 만들 수 있다. 3. 포스터를 숲에 게시하고 사람들에게 '숲 보호'를 알린다.	

5 다문화 프로그램

1) 다문화와 다문화교육

다문화란 인종, 민족, 종교, 성별, 사회·경제적 수준, 연령, 능력, 신체적 조건 등의 개인과 여러 집단 간의 다양성까지 포함하는 보다 넓은 개념이다(Baker, 1994). 다문화 교육은 문화 간의 공통성과 차이점을 보는 관점을 배양하여 다른 문화에 대한 배려와 소통을 익혀 상호 공존해 갈 수 있는 태도와 역량을 길러주기 위한 교육이라 정의한다. 다문화 교육은 학자들이 강조하는 부분에 따라 반편견 교육, 다민족 교육, 세계화 교육, 평화 교육, 국제 이해 교육 등 다양하게 불려왔다(교육과학기술부, 2007; 김선애, 2017; 박재옥, 2013).

(1) 반편견 교육(Antitbias Education)

공정하지 못하고 한쪽으로 기울어지거나 치우친 생각 및 어떤 사물에 대한 편애, 싫어함, 두려움을 통해 나타나는 견해나 경향을 극소화하는 교육이다. 이 교육을 통해 인종, 민족, 성 등에 따른 각종 차별을 없앰으로써 사회 정의와 평등을 실현하고자 한다.

(2) 다민족 교육(Multiethnic Education)

1960년대 미국에서 소수민족의 권리와 가치를 존중하며 이러한 정신을 공교육에 반영하기 위한 법(The Civil Rights of. 1964)을 제정하면서 쓰기 시작한 용어로 소수민족의 가치와 그들의 문화를 서로 이해하고 존중하는 과정을 배우는 교육이다.

(3) 세계화 교육(Globalization Education)

세계를 하나의 전체 체제(Whole system)로 인식하고 상호의존적 세계에서 효과적으로 살아가기 위해 갖추어야 하는 지식, 기술, 태도를 기르는 교육이다(Jarolimek, 1986). 즉, 세계를 하나의 공동체라는 인식으로 세계의 안녕과 번영을 위해 다양한 사람들과 함께 협력하는 지식, 기술, 태도를 갖추도록 교육한다.

(4) 평화 교육(Peace Education)

갈등과 폭력에 대한 건설적인 대안으로써 평화와 협력을 이끌어 내는 태도, 행동, 사고방식, 가치관을 이끌어 주는 교육이다.

(5) 국제이해 교육(Education for International Understanding)

타 지역 사람들이나 그들의 문화를 이해하도록 돕는 교육이다.

2) 다문화 교육의 필요성

영유아기는 사람의 인종이나 성, 신체 기능 등의 차이에 주목하고 사회적 규범과 편견이 영향을 받으며, 특히 인종이나 민족적 차이에 대한 사회적 편견이나 고정관념이 나타나는 시기이다. 〈표 13-5〉를 살펴보면, 6개월~2세까지의 영아는 신체적 특징이나 언어, 의복 등에 기초하여 사람들 사이의 차이점과 유사점을 인식하기 시작하며, 2~3세는 성별이나 신체적 장애, 인종적인 측면에서의 초보적인 편견이 나타나기 시작한다. 3~5세 유아는 성역할 고정화와 인종적인 편견, 자신과 다른 사람들에 대한 두려움이 나타나기 시작하기 때문에 유아기 다문화 교육에 관심을 가져야 한다. 유아교육 현장에서 이루어지는 다문화 교육은 단편적으로 어느 나라의 문화나 음식에만 국한하여 지도하는 경우가 대부분인데, 범위를 확대하고 내용을 통합하여 실제 주제를 중심으로 한 통합교육 안에서 접근할 수 있도록 해야 한다(안영진 · 이영미 · 이옥자, 2020).

〈표 13-5〉 **다문화 개념의 발달 단계**

0-6개월	피부색의 차이에 주목한다.
6개월-2세	신체적 특징, 의복, 언어, 정치적 성향에 기초하여 사람들 사이의 차이점과 유사점을 인식하기 시작한다.
2-3세	성이나 신체적 장애, 인종적인 측면에서의 초보적인 편견이 나타나기 시작한다.
3~5세	성역할 고정화와 인종적인 편견, 자신과 다른 사람들에 대한 두려움이 나타나기 시작한다.

다문화 교육은 다문화 가정 영유아 및 비 다문화 가정 영유아 모두를 대상으로 하며 영유아가 자신과 집단의 정체감을 형성하고, 자신의 문화뿐만 아니라 다양한 문화를 존중하고, 편견을 가지지 않으며, 평등 신념을 지니고 다양한 사람들과 협력을 통해 조화롭게 지내도록 하여 글로벌 사회에서 영유아가 잘 적응하는 것을 목표로 이루어져야 한다.

3) 다문화 교육의 목적, 목표, 내용

다문화 교육의 목적 및 목표는 다양한 문화의 차이를 이해하고 존중하여 모든 사람들이 더불어 살아가야 함을 알고 실천하도록 하는 것이다. 또한 불평등한 것들에 대한 비판적 사고를 길러 자신이 속한 사회를 들여다 볼 수 있는 능력을 기르는 것이다.

다문화 교육의 내용범주별 목표와 내용을 살펴보면, 〈표 13-6〉과 같다((사)한국보육교사교육연합회, 2016; 김선애, 2017).

〈표 13-6〉 **다문화 교육 내용범주별 목표와 내용**

내용범주	세부목표	포함되는 내용
문화	문화 간의 유사점과 차이점의 특징을 알고, 각 문화에 대한 이해 및 존중심을 기르며 문화 간 긍정적인 태도를 발달시킨다.	• 문화의 차이점과 유사점 알기 • 문화에 관심 갖고 존중감 형성하기 • 문화의 특징을 이해하고 수용하기 • 다른 나라의 언어이해와 수용하기
다양성	유사점과 차이점을 가지고 있는 다양한 개인과 집단이 존재하는 것을 알고 이러한 다양성에 존중하는 마음을 갖도록 한다.	• 인종, 생활습관, 의식주, 종교의식, 관습 등 다양성을 인정하고 수용하기 • 다양성과 통일성 균형갖기
정체성	긍정적인 자아개념과 자아정체감 및 집단 정체성을 형성할 수 있도록 한다.	• 긍정적인 자아를 형성하기 • 지역, 국가, 민족의 정체성을 형성하기
평등	국가, 민족, 인종, 성, 신체적 능력, 사회계층은 모두 다르지만 인간은 모두 평등하다는 긍정적인 태도와 가치를 형성하도록 한다.	• 자신, 타인, 장애, 소수자에 대한 존중과 배려하기 • 평등을 인식하고 태도 형성하기
반편견	선입견, 편견, 고정관념 및 차별대우에 대한 비판적인 사고를 형성하고, 이러한 문제에 직면했을 때 대처할 수 있는 능력을 길러준다.	• 편견을 인식하고 비판적 사고 형성하기 • 편견을 대처하는 능력 형성하기
협력	다양한 사람들과 상호작용능력과 협응능력을 증대시킨다.	• 상호의존, 친사회적 행동증진, 민주의식, 협동의식 형성하기 • 공동체 의식 함양하기

출처: (사)한국보육교사교육연합회(2016); 김선애(2017).

4) 다문화 교육의 교수·학습 방법

유아 다문화 교육은 학습으로가 아니라 생활 주변의 문제를 다양한 시각으로 보고, 생각하며, 해결하는 과정을 통해 다양성을 이해하도록 돕고 유아의 흥미를 높여 능동적인 문제해결 방법을 찾아가는 효과적인 교수·

학습 방법이 요구된다. 다문화 교육의 다양한 교수·학습 방법을 살펴보면, 인종, 성, 장애, 언어, 직업, 연령, 능력, 시간, 장소, 사상 등을 포함한 다양한 교육 활동을 제공하고, 교육과정의 여러 영역을 통합하여 진행하며, 자기표현, 토의하기, 문제해결, 추론하기, 모델링 등의 다양한 교수·학습 방법과 사진, 그림책, 놀잇감, 생활 소품, 예술품 등의 다양한 자원과 자료를 사용한다. 특히 생활경험으로부터 상상력을 동원한 포괄적 경험으로 확장하여 공동의 목표를 추구하는 교육활동으로 제공하도록 한다(김영옥, 2007).

5) 다문화 교육의 사례

▣ 역할 놀이를 통한 다문화 프로그램

- **목표**
  - 인간은 민족, 인종, 성 등에 관계없이 평등함을 안다.
  - 문화적 다양성과 공통성을 이해하고 존중한다.
  - 공동체 안에서 서로를 존중하고 협동하는 역할을 이해한다.
  - 겉모습이나 생활 방식은 달라도 인간으로서의 마음은 같음을 안다.

- **핵심가치 및 기대효과**
  - 문화적 다양성에 대한 인식과 수용
  - 세계 공동체에 대한 책임
  - 세계에 대한 존경
  - 인간존중과 인류 권리에 대한 존중

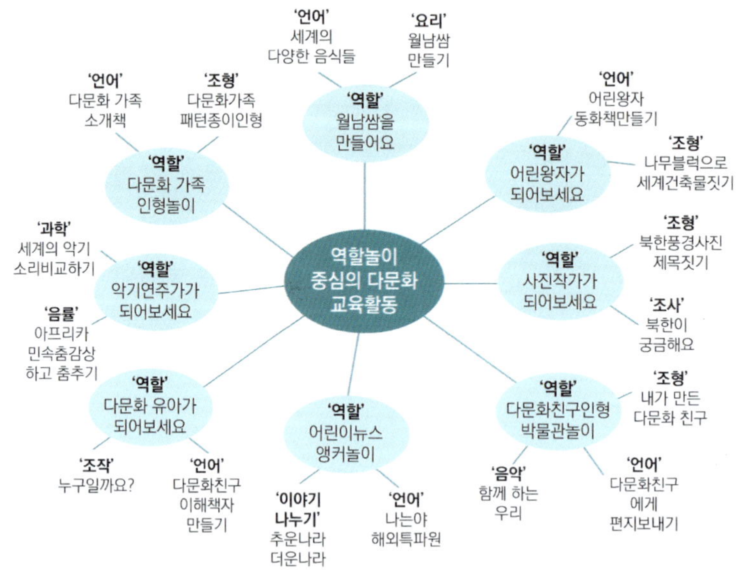

- 역할 놀이를 통한 다문화 교육 프로그램

다문화 교육 내용	역할 놀이 중심의 다문화교육활동		
	역할 놀이		통합활동
다양한 가족/ 인종과 민족성	◎ **함께 살아 행복해요** - 4가지(베트남, 아프리카, 새터민, 프랑스계)의 다문화 가족 인형놀이	언어	• 다문화 가족 소개책(다문화 가족의 사연이 담긴 가족 이야기책)
		조형	• 다문화 가족 패턴 종이 인형 만들기
문화의 다양성과 정체성	◎ **다문화 유아가 소개하는 가족문화 체험놀이 1** - 베트남 가족 문화체험: 월남쌈을 만들어요	이야기 나누기	• 세계의 다양한 음식들
		요리	• 월남쌈 만들기
	◎ **다문화 유아가 소개하는 가족문화 체험놀이 2** - 프랑스 가족 문화체험: 어린왕자가 되어 보세요	언어	• 어린왕자 동화책 만들기 (뒷이야기 짓기)
		쌓기	• 나무 자석 블록을 이용하여 세계의 건축물 만들기
	◎ **다문화 유아가 소개하는 가족문화 체험놀이 3**	과학	• 세계의 악기소리 비교하기

다문화 교육 내용	역할 놀이 중심의 다문화교육활동		
	역할 놀이		통합활동
	- 아프리카 가족 문화체험: 악기 연주가가 되어 보세요	음률	• 아프리카 민속품 감상하고 음악에 맞추어 춤추기
	◎ 다문화 유아가 소개하는 가족문화 체험놀이 4 - 새터민 가족 문화체험: 사진작가가 되어보세요	조형	• 북한의 풍경이 담긴 사진 제목 짓기
		조사	• 북한이 궁금해요
유아의 권리	**◎ 다문화 유아가 되어보세요** - 다문화 유아의 역할 체험 놀이를 통해 다문화 유아의 권리에 대해 알아보기	조작	• 누구일까요?(다문화 친구찾기 수수께끼 게임)
		언어	• 달라서 반가워(다문화 친구 이해책자 만들기)
세계적 이슈들	**◎ 어린이 뉴스 앵커놀이** - 일본에서 대지진이 일어 났어요 - 빙하가 녹고 있어요 - 아프카니스탄에서 전쟁이 일어났어요 - 한여름의 크리스마스 - 굶주린 아이들이 있어요	이야기 나누기	• 추운나라, 더운나라
		언어	• 나는야 해외특파원(내가 취재한 세계의 신기한 소식들)
인종과 민족성 /세계시민 정체성	**◎ 다문화 친구인형 박물관 놀이** - 내가 만든 다문화 친구 인형을 전시, 관람하는 인형 박물관 놀이	조형	• 내가 만든 다문화 친구
		음악	• 새노래 배우기(함께 하는 우리)
		언어	• 다문화 친구에게 편지보내기

출처: 황선이(2013). 역할 놀이 중심의 다문화 교육활동이 유아의 다문화 인식 및 인종에 대한 편견에 미치는 영향. 이화여자대학교 교육대학원 석사학위논문.

6 몬테소리 프로그램

1) 이론적 기초

마리아 몬테소리(Maria Montesorri)는 이탈리아 교육자이자 여성 의사로서 장애인 및 지적장애인을 처음 접하면서 이들을 위한 교육방법을 개발하였다. 이를 계기로 빈민가 출신 3~6세의 유아들을 접하면서 독창적인 '몬테소리 교육법(The Montessori Method)'을 고안하게 되었다. 영유아는 무한한 잠재력을 지닌 자유로운 존재로 영유아 자신이 능동적으로 스스로 환경과 접하면서 경험을 통해 배운다고 하였다. 이것이 바로 최상의 교육방법이라 하면서 몬테소리 프로그램의 기본 개념을 다음과 같이 설명하였다.

(1) 민감기

몬테소리의 저서 『어린이의 비밀(Secret of the Childhood)』에서 영유아는 민감기(sensitive period)로 일컫는 시기가 있다고 하였다. 영유아기 민감기는 0~6세 사이에 해당하는 연령에 나타나며 영유아 시기의 잠재력이 가장 강하게 나타난다고 하였다. 특정한 행동에 대한 감수성이 예민해져서, 그 행동에 대해 더 영향을 받기 쉽기 때문에 특정한 기술을 쉽게 배울 수 있는 시기이다. 민감기의 영역으로 걷기, 언어 등이 있는데, 예를 들면 영아는 걷기 민감기에 이르면 그 이전부터 걷기를 위해 준비를 한다. 즉, 혼자 앉고, 가구를 잡고 서고, 가구를 잡고 걸어가고 그 단계를 지나 마침내 걷게 되는 것이다. 언어 민감기의 경우에도 영아가 종이에 무언가를 계속 끼적이기를 한다. 바로 이 시기는 쓰기에 대한 민감기라 할 수 있다. 종이에 끼적이기 단계를 거쳐 글자의 형태가 나타나 쓰기를 위한 준비라 할 수 있다. 그러나 민감기는 오래 지속되지 않으며 특정한 학습에 대한 민감기가 일어난 다음에 그 학습을 용이하게 하는 민감기는 다시 일어나지 않는다(신화식 외, 2015).

(2) 흡수정신

영유아가 환경 속에서 그 환경에 있는 그대로를 무의적으로 흡수하여 얻게 되는 지식이다. 이는 6세까지 지속되는데 0~3세는 촉각, 시각, 청각, 후각을 사용하여 환경과 상호작용을 통해 무의적으로 흡수하여 지식을 얻게 된다. 한편 3~6세 영유아는 의식적으로 환경과 상호작용하여 흡수하여 지식을 얻는다. 의식단계에서는 무의식단계에서 흡수한 지식을 좀 더 정교화하여 직접 경험을 통해 지식을 획득한다.

(3) 자동교육

자동교육은 영유아가 준비된 환경에서 활동을 자유롭게 선택하고 능동적으로 참여함으로써 자연스럽게 이루어져 스스로 학습하는 것이다.

(4) 준비된 환경

영유아를 관찰하여 발달단계에 적절한 교구를 준비해 주는 환경을 의미한다. 잘 준비된 환경에서 몬테소리가 개발한 교구를 중심으로 활동할 때 학습이 잘 이루어진다. 몬테소리 교육방법은 각 영유아가 자신에게 가장 잘 맞는 교구를 스스로 선택하여 학습을 하고, 문제를 해결하도록 돕는다. 따라서 잘 준비된 환경 속에서 몬테소리 교육방법에 따라 교구와 개인적으로 상호작용한다는 것은 결국, 영유아에게 자유를 허용하되, 제한된 자유를 제공한다는 것을 의미한다(이기숙, 2010).

(5) 정상화 이론

영유아는 잘 준비된 환경 속에서 스스로 선택한 활동에 능동적으로 참여함으로써 집중하고, 반복하는 동안 행복하고 만족하게 되어 정상화된다. 따라서 영유아의 정상화를 위해서 민감기와 흡수정신을 기반으로 준비된 환경과 상호 유대관계가 이루어져야 한다. 정상화 된 영유아의 특징은 스스로 선택한 놀이와 교구를 가지고 내면적인 흥미를 통해 작업에 몰입하여 지속하고, 상상력을 통해 자발적으로 응용하거나 새로운 놀이 방법을 창안하고 또래유아들에게 소개해 준다(신화식 외, 2015).

2) 목표

몬테소리 프로그램의 목표는 각 영유아의 민감기에 맞추어 학습의 욕구를 충족시킬 수 있는 준비된 환경을 조성해 줌으로써 영유아가 교구를 완전히 습득하여 정상적인 상태에 도달하도록 하는 데 있다.

3) 교육내용

몬테소리 프로그램은 일상생활교육, 감각교육, 수학교육, 언어교육, 문화교육 영역으로 구성되어 있다. 구체적으로 살펴보면 다음과 같다.

(1) 일상생활교육

영유아의 일상생활교육의 목적은 영유아의 개인적·사회적 기술을 습득해서 독립심을 기르는 데 있다. 일상생활 교구의 내용은 환경관리, 자신에 대한 개인관리, 사회적 관계, 운동의 조정과 분석 등이 있다.

- 환경관리: 영유아의 일상생활에서 사용하는 물건에 대한 특징을 이해하고, 대·소근육을 사용하여 사용방법을 익혀 자립심을 기르도록 한다. 빗자루로 쓸기, 책상 닦기, 씨 뿌리기 등이 있다.
- 자신에 대한 개인관리: 영유아 자신을 보호하기 위하여 하는 활동으로 손 씻기, 이 닦기, 코풀기, 양말 신기와 벗기 등이 있다.
- 사회적 관계 활동: 일상생활에서 사회성 발달을 위한 기본교육을 배우는 활동으로 인사하기, 친구에게 도움 청하기, 공동생활을 위한 규범이나 규칙 등이 있다.
- 운동의 조정과 분석: 영유아가 대·소근육을 스스로 조정할 수 있도록 하는 활동으로 의자 옮기기, 문 열고 닫기, 냅킨 접기, 바느질하기, 선 위 걷기 등이 있다.

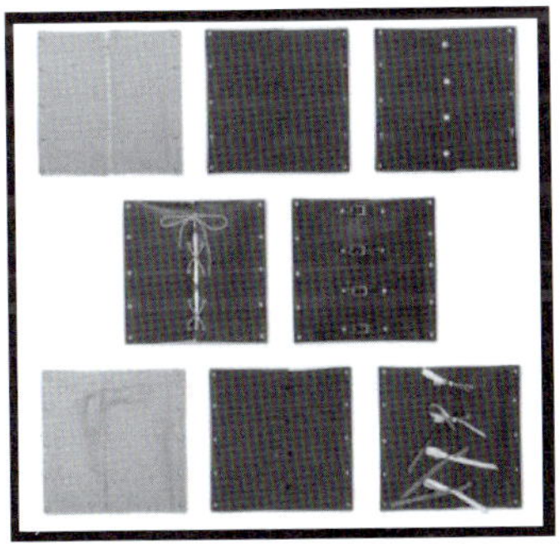

단추, 끈 끼우기

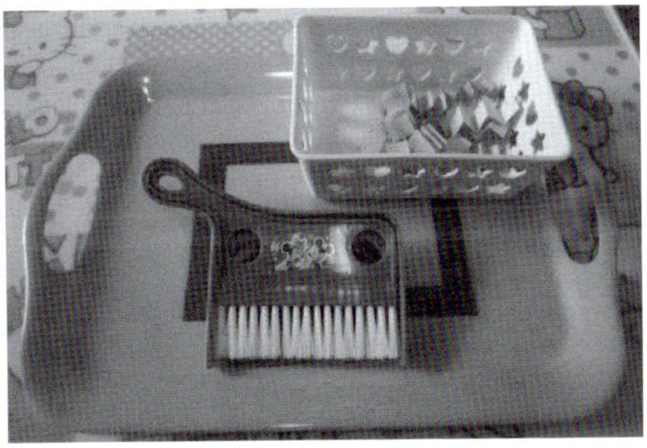

빗자루 사용하기

출처: 구글 이미지

(2) 감각교육

영유아가 여러 감각기관을 통해 일상생활에서 경험하는 것을 통해 개념을 습득하고 발달시켜 나가기 위한 교구이다. 단순감각, 복합감각, 형태지식 감각으로 구체적인 교구내용은 다음과 같다.

- 단순감각

시각	촉각
• 꼭지 달린 원기둥, 분홍 탑, 갈색 계단, 긴 막대, 색깔 판	• 촉각판, 촉각판 맞추기, 직물상자
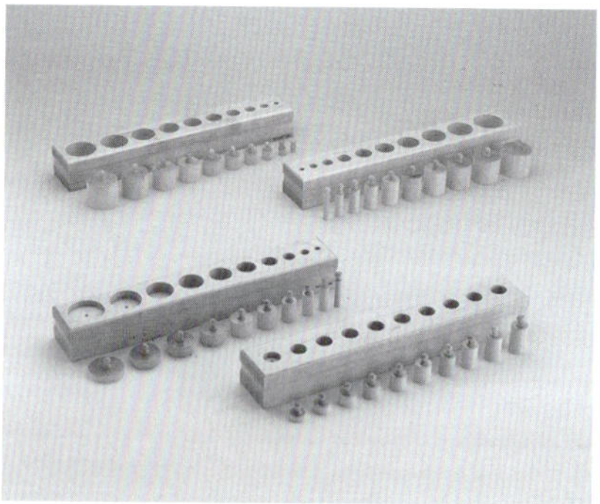 〈꼭지달린 원기둥〉	 〈촉각판 맞추기〉
청각: 소리상자, 음감벨	미각: 맛보기 병
후각: 냄새 맡기 상자	온도감각: 온도병, 온도판
중력감각: 무게판	

- 복합감각
  - 시각과 형태 지식 감각: 기하도형 서랍장과 카드, 기하학적 입방체, 나뭇잎 서랍장과 카드, 구성 삼각형, 꼭지 없는 원기둥, 이항식과 삼항식 상자, 겹치는 기하도형, 피타고라스판
  - 형태 지식 감각: 단추 분류하기, 비밀 주머니

(3) 수학교육

영유아가 일상생활에서 수와 양의 관계를 논리적으로 학습할 수 있도록 하여 구체적인 개념에서 추상적인 개념을 형성할 수 있도록 한다. 수 세기와 수와 양의 소개, 서열, 대소 관계, 십진법, 큰 수, 연속 수, 덧셈과 뺄셈, 암산 분수 등의 개념을 습득할 수 있도록 되어 있다.

- 1~10까지의 숫자 활동: 수 막대, 모래종이 수 카드, 방추형 막대 상자, 숫자 기억게임, 숫자와 수세기 단추
- 십진법 활동: 구슬의 소개, 카드의 소개, 구슬과 카드를 이용한 수 형성, 사칙연산, 우표놀이, 점찍기 활동
- 10에서 90의 판: 11에서 19까지의 구슬, 11에서 19까지의 숫자판, 11에서 99까지의 구슬과 숫자판, 연속 세기, 100과 1000의 사슬
- 기억법: 덧셈판, 뺄셈판, 곱셈판, 나눗셈판

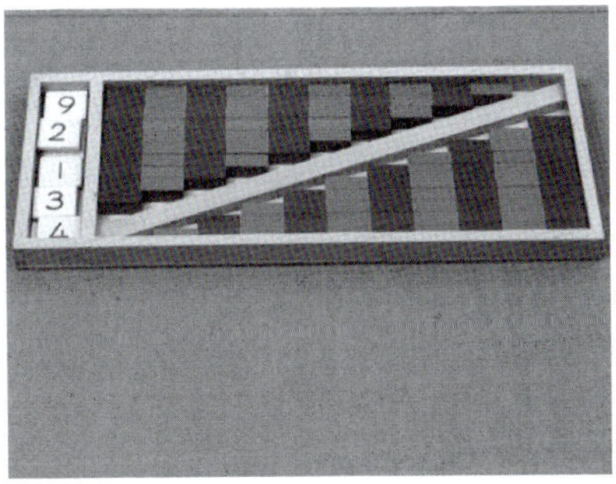

〈수 막대와 수 카드〉

(4) 언어교육

영유아가 모국어를 음성언어와 문자언어로 구분하여 이해하도록 하여

일상생활의 상황에 적절하게 사용할 수 있도록 한다. 이를 위한 교구내용은 질문하기 게임, 경험에 대해 이야기하기, 모래종이글자, 기름종이로 그림 따라 그리기 등이 있다.

(5) 문화교육

영유아가 속한 자연세계와 인류문화에 대한 지식을 습득하기 위해 지리, 역사, 과학, 미술, 음악 등의 내용을 습득할 수 있다. 지리교육, 역사교육, 생물교육, 물상교육, 음악교육, 미술교육을 위한 몬테소리 교구들이 속한다.

4) 교사의 역할

- 준비된 환경제공자: 영유아의 발달단계와 흥미에 맞게 환경과 상호작용이 이루어지도록 준비된 환경을 마련해 주어야 한다.
- 관찰자: 영유아의 민감기를 잘 포착하여 최대의 학습효과가 일어날 수 있도록 영유아의 교구 선택이나 집중의 정도 및 사용방법에 대해 세심한 관찰이 이루어지도록 해야 한다.
- 안내자: 교사는 영유아와 교구 간 상호작용이 잘 이루어지도록 정확하게 시범을 보여야 한다. 어느 정도 영유아가 교구 간 상호작용이 이루어져서 교구에 몰입하게 되면 개입을 최소화시켜야 한다.
- 환경 준비자: 최적의 시기에 최적의 준비된 환경을 만들어주어야 한다. 따라서 먼저 교구에 대해 정확히 알고 영유아의 발달단계를 잘 파악하여 교구를 잘 활용할 수 있는 환경을 준비해 주어야 한다.
- 영유아에 대한 존중자: 영유아가 스스로 선택한 활동에 몰입하도록 함으로써 스스로 학습할 동기를 얻을 수 있도록 존중해 주어야 한다.

7 발도르프 프로그램

1) 이론적 기초

발도르프 프로그램은 교육철학자 슈타이너(Steiner)의 인지학적인 인간 이해에 기초를 두고 있는데 인간 본성에 대한 올바른 인식에서 출발한다. 슈타이너는 인간을 신체(body), 영혼(soul), 정신(sprit)의 통합체라고 하였고 전인적인 인간 발달 과정을 설명하기 위해서 인간을 외형체, 생명체, 감성체, 자아체라는 네 가지 구성체로 설명하였다(강인구, 2009). 따라서 발도르프 프로그램은 인간의 지식이나 발달을 위한 교육이 아니라 인간의 신체, 영혼, 정신을 연결하고 통합하는 교육을 강조한다.

슈타이너는 인간이 가지고 있는 네 가지 구성체들은 한 번에 똑같이 발달하는 것이 아니라 각기 다른 시기에 발달한다고 보고 7년을 주기로 하여 인간의 발달단계를 구분하여 설명하였다. 인간의 발달단계는 감각적인 신체에서부터 시작하여 연령과 함께 영혼과 정신적인 부분으로 어떻게 발달되어야 하는지를 잘 보여준다.

(1) 1단계: 영유아기

첫 번째 7년(출생~7세)은 4가지 구성체 중 외형체(신체의 단계)이다. 신체적·영혼적·정신적인 것들이 서로 분리되지 않고 연결되어 있고, 감각적인 신체를 통해 세상을 탐색하는 단계이며 손과 발을 통해 자신의 의지(willing)를 표현하고 발달하는 시기이다. 신체의 몸 전체가 감각기관이 되어 세상의 모든 것들을 그냥 몸 전체의 감각으로 받아들인다.

(2) 2단계: 아동기

두 번째 7년(7~14세)은 생명체(영혼의 단계)로 이 시기는 주로 상상에 의해 학습한다. 이 시기는 지식을 이성적으로 학습하기보다 정서와 감각을 통해 학습하므로 아동의 감정이나 개인적 의미와 관련시켜 프로젝트나 설화, 민화, 신화, 미술, 무용, 드라마 등과 같은 총체적 학습에 초점을 두고 실시되어야 한다고 하였다(양승희 외, 2018).

(3) 3단계: 청소년기

세 번째 7년(14~21세)는 감정체(정신의 단계)로 정신이 발달하기 시작한다. 청소년은 개인의 독특한 관심과 취미를 발달시키는 능력과 자신의 위치에 대해 더욱 많은 것을 개인적 시각으로 학습함으로써 지성이 발아하고, 그 지성이 신체와 영혼을 통합하는 데 사용됨으로써 궁극적으로 자아가 완성된다(양승희 외, 2018).

2) 목표

발도르프 교육의 궁극적인 목적은 자유를 향한 교육, 통합성을 추구하는 교육, 영성회복의 교육을 하는 것이다. 자유를 향한 교육은 개인의 능력을 개발할 수 있는 교육으로 내면의 활동인 의지, 감정, 사고활동을 개발함으로써 창조적으로 자신의 삶을 의식적으로 이끌어가는 인간을 기르는 데 있다. 통합성을 추구하는 교육은 인간의 전인발달을 위해 인지적인 측면에 대한 교육이 아닌 머리와 가슴, 손의 조화로운 발달을 의미한다. 마지막으로 영성회복을 위한 교육은 영혼과 정신이 눈에 보이는 신체에 흡수될 수 있게 교육하는 것으로 인간의 신체뿐만 아니라 정서적 · 인지적 나아가 영적 영역 모두를 교육하는 것이다.

3) 교육내용

(1) 자유놀이

모든 활동들은 영유아들이 직접 감각을 통해 체험하는 활동을 중심으로 이루어지고 자연 재료의 놀잇감을 사용한다. 놀이 자체에 목적을 두고 자연에서 채취한 다양한 자연물, 나무그릇 등을 가지고 노는 자유놀이를 한다.

(2) 오이뤼트미

슈타이너가 만든 동작예술로 팔과 손을 통해 인간이 내면에 가지고 있는 것들을 나타낸다. 리듬, 율동적 조화, 음악의 울림을 팔과 손의 움직임으로 표현하는 활동이다. 즉, 몸을 통해 소리를 보여주는 움직임이다.

(3) 동화듣기

같은 시간에 같은 동화를 2~4주 동안 듣도록 한다. 동화는 그림없이 교사가 직접 이야기를 들려주는 형식인데 이야기가 끝난 후에도 교육적 목적에 의한 교훈은 언급하지 않는다. 동일한 그림책을 반복적으로 들려주면서 유아들이 상상을 통해 새로운 것을 창조하는 경험을 하도록 한다.

(4) '손' 놀림의 노작교육

영유아가 손을 사용하여 할 수 있는 놀림은 음악, 미술, 뜨개질, 바느질 활동에서 이루어지는 것으로 신체, 영혼, 정신을 일치시켜 주는 과정이 된다.

4) 교수·학습 방법

강인구(2009)가 발도르프 유아교육의 교육 내용적 특성을 5가지로 제시한 내용을 토대로 교수·학습 방법에 대해 살펴보면 다음과 같다.

- 감각을 통해서 몸으로 직접 체험할 수 있도록 한다.
  영유아들이 직접 감각을 통해 체험하는 활동 즉, 자연에서 채취된 다양한 놀이재료를 가지고 놀기, 직접 자연을 체험하는 바깥놀이, 바느질 등의 수공예 활동을 체험하도록 한다.

- 무한한 상상력을 키워주도록 한다.
  구조적인 형태를 지닌 교구를 사용하지 않고 천과 자연물로 이루어지는 교사의 스토리텔링, 계절과 인간의 생활들을 몸으로 표현하는 라이겐, 눈, 코, 잎이 없는 단순한 형태의 인형들, 솔방울, 조개껍질, 씨앗 등의 자연물과 천 등을 이용해 상상놀이를 할 수 있도록 한다.

- 기계음과 전자매체를 사용하지 않도록 한다.
  녹음기나 TV와 같은 전자매체는 직접적인 감각을 통한 경험의 기회를 제공하지 못한다. 교사가 직접 만들어 준 놀잇감이나 직접 불러주는 노래와 이야기 등을 통해 감각의 발달이 이루어지도록 한다.

- 예술을 소중히 여기는 교육을 하도록 한다.

  풍부한 감성을 느끼고 자신의 능력을 가장 잘 표현할 수 있도록 예술적인 감각과 활동에 기초를 두는 교육을 하도록 한다.

- 자연과 함께하는 교육이 되도록 한다.

  날씨와 계절에 상관없이 매일 매일 바깥놀이 활동과 계절에 따라 정해지는 교육내용도 자연을 통해 배우도록 한다.

5) 교사의 역할

발도르프 프로그램에서 요구되는 교사의 역할에 대해 환경조성 측면과 운영적 측면으로 나누어 살펴보고자 한다.

(1) 환경 조성자

- 가정과 같은 편안한 환경

  학급 안에서 가정처럼 편안한 환경을 조성해 주어 영유아들의 내적인 안정감을 가질 수 있도록 하며 교육활동에 필요한 천이나 앞치마 등을 준비해 줄 수 있다. 또한 교사의 바느질이나 인형 만드는 과정들도 공유할 수 있도록 한다.

- 공간적인 질서를 가지는 환경

  유아들이 공간적인 질서를 느끼고 충분히 놀이에 몰입할 수 있도록 각 놀잇감이나 환경 구성이 각각의 위치에 잘 정리정돈하도록 한다. 이러한 환경이 조성된다면 영유아들의 놀이는 사용해야 할 놀잇감이 어떤 것이 있으며, 어디에 있는지를 스스로 예측할 수 있기 때문에 더욱 놀이가 풍부해질 수 있다.

(2) 운영적 측면의 교사의 역할

- 교사 간 협력하기

원장이 별도로 없이 운영은 교사들의 합의로 이루어지기 때문에 전반적인 운영을 위해 교사 간 협력하는 역할이 중요하다.

- 교사와 학부모 간 협력하기

교사는 학부모와 지속적인 만남을 통해 영유아에 대한 이해를 확장시킬 수 있다. 학부모 회의를 통해 간식과 점심 식단표를 제안하기도 하고, 놀이의 변화에 대해 부모와 공유하고 의견을 나눌 수 있다.

8 레지오 에밀리아 접근법

1) 이론적 기초

레지오 에밀리아(Reggio Emilia)교육은 1981년 위기의 학교교육에 대한 대안의 하나로 말라구찌(Malaguzzi)에 의해서 창안된 교육체계이다. 20세기 초 이탈리아는 산업화가 시작되면서 일하는 여성이 늘어나게 되어 자녀를 돌보아 줄 탁아 및 교육의 필요성이 대두되어 공적 지원을 통한 사회보장을 요구하게 되었다. 이러한 노력으로 인해 교육자와 부모, 영유아, 지역사회 간의 활발한 상호작용과 의사소통을 촉진시킬 수 있는 레지오 에밀리아 사립 유아교육체제가 확립되기 시작하였다.

말라구찌는 많은 학자들의 교육관과 유럽의 여러 학교를 참고하여 레지오 에밀리아 교육사상을 구축하였다. 피아제의 어린이를 위한 학교, 능동적 교육, 듀이의 진보주의, 비고츠키, 가드너, 브론펜브레너의 이론을 수용하여 교육실천에 적용하였다. 레지오 에밀리아 교육은 영유아가 스스로 아이디어를 만들고 분석하며 흥미를 유지할 수 있도록 교사들이 지원해 주는 발현적 교육과정을 중요시 한다. 발현적 교육과정(emergent curriculum)이란 유아의 학습과정에 교사가 함께 참여함으로써 유아 스스로 지식을 생성해 가도록 민감하게 반응해 주고 이끄는 교육과정이다(김창숙, 2009).

2) 목표

발현적 교육과정을 전제로 볼 때 교육의 목표나 내용을 세부적으로 미리 계획할 수 없다. 영유아 개개인이 잠재력을 가지고 스스로 성장하고자 하는 욕구가 있어 자발적으로 계획하고 자료를 수집할 수 있다. 이 과정에서 영유아에 대한 지식을 기초로 하여 이전에 경험을 바탕으로 가설을 세우고 영유아의 흥미와 관심에 맞추어 유동적으로 목표를 계획한다. 즉, 레지오 에밀리아 접근법의 장기 프로젝트는 관찰과 선행경험, 기록을 중시하는 자연스러운 교육활동을 통해 교육목표가 성취되며 그 성취는 다시 새로운 목표를 만든다(Glassma & Whaley, 2000).

3) 교육내용

말라구찌(1993)에 의하면 능동적인 교육과정에서는 관계와 학습이 동시에 일어난다고 한다. 교사가 가르친다고 영유아가 자동적으로 배우는 것이 아니라 영유아는 교사들이 제공한 자원과 자신들의 활동을 통해 배운다(오종숙, 2003). 때문에 레지오 에밀리아 교육은 미리 교육계획을 수립할 수 없기 때문에 그에 따른 교육내용도 미리 선정해 놓지 않는다.

4) 교수·학습 방법

발현적 교육과정은 영유아의 흥미와 관심에 맞추어 교사, 지역사회 및 부모 등과 상호작용을 중요시 여기기 때문에 한 가지 주제 또는 개념을 심도 있게 학습 가능한 프로젝트를 수행한다. 레지오 에밀리아 교육의 특성에서 본 교수·학습 방법은 다음과 같다.

(1) 프로젝트 방식에 의한 발현적 교육

영유아들의 작업과 목표 자체에서 발현되어 가는 것에 따라 다음 활동을 선택하고 결정한다. 매년 장단기 프로젝트를 구상하여 그 주제가 기본 뼈대 역할을 하며 그 중심에 영유아를 둔다. 프로젝트는 교수·학습 방법이 아니라 열린 사고방식을 의미하는 용어이다(오종숙, 2003).

(2) 상징적 표상 방법

영유아가 이해한 것을 말, 그림, 입체작업, 신체표상으로 나타내는 과정에서 스스로 지식을 구성할 수 있기 때문이다.

(3) 기록 작업

삶과 교육의 유기적 연결, 학습의 가시화, 귀 기울임과 해석의 실천으로 기록작업을 한다. 이러한 기록 작업은 다음 활동의 출발점이 된다.

(4) 순환적 진행 방법

프로젝트가 진행되면 영유아는 알고 싶은 주제에 대해 탐색하고 다시 또 궁금한 점을 해결하기 위해 재탐색하기도 하고 필요한 장소를 재방문하기도 하고 재표상하는 과정이 순환적으로 진행된다. 이 과정을 통해 영유아는 스스로 지식을 재구성할 수 있고 특정 주제에 관련된 정보를 습득할 수 있다.

(5) 협동교수 방법

교사, 부모와 가족, 지역사회가 상호 협력하여 영유아 스스로 지식을 구성하도록 돕는다. 레지오 학급의 교사는 2명이 팀이 되어 가르치고 부모는 교사의 면담을 통해 필요한 부분을 돕는다. 결국, 교사, 부모와 가족, 지역사회 간에도 자발적으로 가르치고 배우는 체계로 운영된다.

5) 교사의 역할

레지오 에밀리아 교사진은 페다고지스타(pedagogista, 교육조정자), 아틀리에스타(atelierista, 미술전문교사), 2명이 한 팀을 이룬 교사이다. 페다고지스타는 레지오 교실에서 이루어지고 있는 프로젝트 내용이 보다 심도 있게 전개되기 위해 교사와 협력하여 중재자의 역할을 맡아 하는 교육적인 업무와 직원업무 및 기관의 시설 보수와 같은 행정적인 업무를 수행한다.

아뜰리에스타는 미술을 전공한 교사로 프로젝트 수업에 참여하여 영유아의 표상작업이나 기록작업을 할 수 있도록 한다. 마지막으로 교실에는 교사 2명이 한 팀을 이루어 3년 동안 지내는 담임 연임제인데, 이는 영유아에게 또래와 활동할 수 있는 시간을 충분히 제공할 수 있으며 영유아의 개인의 학습 스타일을 좀 더 정확히 파악할 수 있는 기회를 제공한다. 구체적인 교사의 역할에 대해 김창숙(2009)은 다음과 같이 설명하였다.

- 연구자로서의 교사: 영유아 자신의 지식을 창출할 수 있도록 호기심을 자극하고 영유아를 존중하고 귀 기울여주는 일이다. 교사는 일방적으로 가르치는 사람이 아니라 지식과 문화를 공동 구성하는 사람(co-constructor)를 가정하고 있다. 영유아들 간의 대화, 공동작업, 지식의 공동구축을 자극하고 촉진시켜 준다.
- 문제를 찾아내어 유아들이 주의를 기울이게 하며 내일 활동의 출발점이 되게 하는 것이며 개입의 시기를 아는 것이다. 그러기 위해 영유아들을 세밀히 관찰하고 자신의 사고를 실행하는 데 필요한 기술적 정보를 제공할 시기를 잘 판단해야 한다.
- 영유아, 교사, 가족 모두가 관심을 갖고 연구에 참여하도록 하여 단결시켜 서로가 서로에게 기여할 수 있도록 한다.
- 상호 협력하는 교사: 교사들이 서로 상호협력을 통해 공존함으로써 함께 계획을 세우고 아이디어를 나누며 함께 결정을 내린다.

9 프로젝트 접근법

1) 이론적 기초

듀이의 실험학교 교육과정은 기존학교의 전통적인 교과목에 의한 것이 아니라 프로젝트 형식을 취하는 영유아 흥미를 중심으로 한 교수방법이다. 이러한 교수방법으로 시작되어 1919년 킬패트릭(Kilpatrick)이 프로젝트 방법(project method)라는 용어를 소개하였고, 1989년에 캐츠(Katz)와 차드(Chard)에 의해서 오늘날 교육의 현실에 맞게 프로젝트 활용을 재조직화 하여 프로젝트 접근법(project method)로 발전하게 되었다.

프로젝트 접근법은 영유아들이 교사 및 또래들과 관심 있는 특정 주제를 깊이 있게 함구하면서 지식을 확장시키기 위해 정보를 나누고 연구하는 활동이다. 즉, 영유아의 관심과 흥미에 따라 교육내용과 방법이 정해지므로 학습자가 주도적인 역할을 하는 교수방법이다.

2) 목표

프로젝트 접근법의 궁극적인 목적은 영유아의 정신 계발에 있으며, 정신이란 지식, 기능 뿐 만 아니라 사회적 · 정서적 · 도덕적 · 심미적 감각들을 포함하는 개념이다. 구체적인 학습목표를 네 가지 범주인 지식, 기술, 성향, 감정으로 구분하여 지도해야 한다(Katz & Chard, 1989). 구체적인 학습목표는 다음과 같다.

- 지식의 획득: 프로젝트 활동을 통해 주제에 대해 토론하고 조사하면서 새로운 정보와 개념을 배우고 지식을 획득한다. 즉, 도식, 아이디

어, 사실, 개념, 정보 등을 말하며 영유아들이 조사하고 토론하는 동한 접하게 되는 새로운 정보와 개념의 의미를 이해하려고 노력한다.

- 기술의 발달: 프로젝트 활동을 통해 읽기, 쓰기, 셈하기와 같은 학문적 기술 이외에도 협동, 통의, 문제해결과 같은 사회적 기술이 신장된다. 여기엔 차례 지키기, 협동하기, 문제해결방안 세우기 등의 사회적 역량, 의사소통 능력, 읽기와 쓰기 같은 학문적 기능을 포함한다.
- 성향의 발달: 선정된 주제에 대해서 장기간 깊이 탐구하는 과정에서 영유아들이 끈기있고 도전을 추구하는 바람직한 성향이 강화된다. 세심한 관찰력과 호기심, 또 모험심과 과제에 대한 지구력 등이다. 영유아가 프로젝트가 진행되는 중에 스스로 원하는 활동을 선택하고 계속적으로 학습하고자 하는 성향을 키우는 것이다.
- 감정의 발달: 프로젝트 느낌과 긍정적인 감정을 키워나가는 것으로 수용감, 자신감, 소속감, 안정감, 유대감, 상호의존감 등과 같이 주관적으로 느끼는 긍정적 감정 또는 정서적 상태를 말한다.

3) 교육내용

프로젝트 접근법은 영유아의 자발적인 학습동기에 의해 주제가 선정되므로 앞으로 심도 있게 다룰 주제에 대한 탐구내용이 교육내용이 된다. 주제 선정이 끝나면 교사는 선정된 주제에 대해 영유아의 사전경험들과 선행지식을 고려하여 실현 가능성을 검토한 후 주제망을 구성한다. 영유아가 프로젝트가 익숙해지면 주제망을 구성할 때 영유아를 참여시켜서 더욱 학습의 동기를 유발시킬 수 있는 주제망이 계획되도록 한다.

4) 교수·학습 방법

(1) 주제 선정하기

영유아의 전반적인 특성과 주제에 대한 지식 및 경험, 영유아의 흥미를 고려하여 주제를 선정한다. 프로젝트 주제를 선정할 때 고려해야 할 요인은 다음과 같다(신화식 외, 2015).

- 영유아 요인: 프로젝트 작업을 할 영유아 집단의 특성, 흥미와 관심사, 문화적 배경 등을 고려한다.
- 교사 요인: 주제에 대한 교사의 지식과 경험, 흥미, 실천가능성 등에 대해 고려한다.
- 사회적 요인: 학교 및 지역사회 공동체라는 더 큰 맥락적 특성을 고려한다.
- 자원적 요인: 이용 가능한 학급 및 지역의 자원 특성을 고려한다.
- 결합 요인: 영유아, 교사, 사회, 자원 요인들의 다양한 결합을 고려한다.

주제 선정 시 고려해야 할 점은 다음과 같다(강혜원, 2018).

- 영유아들의 일상생활, 직접 경험과 관련된 친숙한 주제인가?
- 주제와 관련된 실물, 견학, 현장, 함께 이야기 나누거나 활동할 수 있는 전문가 등을 주변에서 쉽게 찾을 수 있는 주제인가?
- 여러 교과 영역이나 학문 영역을 통합적으로 다룰 수 있도록 하는 주제인가?
- 영유아들 간에 서로 더 잘 이해하고 도울 수 있는 상호 협동의 기회를 제공하는 주제인가?

- 탐구와 조사활동을 위한 충분한 기회를 제공할 수 있는 주제인가?
- 문제해결의 기회를 제공하는가?
- 영유아들의 실제 생활 상황에서 정보의 자원을 찾아보도록 장려하는 주제인가?
- 부모와 의사소통을 촉진하는 주제인가?

(2) 프로젝트 수행 단계

케츠와 차드는 프로젝트 접근법의 수행 단계를 준비, 도입, 전개, 마무리 단계로 구분하고 각 난계에서 수행해야 할 내용을 아래 그림과 같이 제시하였다.

위에서 제시한 모형에 따르면 프로젝트 접근법은 준비단계, 프로젝트 도입(1단계), 프로젝트 전개(2단계), 프로젝트 마무리 단계(3단계)에 의해 이루어진다.

① 프로젝트 준비단계

실제로 프로젝트에 들어가기 전 교사가 계획하고 준비하는 단계로 영유아는 참여하지 않는다. 교사가 얼마나 철저히 준비했는가에 따라 프로젝트의 성패와 직접적인 관련이 있을 만큼 앞으로 전개될 프로젝트 활동에 직접적인 영향을 미친다. 이 단계에서는 프로젝트 주제 선정하기, 예비 주제망 구성하기, 필요한 자원목록을 만들고 자원 준비하기, 환경 조성하기 등이다.

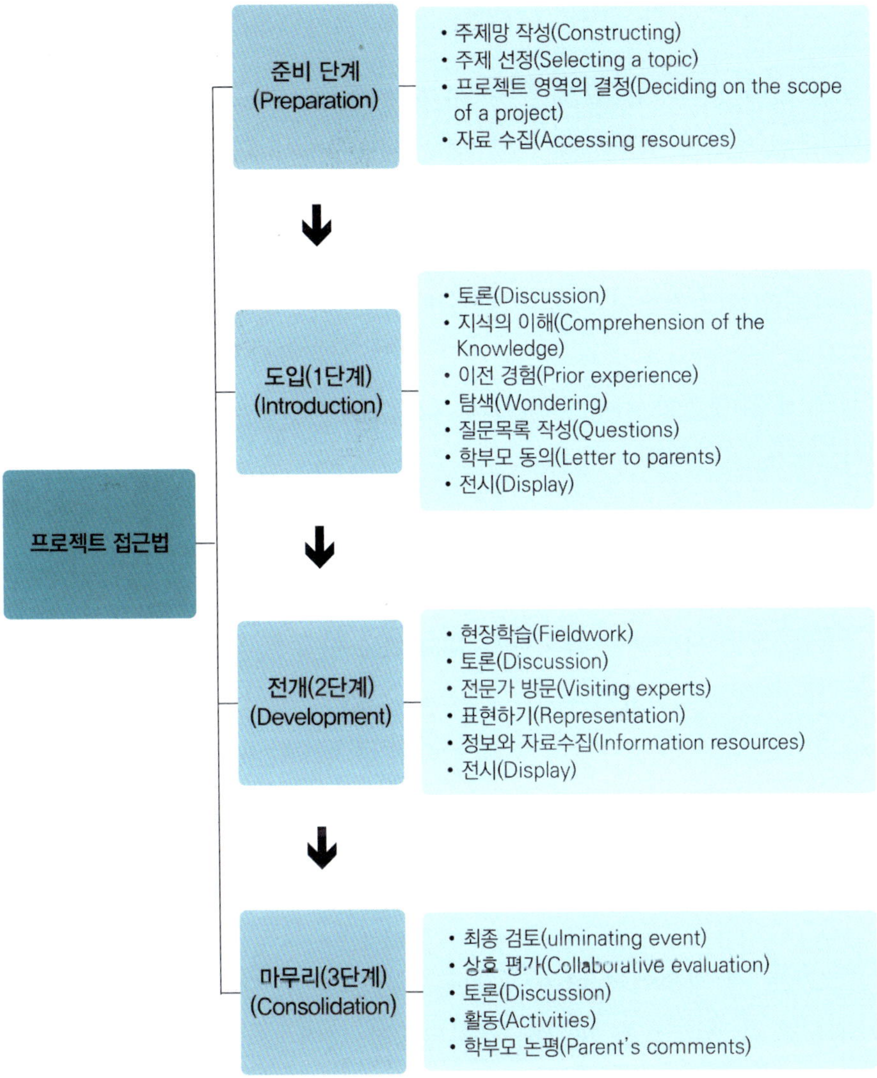

출처: Katz & Chard (2000). 재구성

〈Katz & Chard의 프로젝트 접근 모형〉

② 프로젝트 도입 단계: 1단계

도입 단계에서 가장 먼저 해야 할 일은 영유아가 선정된 프로젝트 주제에 대해 얼마나 사전경험이 있는지 사전 지식이 있는 지 파악하는 것이다. 프로젝트 수업은 영유아들이 현재 가지고 있는 개념이나 이해에 기초해서 이루어질 때 가장 효과가 있고 흥미롭기 때문이다. 따라서 교사는 영유아에게 이전경험을 다양한 표현방법을 통해 발표하도록 하고 다른 유아들과 공유하도록 한다. 이 과정을 통해 영유아들은 선정된 프로젝트 주제에 대해 궁금한 사항이 생기게 되고 질문사항들의 목록을 작성하게 된다.

③ 프로젝트 전개 단계: 2단계

궁금한 질문 사항들을 해소하기 위해 현장학습을 통해 탐색과 표상활동을 할 수 있다. 현장견학 전 활동, 현장 견학, 현장 견학 이후의 보다 확장되고 심화된 활동이 이루어지며 가장 적절하다고 판단될 때 전문가와 만나는 기회를 마련하면 더욱이 좋다.

④ 프로젝트 마무리 단계: 3단계

프로젝트 전 과정에서 나온 주제에 관련된 학습 결과물이나 성취물들을 전시회 및 발표회를 마련해 부모님들과 지역사회인사들에게 보여주고, 설명하며 의견을 교환하는 단계이다. 프로젝트 활동을 진행해보면서 정리하고 평가하게 된다.

5) 교사의 역할

선정된 주제에 대한 깊이 있는 탐색 활동이 이루어지도록 환경을 조성해주고, 탐색과정에서 유아들의 다양한 생각들을 격려한다. 전개되는 활동에 대해 확장될 수 있도록 대안들을 제시하고 새로운 아이디어가 생산할 수 있도록 돕는다. 또한 부모와 지역사회 연계를 통해 긴밀한 협조관계를 유지할 수 있도록 해야 한다.

10 프뢰벨 프로그램

1) 이론적 기초

프뢰벨(Fröbel)은 페스탈로치(Pestalozzi)의 제자로서 그의 가르침을 통해 교육자로서 사명감을 가지고 교육활동에 열중하였다. 어린 시절부터 시작된 자연의 탐구, 자연과학에 대한 연구로 이어져 교육철학을 형성하는 토대가 되었다. 또한 유아교육기관을 설립한 창시자로서 유아들을 위한 은물과 작업들을 고안하여 교육하게 되었다.

교육사상의 특징은 낭만주의 교육철학을 기초로 하여 신, 자연, 인간을 통합하여 통일성을 이루려고 하였다. 교사들을 교육시켜 은물과 작업의 활동순서와 방법을 알 수 있도록 하였으며, 유아들의 자발적인 놀이를 강조하였다. 은물과 작업, 노래 부르기, 정원활동 등과 같은 구체적인 교육활동을 고안하여 유아로 하여금 활동하게 함으로써 유아교육과정의 기초를 다지는 데 많은 기여를 하였다.

2) 목표

놀이와 작업을 통해 유아 내면에 있는 여러 잠재능력을 표현하도록 하여 조화로운 인간으로 발달시키는 데 있다.

3) 교육내용

프뢰벨의 교육과정은 통일의 원리를 강조하고 교육의 중심원리를 유아의 창조적인 자기활동에 두었다. 프뢰벨은 유아가 가지고 놀면서 자연스럽게 창조적인 학습이 되는 놀잇감을 어떻게 줄 것인가를 고민하여 교육과정의 주요 교육내용을 은물과 작업을 고안하였다. 그 외 노래와 게임, 정원활동이 교육내용인데 구체적으로 살펴보면 다음과 같다.

(1) 은물

은물을 매개로 하여 자연과 인간, 신의 연결을 시도하여 유아에게 생명의 힘을 이끌어 내며, 내재된 신성(神性)의 발현, 자연법칙의 발현을 가능하게 한다(염정은, 2018).

- 제1~6은물: 형체가 다양하고 입체적인 은물
- 제7은물: 면의 여러 가지 모양으로 구성된 은물
- 제8~9은물: 선을 활용하도록 고안한 은물
- 제10은물: 점으로 이루어진 은물

이러한 은물은 유아가 자발적으로 창조할 수 있도록 하는 기초를 제공하였으며 은물활동을 통해 다양성을 추구할 수 있는 기본 형태를 제시하였다.

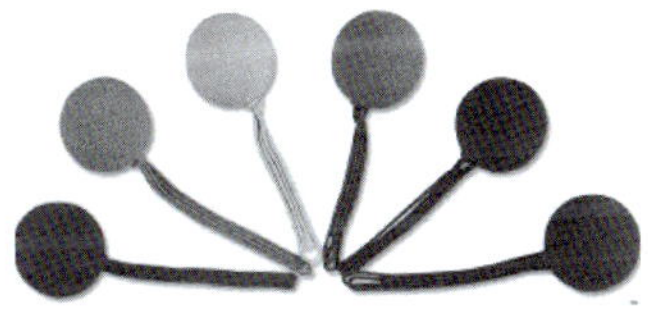

〈제1은물:
털실로 된 6개 색공〉

〈제2은물:
나무로 된 원기둥, 정육면체, 구〉

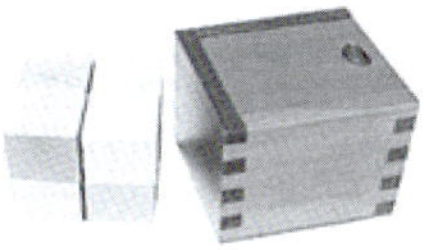

〈제3은물:
정육면체 큐브〉

〈제4은물:
직육면체 큐브〉

〈제5은물:
여러 육면체 큐브〉

〈제6은물:
분할된 큐브〉

〈제7은물:
다양한 형태의 면 조각〉

〈제8은물:
막대선을 활용한 은물〉

〈제9은물:
원, 반원 모양의 고리형태〉

〈제10은물:
알갱이 점으로 이루어진 은물〉

출처: 구글 이미지.

(2) 작업

프뢰벨이 고안한 11가지 작업은 1920년대까지의 유치원 교육과정의 주요 내용이었다.

- 점
  - 제1작업: 구멍 뚫기
- 선
  - 제2작업: 바느질하기
  - 제3작업: 그리기
- 면
  - 제4작업: 색칠하기
  - 제5작업: 종이끈으로 형태 만들기
  - 제6작업: 매트 짜기
  - 제7작업: 종이접기
  - 제8작업: 오리기, 찢어 붙이기, 음영그림 만들기
- 형체
  - 제9작업: 콩으로 만들기
  - 제10작업 A: 상자 만들기
  - 제10작업 B: 점토로 만들기

이와 같은 11가지 작업은 지속적으로 균등하게 점으로부터 선으로, 면에서 형체로 발달해 간다.

(3) 노래와 게임

프뢰벨의 노래와 게임은 유아로 하여금 동물과 인간의 내면의 삶을 알도록 하기 위한 것인데 『어머니의 노래와 사랑의 노래』의 대부분이 활용된다(염정은, 2018 재인용). 『어머니의 노래와 사랑의 노래』는 근본적으로 손가락 놀이와 노래로 구성된 그림책으로 유아들이 일상에서 경험하는 것을 실제로 손가락놀이를 통해 형상화되고, 어머니가 시범으로 해 보이면 유아가 따라 하는 그대로 그림판에 묘사되어 어머니와 유아가 함께 그것을 관찰한다.

(4) 정원활동

프뢰벨이 말하는 정원활동은 꾸며 놓은 작은 터와, 꽃과 야채를 위해 배려된 구역이 있는 아주 평범한 곳이다. 유아들은 정원활동을 통해 식물 생육의 필수적인 원리, 전체와 부분의 관계를 배우게 될 것으로 기대되며, 유아가 '볼 수 없는 힘'의 작용을 관찰할 수 있는 방법의 하나로 여겨진다(염정은, 2018 재인용).

4) 교수·학습 방법

(1) 놀이와 자기활동의 원리

프뢰벨의 놀이는 유아의 자발적 활동의 전형적인 형태로 발달 그 자체이다. 놀이가 유아의 표현과 창조의 기회를 제공하는 가장 바람직한 자기활동이라는 점에서 교육방법으로 가장 적합하다고 보고 있다(김규수, 1997; 염정은, 2018 재인용). 놀이의 가치는 다음과 같이 3가지로 설명할 수 있다.

첫째, 놀이는 내적인 필요와 요구에 의한 내적인 법칙이라는 점에서 중요하다. 둘째, 유아기 놀이는 미래의 삶의 싹이 되어, 발달단계에 있어 필수적이다. 즉, 내적인 자기표현으로서의 놀이를 통해 미래 유아의 삶의 모습, 성향, 기질이 결정된다. 셋째, 놀이를 통해 내적인 것을 외계에 표현함과 동시에 외계의 사물을 인식하고 파악한다. 넷째, 놀이를 통해 신체적인 측면, 학습의 능력, 정신적인 힘, 도덕적인 힘을 연마할 수 있다.

한편 프뢰벨의 자기활동의 원리는 유아의 자연스러운 자기표현 방식으로서 유아기에서 나타나는 놀이를 중요시하는 교육을 가능하게 하는 원리이다. 즉, 인간이 발달이 외적인 강요나 구속이 아닌 내부로부터 자기발달에 의해 이루어진다.

(2) 노작의 원리

프뢰벨은 단순한 생명활동의 모두를 노작으로 보았다. 노작은 신성의 발현으로, 인간의 생명원리이자, 생명의 발전을 위한 교육의 원리이다. 인간은 탄생함과 동시에 교육이 시작되고 인간 생명의 발전과정은 곧 노작이며 노작교육이 바로 인간교육이다(염정은, 2018).

프뢰벨이 노작을 유치원에 사용한 의도는 우주 만물 속에는 신의 힘에 의하여 합리적인 기본적 형태로 형성되어 있으므로, 신 안에서 생활하는 인간은 이러한 모든 대상의 영향을 받으면서 살고 있다는 데에 기인한다. 그러므로 유아는 노작을 통해 인간의 본질뿐만 아니라 사물의 본질까지도 체험하고 파악하여 신에 대한 인식을 할 수 있다(고후순, 1995).

5) 교사의 역할

유아의 자발적인 존중하고 놀이의 교육적 가치를 중시하기 때문에 특별히 요구되는 교사의 역할이 제시되지 않는다.

강인구(2009). 자연주의 감각발달놀이를 적용한 발도르프 유아교육프로그램이 다중지능과 창의성 발달에 미치는 효과. 성균관대학교 박사학위논문.

강혜원(2018). 프로젝트 접근법 기반 철학적 탐구공동체 수업모형 개발. 인하대학교 대학원 박사학위논문.

고미숙(2013). 교육철학. 경기: 문음사.

고후순(1995). 프뢰벨의 유아교육사상. 부산: 경성대학교 출판부.

교육부 · 보건복지부(2020). 2019 개정 누리과정 놀이실행자료.

교육부 · 보건복지부(2020). 2019 개정 누리과정 놀이운영사례집: 놀이, 유아가 세상을 만나고 살아가는 힘.

교육부 · 보건복지부(2020). 2019 개정 누리과정 놀이운영사례집: 놀이를 지원하는 교사의 역할.

교육부 · 보건복지부(2020). 2019 개정 누리과정 놀이운영사례집: 만들어 가는 놀이중심 유아교육.

교육부 · 보건복지부(2020). 2019 개정 누리과정 놀이운영사례집: 유아의 삶 놀이로 물들다.

교육부 · 보건복지부(2020). 2019 개정 누리과정 놀이운영사례집: 자연과 아이다움을 살리는 생태놀이.

교육부 · 보건복지부(2020). 2019 개정 누리과정 놀이이해자료.

교육부 · 보건복지부(2020). 2019 개정 누리과정 해설서.

교육학용어사전(1995). 서울: 배영사.

구경선(2017). 교육철학 및 교육사. 서울: 창지사.

권미량 · 조채영 · 좌승화 · 최진원(2015). 유아교육개론. 경기: 공동체.

김덕순(2019). 유아교사의 교육신념이 교사 효능감 및 교사-유아 상호작용에 미치는 영향. 광주교육대학교 교육대학원 석사학위논문.

김명순 · 이기숙 · 이옥(2005). 한국 유아교육과 보육의 자리매김. 한국유아교

참고문헌

육학회 2005 창립 30주년 기념식 및 정기 학술대회, 한국 유아교육·보육과정의 역사와 미래, pp.151-190. 10월 8일 서울: 서울여자대학교 인사랑당.

김미경·나유미·박수진·이혜정·정경미(2018). 유아교육과정. 경기: 양성원.

김미경·박미정·박지연·오경숙·오연주·장혜순(2016/2021). 영아보육전문교육 2 영아보육의 실제 3판. 경기: 양성원.

김신옥·민혜영·김영희(2015/2017). 교수매체를 활용한 영유아 교수학습방법론. 경기: 공동체.

김정원·심은희·이경화·이연규·장은주(2010). 보육학개론. 경기: 양서원.

김창숙(2009). 한국형 레지오 에밀리아 접근법 연구. 단국대학교 대학원 박사학위 논문.

김혜경 외(2002). 효과적인 영아 보육을 위한 지침서. 서울: 다음세대.

노희연·오경숙·윤매자·이소영·임현숙·최민수(2016/2021). 영아보육전문교육 1 영아보육의 이해 3판. 경기: 양성원.

문성숙·(사)한국보육교사교육연합회(2017/2018). 보육과정. 경기: 양성원.

박성혜·김태인·박은주(2009). 생태그림책을 활용한 자연친화 교육프로그램을 통한 유아의 친사회적 행동 변화. 유아교육학논집 Vol.13 No.1. 한국영유아교원교육학회.

박성혜·조형숙(2008). 생태 그림책을 활용한 자연친화교육이 유아의 환경친화적 태도와 친사회적 행동에 미치는 영향. 유아교육학논집. Vol.12 No.5. 한국영유아교원교육학회.

박영란(2010). 자연친화적 유아과학탐구프로그램구성 및 효과. 건국대학교대학원 박사학위논문.

박찬옥·김낙흥·구수연·이옥임·노희연·이선영·이예숙(2017). 보육과정. 경기: 정민사.

박찬옥 · 서동미 · 곽현주 · 박성희 · 한남주 · 홍찬의(2020a). 2019 개정 누리과정을 반영한 유아교육과정. 경기: 정민사.

박찬옥 · 구수연 · 이옥임 · 안은정(2020b). 4차 어린이집 표준보육과정을 반영한 보육과정. 경기: 정민사.

박찬옥 · 김낙홍 · 구수연 · 이옥임 · 노희연 · 이선영 · 이예숙(2014/2015). 영유아 프로그램 개발과 평가. 경기: 정민사.

방인옥 · 박찬옥 · 이기현 · 김은희(2012). 유아교육과정. 경기: 정민사.

보건복지부(2013). 어린이집 3차 표준보육과정.

보건복지부(2013). 어린이집표준보육과정에 기초한 영아보육프로그램 운영의 이해.

보건복지부(2014). 보육사업안내.

보건복지부(2014). 어린이집 평가인증 안내. 보건복지부 · 중앙보육정보센터(2013). 3~4세 누리과정 기초한 어린이집 프로그램 연간보육계획 주제 및 소주제.

보건복지부(2020). 4차 어린이집 표준보육과정 해설서.

보건복지부 · 중앙보육정보센터(2013). 어린이집 표준보육과정 및 0~2세 영아보육 프로그램의 이해.

보건복지부 · 한국보육진흥원(2019). 2019 어린이집 평가 매뉴얼(어린이집용).

보건복지부 · 한국보육진흥원(2021). 2021 어린이집 평가 매뉴얼(어린이집용).

부산대 유아교육과 BK21 플러스 사업팀(2020). 놀이 중심 유아교육과정의 실천 자료 세트 7권. 경기: 교육과학사.

(사)한국보육교사교육연합회(2016). 보육교사 일반직무교육. 경기: 양성원.

(사)한국보육교사교육연합회(강혜경 · 구본선 · 김광자 · 김성숙 · 김승옥 · 김이영 · 김익균 · 문성숙 · 변정순 · 서원경 · 송유진 · 이경화 · 임현숙 · 정정옥 · 조유나 · 조진형 · 최경환 · 최명희 · 최진원 · 한계경(2016/2020).

원장 사전직무교육(개정판). 경기: 양성원.

서영숙 · 서혜전 · 안소영 · 정영의 · 양영아 · 남미선 · 이종현 · 안지혜(2018). 보육과정. 경기: 공동체.

시옥진 · 강성순 · 김녹현 · 김재현 · 남은영 · 이용환 · 이우언 · 전대성(2020). 보육과정. 경기: 양성원.

신득렬(2020). 교육철학 및 교육사(4판). 경기: 양서원.

신명희 · 강소연 · 김은경 · 김정민 · 노원경 · 서은희 · 송수지 · 원영실 · 임호용(2018). 서울: 학지사.

신봉호 · 전상준 · 조혜영 · 김회엽 · 심현 · 서동기(2017). 교육철학 및 교육사. 경기: 정민사.

신종호 · 김민성 · 최지영 · 허유성 · 이지은(2015/2017). 교육심리학. 경기: 교육과학사.

신창호(2015). 교육사철학의 재인식을 위한 교육철학 및 교육사. 서울: 박영스토리.

신화식 · 이영미 · 이인용 · 진성애 · 김민석(2015). 영유아교육과정. 양서원.

아이코리아(2019). 놀이 실행 자료.

안영진 · 고연경(2018). 교육학개론. 서울: 동문사.

양승희 · 유지연 · 조현정(2012). 보육과정. 서울: 동문사.

엄정은(2018). 낭만주의 교육철학에 기초한 프뢰벨의 유아기 인간교육. 서울교육대학교 교육전문대학원 박사학위논문.

오종숙(2003). 레지오 에밀리아 교육 사상과 그 실천에 관한 연구. 홍익대학교 대학원 박사학위논문.

위영희 · 문혁준 · 이화정 · 한성희 · 박정원(2012/2017). 개정 영유아교수법. 서울: 창지사.

유구종 · 조희정(2012). 최신영유아보육학개론 2판. 경기: 공동체

유은영 · 조형숙(2018). 유아과학교육. 한국방송통신대학교출판문화원.

유효순(2007). 개정 아동발달. 서울: 창지사.

윤재홍(2018). 관점의 차이와 변화를 중심으로 쓴 교육철학 및 교육사. 서울: 학지사.

윤지혜(2013). 브루너의 발견학습이론과 역할놀이학습을 활용한 기독교 교육 수업모형과 적용. 백석대학교 기독교 전문대학원 석사학위논문.

이기숙(2010). 유아교육과정(개정 2판). 서울: 교문사.

이기숙 · 김정원 · 이현숙 · 전선옥(2008). 영유아교육과정. 경기: 공동체.

이대균 · 김경화 · 송정원 · 송경섭(2007/2020). 보육과정(제4판). 경기: 양서원.

이숙재(2017). 영유아 놀이의 이론과 실제. 서울: 창지사.

이정아 · 장석경 · 고연경 · 박은주 · 남규(2016). 수정판 영유아를 위한 보육과정. 서울: 동문사.

이정환 · 박은혜(2009). 교사들을 위한 유아관찰 워크북. 서울: 아이코리아.

임재택(1995). 현대 유아교육과정. 경기: 양서원.

임종헌 · 유경훈 · 김병찬(2017). 4차 산업혁명사회에서 교육의 방향과 교원의 역량에 관한 탐색적 연구. 한국교육 Vol.44, No.2. pp.5-32.

장현주 · 이남주 · 이재삼 · 김소양(2012/2020). 보육과정(제4판). 경기: 공동체.

정옥분 · 권민균 · 김경은 · 김미진 · 노성향 · 박연정 · 손화희 · 엄세진 · 윤정진 · 이경희 · 임정화 · 정순화 · 최형성 · 황현주(2008/2019). 보육학개론. 서울: 학지사.

정옥분 · 권민균 · 김경은 · 김미진 · 노성향 · 박연정 · 엄세진 · 윤정진 · 임정하 · 정순화 · 황현주(2020). 제4차 표준보육과정을 반영한 보육과정. 서울: 학지사.

조형숙 · 김선월 · 김지혜 · 김민정 · 김남연(2014). 유아과학교육. 서울: 학지사.

조형숙 · 박경난 · 김명하 · 이지혜(2020). 보육학개론. 경기: 정민사.

주석진 · 권수혜 · 김세광 · 이나핼 · 김미에(2018). 진로취업 멘토링. 서울: 학지사.

지성애 · 배율미 · 신금호 · 박희숙 · 정재은 · 정하나 · 김성희 · 신수경(2018). 유아교육개론. 경기: 정민사.

지옥정 · 김수영 · 정정희 · 고미애 · 조혜진(2008/2018). 유아교육개론. 서울: 창지사.

진혜영(2017). 프로젝트 접근법을 실천하는 유아교사들의 교사학습공동체 경험 탐구. 건국대학교 대학원 석사학위논문.

채영란 · 박유영 · 박희숙 · 신금호 · 이은희 · 조은정(2015/2017). 유아교육개론. 경기: 정민사.

톰브라운 · 주디브라운(2006). 산과 들에서 배우는 감각 교육 길잡이: 여우처럼 걸어라. 경기: 보리.

황선이(2013). 역할놀이 중심의 다문화 교육활동이 유아의 다문화 인식 및 인종에 대한 편견에 미치는 영향. 이화여자대학교 교육대학원 석사학위논문.

황해익(2009). 유아교육 평가의 이해. 경기: 정민사.

황해익 · 임재택(2005). 영유아 관찰 및 평가. 경기: 양서원.

황해익 · 최혜진 · 정혜영 · 권유선(2015). 아동관찰 및 행동연구. 경기: 공동체.

황혜정 · 김용희 · 김지영 · 심윤희 · 김보영 · 이회현(2014/2016). 개정판 영유아 보육과정. 경기: 양서원

Anita Woolfork. Educational Psychology, 12/E. PEARSON. 김아영 · 안도희 · 양명희 · 이미순 · 임성택 · 장형심 역(2013/2015). 교육심리학 제12판. 서울: 박학사.

Bredekamp, S., & Rosegrant, T.(Eds.)(1992). *Reaching Potentials: Appropriate*

Curriculum and assessment for young children(Vol, 1). Washington, DC: National Association for the Education of young children.

David R. Shaffer & Katherine Kipp. 송길연 · 이지연 · 장유경 · 정윤경(2014). 발달심리학 9th. 서울: 박영스토리.

Engdahl, I. & Rabusicova, M.(2011). *Education for sustainable development in practice*. In Engber, A.K.(Ed.), Areport for the OMEP world assembly and conference on the OMEP world ESP project 2010-2011. Gotenberg, Sweden: OMEP.

Glassman, M., & Whaley, K.(2000). Dynamic aims: The Use of Long-term projects in early childhood classrooms in light of Dewey's education philosophy. *Early Childhood Research & Practic*e, 2(1), 1-19.

Katz, L. G.,& Chard, S. C.(2000). *Engaging children's minds: The project approach*(2th ed.). Stamford: Ablex Publishing Corporation.

Laura E. Berk. 이종숙 · 신은수 · 안선희 · 이경옥(2015). 아동발달(제9판). 서울: 시그마프레스.

Lefton, Lester A., Psychology. 5th Edition. Boston, MA: Allyn & Bacon.

NAEYC(1991). Guidelines for appropriate curriculum content and assessment in programs serving children ages 3 through 8, Young Children, Melbourne.

National Association for the Education of Young Children(NAEYC)(1991). Guidelines for appropriate curriculum content and assessment in programs serving children ages 3 through 8. *Young children*, 30, 21-67.

Paul Eggen & Don Kauchak(2006). 신종호 · 김동민 · 김정섭 · 김종백 · 도승이 · 김지현 · 서영석(2015/2016). 교육심리학: 교육실제를 보는 창. 서울: 학지사.

Shaffer, D. R.(2000). *Social and Personality development*. 4th Edition. Belmont,

CA: Wadsworth.

World Economic Forum(2015a). *Deep shift technology tipping points and societal impact*. Colony/Geneva: World Economic Forum.

World Economic Forum(2015b). *New vision for education: Unlocking the potential of technology*. Colony/Geneva: World Economic Forum.

World Economic Forum(2015c). *The future of jobs*. Colony/Geneva: World Economic Forum.

World Economic Forum(2016). *New vision for education: Fostering social and emotional learning through technology*. Colony/Geneva: World Economic Forum.

http://www.newspenguin.com/news/articleView.html?idxno=3467/20210124 출력 (조 바이든 당선이 '기후위기'에 미치는 영향, 2020.11.11. 임병선 기자)

https://post.naver.com/viewer/postView.nhn?volumeNo=30852072&memberNo=36765180&vType=VERTICAL/20210505 출력(한경연 "50년간 한국 저출산·고령화 속도 OECD 1위...재정건전성 확보책 시급", 20201.03.03. 강성도 기자)

http://www.segye.com/newsView/20210103509368?OutUrl=naver/20210104 출력(출생자 매년 3만명씩 급감… 현실로 다가온 '인구 절벽', 2021. 01.04. 정지혜 기자)

https://n.news.naver.com/article/277/0004825455?lfrom=kakao/20210124 출력('사랑의 매' 안 됩니다… 사라진 '자녀 징계권' 아시아 경제 2021.01. 09. 배경환 기자)

저자소개

고연경

현) 영유아교육문제연구소 연구원

숭의여자대학 아동보육과 겸임교수

전) 구리시청 구리사랑 어린이집 원장

장석경

현) 국제대학교 유아교육과 교수

보육과정

초판 1쇄 인쇄 / 2021년 8월 20일
초판 1쇄 발행 / 2021년 8월 25일

공저자 / 고연경 · 장석경
발행인 / 이 중 수
발행처 / **동 문 사**

서울특별시 서대문구 홍제원 1길 12
(홍제동 137-8)
Tel : 02)736-3718(대), 736-3710, 3720
Fax : 02)736-3719
등록번호 : 1974.04.27 제9-17호
가격 : 20,000원

ISBN : 979-11-6328-322-5(93370)
E-mail : dong736@naver.com
www.dongmunsa.com